全国优秀教材一等奖

高校思想政治理论课重点教材

马克思主义政治经济学原理

（第4版）

主编　卫兴华　林　岗

中国人民大学出版社

·北京·

第 4 版前言

本教材第 3 版是 2012 年出版的。近几年来，国际国内的经济形势有了新的发展，中国特色社会主义理论与实践取得了新的成果。党的十八大以来的历次重要会议和习近平总书记在多个场合提出了一系列有关社会主义经济理论的新观点和新思想，本教材据此进行了修订。另外，作为经济学教材，要坚持内容的科学性，本教材按照马克思和恩格斯的观点，对某些长期流行的提法比如分配方面的问题做了独立阐述。

此次修订对第 3 版的体系结构未做改变，只对有些章节做了修订。其中，第六章“社会主义经济制度”和第七章“中国社会主义市场经济体制”改动较大，第五章“垄断资本主义”和第八章“经济全球化与国际经济关系”稍作改动。其他章节未做修改。

第五章增加了对当代资本主义国家中普遍存在的法人股份所有制的论述，对其形式、特点和性质做了分析。对国家垄断资本主义是资本主义生产关系的自我调整的观点做了更深入的分析。

第六章根据中央编译局对马克思和恩格斯著作译文的修改，将多处原译为社会主义“公有制”的地方改为“社会所有制”。本教材的有关提法也做了调整。马克思和恩格斯并未预见到在未来的社会主义制度中还会存在部分劳动群众集体所有制，因此，他们所讲的“公有制”与“社会所有制”的内涵是一致的。因此，教材对“社会所有制”做了说明。另外，本次修改，将资本主义分配方式的实质确定为“以按资（本）分配为核心的按要素所有权分配”。各种要素参与分配，是以要素为不同所有者掌握为前提。如阳光、雨水等自然要素是农业生产的必要条件，但不参与分配，因为不存在所有权问题。另外，所谓按要素分配不是分配给资本、土地等生产资料，而是分配给要素所有者。第 4 版增加了中国特色社会主义的理论、道路、制度的内容，并强调中国特色社会主义理论是马克思主义科学社会主义理论的继承与发展，是源和流的关系。增加了有关国有经济性质的理论观点，提出判断国有经济是资本主义性质还是社会主义性质，关键要看其内部经济关系，而不是只考虑作为上层建筑的国家政权的性质。增加了发展混合所有制经济的更多内容，强调发展混合所有制是双向混合，并且一定要处理好控股权问题。此外，还更新了有关统计数字。

第七章根据党的十八大报告以及党的十八届三中全会通过的《中共中央关于全面深化改革若干重大问题的决定》，重点修订了对市场在资源配置中的作用的论述，强调“使市场在资源配置中起决定性作用和更好发挥政府作用”，并且重点论述了有效的市场作用同有为的政府作用相结合的社会主义市场经济体制的重要特征。在社会主义市场经济体制的基本框架中，重新论述了“构建开放型经济新体制”的新要求。

第八章增加了关于贸易和金融全球化新发展的论述。对七国首脑会议等国际经济组织的新变化做了介绍。补充更新了我国对外贸易、利用外资、对外劳务合作等方面的数据。删去了《中华人民共和国国民经济和社会发展第十二个五年规划纲要》中关于对外开放的论述，代之以《中华人民共和国国民经济和社会发展第十三个五年规划纲要》的相关论述。

参加本教材修订的成员为：杨达伟（第五章、第八章）、卫兴华（第六章）、张宇（第七章）。其中第五章、第八章特请国际经济学专家彭刚教授过目，他认真校阅了相关内容，在此表示感谢。全书最后由卫兴华统一校订。

编者

2016年5月20日

第 3 版前言

《马克思主义政治经济学原理》于 1999 年 1 月出版了第 1 版，至 2003 年年初共印刷 12 次，印数突破 50 万册，并于 2002 年获得全国普通高校优秀教材一等奖。2003 年 7 月出版了第 2 版。截至 2010 年 10 月，第 2 版印刷 30 多次，累计印数 90 万册。两版总计发行 140 万册以上。第 2 版被评为 2006 年北京高等教育精品教材。第 2 版出书迄今已九年有余。九年来，我国的经济发展与改革事业取得了新的成就，社会主义经济理论也有了新的发展。世界经济形势发生了许多变化。由于本教材受到社会广泛认同，存在巨大的市场潜力，中国人民大学出版社要求再版。本教材 2 版的体系结构是按教育部社政司的教学基本要求设置的，这次修订未做改变，但有些章节的内容做了较大修改。其中第七章“中国社会主义市场经济体制”内容完全改写了，以便使其更贴近我国社会主义市场经济理论与实践的发展。第五章“垄断资本主义”和第八章“经济全球化与国际经济关系”的内容也都改写了。这两章原由陈耀庭教授撰写，遗憾的是陈教授已于多年前仙逝。而这两章的内容涉及复杂多变的国际经济形势和国际经济关系，有许多内容需要修订，因此，特请杨达伟副教授负责对这两章重新撰稿。

其他章节的内容，一般是在原有基础上进行修订的。本次主要是从两方面加以修订：一方面是在理论阐述上更求准确和切合实际；二是文字叙述上更加明确通达。例如，在第一章“马克思主义政治经济学的形成、发展和研究对象”的论述中，对“经济学”和“政治经济学”概念的演变历史及其现代关系进行了更为明确的阐述，对马克思区分的“劳动的经济学”和“资本的经济学”做了说明。关于社会主义政治经济学的对象，明确说明重在对社会主义生产关系的本质及其经济规律进行研究，重视完善经济体制和机制对生产力发展的促进作用，重视对经济增长与发展方式的研究。在研究方法上，既重视逻辑方法与历史方法的统一，又注意到历史进程与逻辑进程某些不一致的情况。这一点，马克思专门讲过。

第二章“商品与货币”，在论述货币的世界职能时，提出传统的观点需要发展：随着商品货币关系在世界范围内的发展与变化，随着世界各国用纸币取代金属货币作为流通手段和支付手段，纸币与黄金完全脱钩，马克思的货币职能的理论也需要发展。原来认为只有贵金属货币才能执行世界货币职能，纸币不能作为世界货币，但在现代国际经济关系中，个别或少数经济实力强、金融地位和信誉高的国家，其纸币可以充当世界货币的职能，如美元、英镑等。第三章“剩余价值的生产、分配与资本积累”，改写了其中的第一节。原为“资本的总公式（一般公式）”，现改为“货币转化为资本”。主要是考虑到“资本总公式及其矛盾”问题不是马克思主义经济学的基本原理，中外许多政治经济学教材已不做专门论述，而是直接论述货币怎样转化为资本，更简明易懂。第四章“资本的循环与周转和社会总资本再生产”，在内容和文字上都有所修订。在对经济危机的论述中，考虑到当代资本主义经济危机的新特点，增加了一些相关的说明，指出：由于发达国家的产业资本向发展中国家大量转移和实体经济的萎缩，发达资本主义国家的金融和虚拟经济过度发展，从而使经济危机更多地表现为金融经济危机。第六章“社会主义经济制度”也在内容上做了修订，特别是将党的十七大以来关于所有制和分配关系的新的理论思想贯穿于教材中。例如，关于分配关系中的效率与公平问题，学界曾长期宣传“效率优先、兼顾公平”的原则（本教材没有这样宣传过），我们认为，社会主义分配应重视公平，不应初次分配只重效率而不重公平，应是公平与效率统一和并重。所以，本教材第 2 版中讲：“在处理个人收入分配关系上，应着眼于有利于生产力的发展和共同富裕的实现。为此，既要重视效率，又要重视公平……”。党的十七大报告提出了收入分配中效率与公平关系的新的原则，3 版教材中予以贯彻：无论按劳分配还是按生产要素所有权分配，都要处理好效率和公平的关系。党的十七大报告中提出：“把提高效率同促进社会公平结合起来”，“初次分配和再分配都要处理好效率和公平的关系，再分配更加注重公平”。此版教材中突出了中央的新提法。

参加本教材修订的成员为：黄泰岩（第一章）、林岗（第二章）、杨瑞龙（第三章）、邱海平（第四章）、杨达伟（第五章、第八章）、卫兴华（第六章）、张宇（第七章）。其中第五章、第八章由林岗审定，其余各章由卫兴华审定。

编者

2012 年 2 月 6 日

第 2 版前言

马克思主义政治经济学是马克思主义的重要组成部分。它既是我们从理论高度认识和研究资本主义的经济科学，也是我们进行社会主义经济建设和改革开放的理论指导。这里所说的马克思主义政治经济学，首先包括马克思创建的政治经济学的基本原理和方法，也包括后来由列宁、毛泽东、邓小平和党中央发展了的经济思想与理论，还包括经济学界以马克思主义为指导研究当代资本主义和社会主义所取得的有关成果。

学习政治经济学，需要有科学的态度与认识。在 20 世纪 90 年代，苏联东欧社会主义国家发生剧变以来，社会主义运动因遭受挫折而处于低潮。马克思主义包括其政治经济学，在有些人看来，似乎已经过时，失去了其理论意义，遇到了严峻的挑战。然而，与之形成强烈反差的是，有些西方国家的新闻媒体和不同阶层的人物，对马克思及其学说给予高度评价。在千年交替之际，西方媒体评选千年思想家，马克思高居榜首。新闻媒体报道时，特别提出《资本论》在过去一个多世纪中在全球产生的影响。在迎接新千年之际，英国工党议员托尼·本发表讲话说："马克思对资本主义的看法是正确的，我认为他将在 21 世纪成为最有影响的人物之一。"

《文汇报》于 2002 年 7 月 20 日刊载了一则信息：新华社记者采访了是年英国马克思主义论坛的组织者约翰·里斯先生。他说，论坛参加者 5 000 人，来自世界各地。大多数与会者的看法是："马克思主义没有过时，也不会过时，它仍是建设一个美好世界的指导思想。"

西方不少有影响的学者，继续赞扬马克思的经济学说。例如，日本《读卖》月刊在 1998 年 11 月号所载饭田经夫教授的文章，在揭露资本主义的弊端时说："从揭露社会问题的角度看，马克思提出的批判显然是正当的。……我们却不能无视马克思的功绩。"日本著名经济学家和企业家堤清二，在其 1996 年出版的畅销书《消费社会批判》中，运用包括劳动价值论在内的马克思的经济学说，分析当代资本主义和社会主义的实际问题。书中写道："马克思对资本主义矛盾的指责，是以产业社会的存在为前提，要求为人民大众而重新改造，是具有历史地位的。""马克思主义也由于它对产业社会的新生具有指导性，从而成为'建设性'

的理论。”

《北京大学学报》2003 年 3 月发表的《真理之树常青》一文，很值得一读。文中写道：苏联东欧剧变后，“一些原来号称马克思主义的信奉者也迫不及待地远离马克思、抛弃马克思的时候，当代西方一些有影响的思想家、理论家却走近马克思，为马克思主义辩护。例如法国的德里迈、美国的詹姆逊、德国的哈贝马斯、英国的吉登斯等。他们都是在各自领域中卓有建树的大师级人物。他们没有随波逐流，而是不约而同地肯定和赞扬马克思，‘挑了一个最好的时候向马克思致敬’”。德里迈早在 1993 年就发表著名演说，强调指出：“没有马克思，没有马克思的遗产就没有将来。”《真理之树常青》一文中还引用了大量事例，如自 20 世纪 90 年代中期起，在美、法、德、英等国一系列有关马克思主义大型国际会议的召开，西方国家和俄罗斯各种社会群体思想状况的演变在逐渐重新认识马克思主义和社会主义等。中国共产党所进行的革命和建设事业，是以马克思主义为指导的。“老祖宗不能丢”，我们要用发展了的马克思主义指导我们的社会主义经济理论与实践。马克思主义是发展的科学。必须把继承与坚持同发展与创新统一起来。在坚持中发展，在发展中坚持。坚持与发展马克思主义经济学，需要首先学习、弄懂和把握其基本原理与方法。不读、不懂而任意错解、曲解和否定，是非科学的态度。而本本主义或教条主义地照搬照套，脱离实际，也是不正确的、非科学的态度。

《马克思主义政治经济学原理》一书，力求忠实而简括地阐述马克思主义经典作家的经济学基本原理与方法，也阐述由毛泽东、邓小平和党中央发展了的马克思主义经济理论。

本教材初版稿于 1998 年完稿，1999 年 1 月出版。此次修订，根据教育部社会科学研究与思想政治工作司 2003 年修订的《普通高等学校“两课”教学基本要求·马克思主义政治经济学》，在章节上作了一些增减与调整。原版本主要是政治经济学的资本主义部分。虽也有“社会主义经济制度”一章，但主要是阐述马克思、恩格斯和列宁关于社会主义的经济思想的。这次修订，增加了两章社会主义政治经济学的内容。主要是根据我国社会主义经济制度、经济体制和经济运行的实际情况，根据毛泽东、邓小平和党中央对马克思主义经济学的发展，特别是根据党的十六大精神，增设第六章“社会主义经济制度”和第七章“社会主义市场经济体制和运行机制”。第六章主要分析社会主义生产关系的本质与特点，着重分析社会主义初级阶段的所有制和分配制度。阐述了社会主义为什么要实行公有制；社会主义实行按劳分配的客观依据；社会主义初级阶段基本经济制度中的所有制结构；多种所有制经济的性质及其地位和作用；怎样坚持和完善社会主义初级阶段的基本经济制度；为什么要实行按劳分配为主体，多种分配方式并存的分配制度；社会主义市场经济条件下按劳分配的特点；怎样理解十六大报告提出的“确立劳动、资本、技术和管理等生产要素按贡献参与分配的原则”；保护合法的劳动收入和合法的非劳动收入等理论和实际问题。第七章主要分析我国的经济体制和经济运行机制。阐述了商品经济怎样发展为市场经济；我国怎样从传统计划经济转向社会主义市场经济；社会主义市场经济的基本特征；作为社会主义市场经济微观基础的企业的含义与分类；现代企业制度的主要特点；委托代理关系和法人治理结构；国有企业的制度创新；现代市场体系的构成；社会主义市场经济的调控体系，包括政府调节的必要性、调节的目标与手段；建立和健全社会保障体系等。

另外，本书第八章“经济全球化与国际经济关系”也是新增的一章。它涉及发达资本主义国家之间的关系，发达国家与发展中资本主义国家之间的关系，社会主义中国与发达国家和发展中国家的关系。其中阐述了经济全球化的内容与表现，经济全球化的兴起和原因，经济全球化对世界经济的影响，经济全球化下国际经济关系发展的总趋势和特点，经济全球化对各类国家及其相互关系的影响，南方国家争取建立新的世界经济秩序，还专设一节论述经济全球化与中国经济，其中着重分析经济全球化过程中中国对外经济关系发展的趋势和特点，中国经济的国际化及其作用，中国入世带来的机遇和挑战等。

由于本书包括政治经济学的资本主义部分和社会主义部分，因而在有关一般原理的论述上，要兼顾到涵盖的全面性。比如，在第一章讲政治经济学的研究对象时，要说明政治经济学资本主义部分和社会主义部分研究对象的统一性，即都要研究社会生产关系和揭示经济规律。但社会主义政治经济学的研究任务与马克思研究资本主义经济的任务是有所不同的。社会主义政治经济学要为社会主义经济建设和社会主义经济的发展，为改革开放大业服务。因此，本教材说明：社会主义政治经济学要研究社会主义生产关系，研究经济体制和运行机制，也要研究生产力和资源的有效配置。

第二章“商品与货币”是作为一般原理论述的。鉴于近年来在深化对劳动和劳动价值理论的讨论中，有人误认为马克思的劳动价值论是体力劳动价值论。本教材特别说明：决定商品价值量的劳动，既包括体力劳动，也包括脑力劳动；既包括简单劳动，也包括复杂劳动。在现代商品生产与价值关系中，科技劳动与管理劳动的地位和作用日益重要。

由于增加了社会主义政治经济学的部分，并增加了“经济全球化与国际经济关系”一章，教材在章节上需有所调整。原教材中的“资本主义积累及其历史趋势”在本书中不再作为单独的一章，而是将其内容压缩，分别插到现第三、四章中。垄断资本主义部分也有所调整。原教材中的“资本主义世界经济关系”一章取消，将其内容进行增删，置换为现教材第八章“经济全球化与国际经济关系”。

还有其他方面的一些具体修改，这里不一一论述了。

本修订版教材的作者分别是：黄泰岩教授（第一章）、林岗教授（第二章）、杨瑞龙教授（第三章）、邱海平博士（第四章）、陈耀庭教授（第五章、第八章）、卫兴华教授（第六章）、张宇教授（第七章）。

本书由教育部社会科学研究与思想政治工作司组审。教育部普通高校马克思主义理论课教学指导委员会委员、同济大学顾钰民教授，北京大学钱淦荣教授受教育部社会科学研究与思想政治工作司委托审读了本书，他们提出了很好的意见，我们对他们的工作深表谢意。

本教材是供全国普通高等学校非财经专业的本科生使用的。如果在内容和阐述上存在什么缺点和错漏，恳请使用教材的师生和其他读者不吝指正。

编者

2003年6月1日

第 1 版前言

1959 年到 1960 年初，社会上有一种主张：用毛泽东思想代替政治经济学，或称做“以毛泽东思想为纲学习政治经济学”。邓小平在 1960 年 3 月的一次讲话中否定了这种意见。他说：“最近，有些同志提出，要以毛泽东思想为纲学习政治经济学。当然，毛泽东同志在政治经济学上是有发展的，但是，讲初期的发展时期的资本主义，总是马克思和恩格斯，总是《资本论》……所以，不能只是讲以毛泽东思想为纲学习政治经济学”①。可见，邓小平认为，马克思主义政治经济学有其自身独立存在和需要学习的价值。

政治经济学是马克思主义的重要组成部分，一向是我国高等学校进行马克思主义理论教育的重要内容。比较系统地学习马克思主义政治经济学，对于树立正确的世界观，掌握观察和分析纷繁复杂经济现象的科学方法，全面、正确地理解党和政府关于我国经济改革和社会发展的一系列方针和政策，把握社会经济制度变迁的必然趋势，准确判断经济理论和经济实践的是非得失，都具有重要的意义。

当然，马克思主义不是宗教教义。马克思主义政治经济学的创始人提供给我们的首先是研究经济现象和经济制度的科学方法，而不是不以具体的历史条件为转移而随处套用的僵硬模式，更不是万古不变的圣谕。马克思主义政治经济学的精髓在于它基于辩证唯物主义和历史唯物主义的科学方法论和基本原理，而不在于它在特定的历史条件下得出的某些具体结论。这也是经典作家们一再告诫后人的，而且他们自己就是这方面的典范。马克思在创立科学社会主义时，就明确指出，我们不想教条式地预料未来，我不主张我们树立起任何教条主义的旗帜。马克思主义政治经济学是实践的科学，发展的科学。因此，我们不能本本主义、教条主义地对待马克思和恩格斯的政治经济学理论。

马克思主义政治经济学又是一门具有严密逻辑结构和科学体系的经济学科。它集中地研究和阐明了资本主义的经济关系及其运动规律，并为此阐述了资本主义经济的运行过程和运行机制，阐述了资本主义经济的发展变化，阐述了资本主

① 《邓小平文选》，2 版，第 1 卷，284 页，北京，人民出版社，1994。

义经济关系怎样适应和推动生产力的发展；同时又揭示了资本主义的内在矛盾，特别是生产社会化和资本主义私人占有之间的矛盾。这种矛盾是资本主义周期性经济危机的根源。它会造成生产力的浪费和破坏。这需要通过社会主义变革来解决。

马克思和恩格斯没有专门系统研究和阐述社会主义经济制度的著作；但有关未来社会主义经济制度的特点和原理，则散见于他们的许多著作中，其中不乏被社会主义实践证明了的科学预见，应当认真学习与把握。即使研究资本主义经济所得出的某些一般原理和规律，对研究社会主义经济的运行和发展，也有理论和实际意义。例如，马克思主义政治经济学关于商品和货币的一般理论，关于商品经济中存在的一般规律如供求规律、竞争规律、价值规律、价格运动规律、货币和纸币流通规律等，对社会主义商品经济同样适用和有效。

马克思的著作中关于提高劳动生产率和节约生产要素的途径的分析，关于影响积累的因素和影响利润率的因素的说明，关于加速资本周转的方法的阐述，关于再生产实现条件的研究等等，对于我们研究社会主义生产和再生产问题，也都具有理论和实际意义。

马克思专门研究和阐明资本主义经济关系及其规律的那些内容，如果我们抽去其中所体现的特定的资本主义关系，那么，它们的一般形式、机制和规律，对于我国实行的社会主义市场经济体制来说，也具有程度不等的适用性。例如关于平均利润和生产价格、借贷资本和利息率、商业资本和商业利润、信用制度和银行资本、绝对地租和级差地租等基本原理及其规律，就是如此。

列宁研究和论述了从自由竞争的资本主义向垄断资本主义过渡和垄断资本主义的基本特征。列宁以后，国家垄断资本主义有了很大的发展，出现了许多新情况、新特点和新问题。资本主义国家在新的科技革命和劳动生产率大幅度提高的基础上，对经济关系（包括劳资关系）和经济运行机制进行了自我调整，以适应社会生产力的发展需要。资本国际化和经济全球化的趋势会影响到包括我国在内的几乎一切国家和地区。社会主义的中国需要和资本主义国家建立比较广泛的交往关系，既应对当代资本主义国家的新变化与新特点有较多的了解，又需要借鉴发达国家诸如在应用新的科学技术提高劳动生产率以及它们在实行政府调节的市场经济等方面的经验。因此，学习马克思主义政治经济学原理，既要将资本主义作为不断发展变化的对象来考察，又不要局限于就资本主义论资本主义，就现象论现象，要把握它的实质和历史趋势，同时要从我国社会主义经济建设和经济体制改革的需要出发，借鉴包括资本主义成就在内的一切人类文明成果。

马克思主义政治经济学是在19世纪中叶形成和发展起来的。从马克思的经典著作《资本论》发表到现在，已经过去130多年的时间。在这130多年的历史风云变幻中，马克思主义政治经济学作为研究社会经济的科学方法的力量得到了事实的证明。正是在以政治经济学为基础的科学社会主义理论的指导下，20 世纪发生了一系列国家的社会主义变革，作为工人阶级和其他劳动大众理想的社会主义经济制度变为现实。

马克思和恩格斯关于未来社会主义经济制度的构想，在许多方面是科学的、正确的。例如，社会主义要尽可能快地发展生产力，生产以所有人的富裕为目的；以生产资料公有制为基础，实行按劳分配；以社会生产的自觉性和计划性取代生产的盲目性和无政府状态等。但是，他们也有一些预见和设想，与社会主义实践不相符合，例如，他们曾认为，社会主义将消除商品生产，因而与商品生产有关的经济范畴也都将不存在。然而，社会主义实践证明，商品经济的充分发展是社会经济发展不可逾越的阶段。社会主义国家特别是生产力落后的社会主义国家如中国，必须大力发展商品经济。社会主义不仅要有计划调节，也要有市场调节。我国现在实行社会主义市场经济体制，要使市场在资源配置中起基础性作用，这是从实际出发，按照马克思主义的生产力标准重新构建社会主义经济体制和运行机制的结果。

邓小平在谈到我国的改革和发展时曾经说过要坚持两条，一是老祖宗不能丢，二是要有新话。这就是说，要运用马克思主义的科学方法和基本原理，依据国内外经济社会发展的崭新实践，改变甚至放弃某些不符合实际或过时的论断，对经济社会发展的现实作出新的理论概括。这也是我们在学习和研究马克思主义政治经济学时应当持有的基本态度。

本书的内容是依据《“马克思主义政治经济学原理”教学基本要求（征求意见稿）》而编写的，并经教育部社政司组织有关专家审阅通过，列为全国普通高等学校马克思主义理论课（公共课）推荐教材。全书共八章，由中国人民大学经济学院几位教师合作完成，卫兴华教授和林岗教授任主编。各章撰稿人是：第一章黄泰岩教授，第二章林岗教授，第三章杨瑞龙教授，第四章邱海平博士，第五章和第六章陈耀庭教授，第七章张宇博士，第八章卫兴华教授。由于编写人员水平有限，加上时间紧迫，书中会有不当之处和需要加以完善的地方，希望得到经济学界同人和读者的指正。

编者

1998 年 11 月 25 日

目　　录

第一章

马克思主义政治经济学的形成、发展和研究对象

政治经济学是马克思主义的三个组成部分之一，是马克思主义理论最深刻、最全面、最详细的证明和运用。马克思主义政治经济学的产生，使世界无产阶级在黑暗的摸索中得到了阳光的照耀。从此，世界无产阶级有了自己的政治经济学，并在这一科学经济理论的武装和指引下，经过长期艰苦卓绝的斗争，有些国家最终取得了无产阶级革命的胜利，开始了社会主义经济的全面建设，迎来了马克思主义政治经济学蓬勃发展的新时期。

重点问题

- 马克思主义政治经济学形成的历史背景和时代特征。
- 马克思主义政治经济学形成的理论来源。
- 马克思主义政治经济学的研究对象和任务。
- 马克思主义政治经济学的研究方法。
- 生产力与生产关系的基本关系。

一、马克思主义政治经济学是科学的理论

（一）什么是政治经济学

政治经济学是一门独立的以研究社会经济问题为己任的社会科学。最早把这门学科称为政治经济学的是法国重商主义者蒙克莱田（1575—1621）。在1615年出版的《献给国王和王后的政治经济学概

论》中，蒙克莱田使用了“政治经济学”这个名词。但这里的“政治”与我们现在一般使用的“政治”概念不同，它是国家范围或社会范围的意思。“政治经济学”就是指所研究的是国家范围和社会范围的经济问题，突破了以往“经济学”只局限于研究家庭经济或庄园经济，或只作为某一学说的组成部分的格局。从此以后，“政治经济学”一词逐渐被广泛使用，成为研究社会经济问题这门学科的名称。1890 年马歇尔的《经济学原理》一书出版后，这门学科在西方又逐渐流行起“经济学”的称谓。但马歇尔认为，政治经济学和经济学是通用的。在马克思的著作中，“政治经济学”和“经济学”也是通用的。因此，“马克思主义政治经济学”也称“马克思主义经济学”，“西方经济学”也就是“西方政治经济学”。不能把“政治经济学”理解为既研究政治又研究经济的学科，当今，随着经济学科的发展，经济学分支学科不断增多，于是政治经济学被纳入理论经济学的范畴，以与应用经济学科、管理经济学科相区别。

既然政治经济学这个学科名称不是马克思的发明，因而政治经济学就不是马克思主义的专用词。这样，政治经济学也就因理论框架、理论观点的不同而区分为马克思主义政治经济学和非马克思主义政治经济学。马克思主义政治经济学，是为工人阶级和广大劳动人民的利益服务和诉求的经济学，又是反映人类社会发展客观经济运动规律的经济理论，具有严格的、高度的科学性。

（二）马克思主义政治经济学是怎样创建的

1. 马克思主义政治经济学的产生反映了时代的客观要求

18 世纪末至 19 世纪中叶，英、法、德等国的产业革命，使资本主义生产方式最终确立并彻底取代了封建主义生产方式，这就使生产关系在一定程度上适应了当时生产力发展的客观要求，从而使生产力以前所未有的速度和规模迅速发展起来，在短短的时间内创造了比以往高得多的社会财富。但是，随着资本主义生产方式的发展，资本主义社会的阶级矛盾和阶级斗争开始尖锐化，无产阶级（工人阶级）与资产阶级的阶级斗争逐渐成为主要矛盾，这就造成：一方面，资产阶级需要有为它辩护的经济理论代替科学的探讨，从而产生了为资本主义辩护的庸俗经济学，并逐渐取代古典政治经济学而居统治地位，马克思把为资本主义辩护的经济学称作“资本的经济学”。另一方面，作为一支独立的政治力量登上历史舞台的工人阶级，也强烈地呼唤着无产阶级政治经济学的诞生，以便用这种经济理论来武装自己，用以指导蓬勃发展的反对资本主义的斗争实践。正是在这样的历史背景下，19世纪中叶，马克思主义政治经济学应运而生了。因此，马克思主义政治经济学是无产阶级的政治经济学，代表着无产阶级的利益，具有鲜明的阶级性，马克思称之为“劳动的经济学”。由于无产阶级作为先进生产力和生产关系的代表，其经济地位和阶级利益的要求同社会发展的方向完全一致，因此，无产阶级经济学在认识和揭示社会经济发展规律方面，既不同于以往的剥削阶级要受到狭隘的阶级私利的局限，又没有阶级的偏见妨碍自己如实地揭示客观真理，因而无产阶级经济学能够坚持以科学的态度去探索、认识和反映社会经济发展的客观经济规律。无产阶级越是如实地把社会经济发展规律揭示出来，并深刻地认识和正确地加以利用，就越是有利于实现无产阶级的历史使命，越是符合无产阶级和广大劳动人民的根本利益。所以，马克思主义政治经济学既是一门揭示社会经济发展规律的科学，又是一门代表无产阶级利益的科学，它实现了科学性和阶级性的统一。

2. 马克思主义政治经济学是在批判继承前人优秀成果的基础上创立起来的

马克思主义政治经济学的创立没有脱离世界文明发展的轨迹，而恰恰是建立在世界文明的优秀成果基础上的。马克思主义政治经济学的主要理论来源有：（1）古典政治经济学。古典政治经济学是由威廉·配第（1623—1687）始创，亚当·斯密（1723—1790）集其大成，大卫·李嘉图（1772—1823）最后完成的。古典政治经济学克服了重商主义只局限于研究流通领域的缺陷，将研究重点转向了生产领域，使真正的现代经济科学得以创立。古典政治经济学的主要任务是批判封建主义经济制度，揭示资本主义生产和分配的规律，以促进资本主义的发展。由于古典政治经济学代表了新兴的资产阶级的利益，因而它能够以科学的态度对社会经济发展规律进行探讨，并取得了具有科学价值的成果。例如它在一定程度上揭示了资本主义生产的内部联系，提出了劳动创造价值的观点，继而接触到了剩余价值问题。古典政治经济学对经济科学的贡献，为马克思主义政治经济学的建立提供了丰富的营养。（2）空想社会主义。19世纪初出现了代表被压迫、被剥削阶级利益的空想社会主义经济理论，其代表人物是三个伟大的空想社会主义者圣西门、傅立叶和欧文。空想社会主义反对资产阶级经济学者把资本主义制度说成是永恒的自然的制度，抨击了资本主义制度的各种弊端、祸害，揭露了资本主义的内在矛盾，并提出了代替资本主义制度的一系列未来社会的美好设想。空想社会主义为马克思主义政治经济学阐述社会主义代替资本主义的客观必然性提供了重要的理论来源。

但是，古典政治经济学和空想社会主义也存在着非科学的因素。古典政治经济学虽然认识到了资本主义剥削的事实，但受阶级利益的局限，没有考察剩余价值的来源和实质，从而不能揭示资本主义经济的实质。空想社会主义由于没有唯物主义历史观，因而既不能阐明资本主义雇佣劳动制度的本质，又不能发现资本主义发展的规律，也不会找到能够成为新社会制度创造者的社会力量。它们甚至拒绝无产阶级反对资产阶级的革命斗争，寄希望于资产阶级中的明智之士接受它们的方案，以期实现社会制度的变革。马克思主义政治经济学并不是全盘地接受古典政治经济学和空想社会主义的经济理论，而是继承其科学的成分，批判其非科学的因素，在它们的研究成果的基础上对政治经济学进行了革命和创新，创立了完全科学的政治经济学。马克思主义政治经济学第一次从一切社会关系中划分出生产关系，指出它是一切社会关系中最根本、最本质的关系；第一次明确指出政治经济学所要研究的不是物，而是物掩盖下的人与人的关系，这种关系在阶级社会中表现为阶级与阶级的关系；第一次发现了劳动二重性，建立了科学的劳动价值论，并以此为基础，创立了剩余价值学说，彻底揭露了资产阶级剥削无产阶级的秘密，揭露了无产阶级和资产阶级对立的根源。总之，马克思主义政治经济学解决了前人未曾解决的问题，并创立了新的经济范畴，揭示了社会经济发展的规律，使政治经济学发生了划时代的变革。

3. 马克思主义政治经济学深深植根于现实经济运动的沃土之中

政治经济学是一门理论科学，也是一门实证科学，它来自现实，同时又能解释现实。从实践中来，又接受实践的检验。马克思主义政治经济学的创立，不是脱离现实经济运动凭空的逻辑推演的结果，而是以当时资本主义生产方式最发达的英国为典型进行抽象分析，在理论阐述上大量使用英国的例证和其他社会统计资料来支持自己的观点，具有很强的实证特色。马克思所使用的实证分析不是随意地挑选个别事例加以普遍化，而是选择资本主义生产方式普遍存在的大量事实，并且这些事实不仅在资本主义生产方式发达的英国普遍存在，而且在资本主义生产方式相对落后的德国和西欧大陆也先后普遍存在，按马克思的话说就是：工业较发达的国家向工业较不发达的国家所显示的，只是后者未来的景象。因此，马克思主义政治经济学进行实证分析所运用的事实资料具有普遍性，这就保证了在此基础上抽象出的理论的科学性。不仅如此，马克思主义政治经济学所揭示的资本主义经济运动规律，已经被资本主义经济发展的客观实际所证实，经受了实践的检验。

二、马克思主义政治经济学是不断发展的理论

马克思主义政治经济学的科学性还在于它不是封闭的、僵化的、凝固不变的理论，而是开放的、发展的、与时俱进的理论。马克思主义政治经济学正是在不断发展中显示了自己强大的生命力。

马克思主义政治经济学之所以是不断发展的理论，首先在于它提供的不是现成的教条，不是让人们背诵的教义，而是进一步研究的出发点和供这种研究使用的方法。就是说，马克思主义政治经济学的精髓是观察与分析经济现象的世界观、基本原理和方法论，而不是某些个别的结论。马克思在他那个时代所得出的某些个别结论可能会因时间的推移和社会实践的变化而过时，但马克思观察与分析经济现象的世界观、基本原理和方法论却是常青的，这正是我们坚持马克思主义的真谛。其次，马克思主义政治经济学没有、也不可能穷尽政治经济学的一切科学真理，不可能提供解决一切问题的现成答案。对于不同时代的任务，对于不同的问题，只能运用马克思主义政治经济学所提供的世界观、基本原理和方法论加以完成和回答，这本身就意味着马克思主义政治经济学的丰富、完善和发展。

马克思主义政治经济学是不断发展的理论，有其深刻的内涵。一方面，马克思主义政治经济学随着社会经济实践的发展而不断发展。马克思主义政治经济学来自丰富的社会经济实践，而社会经济实践却是不断变化、发展的，马克思主义政治经济学要保持旺盛的生命力，就必须根据社会经济实践的变化而不断修改、补充、完善和发展自己的理论，使其适应和解释变化了的实践。这具体表现在：一是要用社会经济实践来检验已有的经济理论，对于那些被实践证明已经过时的个别结论要敢于大胆地放弃，在这方面必须坚持解放思想、实事求是的马克思主义思想路线。实际生活总是处在不停的变动之中，因而解

放思想没有止境，实事求是要一以贯之。二是要根据新的社会经济实践经验和变化了的具体情况，运用马克思主义政治经济学提供的科学方法，对实际问题进行理论研究，创立新的理论和观点，丰富和发展马克思主义政治经济学。总之，离开客观实际和时代的发展来谈马克思主义，没有意义；静止地、孤立地研究马克思主义，把马克思主义同它在现实生活中的发展割裂开来、对立起来，没有出路。另一方面，马克思主义政治经济学是在批判地吸收各种经济学研究的一切优秀成果，特别是资产阶级古典政治经济学和空想社会主义等经济理论的基础上创立起来的，同样，马克思主义政治经济学的发展也必须通过批判地吸收各种经济学流派，包括西方政治经济学流派的合理成分而实现。无视各种经济学发展的优秀成果，孤立地、教条式地研究马克思主义政治经济学，其结果只能使马克思主义政治经济学的发展偏离世界文明的发展，最终导致落后和失去生命力。

一百多年来，马克思主义政治经济学始终没有停止过它的发展，一代又一代的马克思主义者运用马克思主义政治经济学所提供的世界观和方法论，根据自己所处的时代的要求，对活生生的经济实际进行了大量的理论思考，提出了创造性的理论和观点，丰富和发展了马克思主义政治经济学。从马克思主义政治经济学的发展来看，列宁首先根据资本主义发展的新变化、新特点，提出了帝国主义是资本主义发展的最高阶段的著名论断，从而把资本主义明确地划分为自由资本主义和垄断资本主义两个阶段，建立了帝国主义或垄断资本主义理论。同时，列宁通过对资本主义发展不平衡的深刻分析，得出社会主义革命可能首先在一国或数国取得胜利的论断，突破了马克思和恩格斯关于社会主义革命只有在大多数先进资本主义国家同时发生才能取得胜利的结论。列宁还对现实社会主义的经济关系和经济运行问题作了开创性研究。斯大林在领导社会主义建设的实践中，对社会主义经济建设的许多重大理论问题作了新的探索。毛泽东从中国半殖民地半封建的社会经济实际出发，提出了新民主主义革命的理论和纲领，指引中国革命取得了胜利。在转向社会主义的新时期，毛泽东又进一步探索和提出建设与发展社会主义的新思路。毛泽东思想成为马克思主义与中国实际相结合的产物。邓小平根据当代资本主义发展的新特点和社会主义经济体制改革的实际情况，提出了建设有中国特色的社会主义经济理论，并提出了社会主义市场经济理论，使我国的社会主义建设事业走上了适应生产力发展的新的轨道。在我国社会主义现代化建设和经济体制改革不断深化的实践中，党中央领导集体发扬马克思主义政治经济学与时俱进的理论品质，实现了社会主义经济理论的一系列创新和重大发展，形成了内容不断丰富的、系统的中国特色社会主义经济理论。马克思主义政治经济学在实践中的不断丰富和发展，正是这门科学具有强大生命力的原因所在。

三、马克思主义政治经济学是研究社会生产关系及其发展规律的科学

社会生产关系及其发展规律是马克思主义政治经济学的研究对象。为了说明这个问题，需要先分析物质资料的生产。

（一）物质资料的生产是研究的出发点

物质资料的生产，是指人们以一定方式结合起来改造自然和创造物质资料（物质财富）的过程。物质资料的生产是人类社会存在和发展的基础。其一，人类要生存就需要食物、衣服、住房等最基本的生活资料，这些只有通过物质资料的生产才能获得。任何社会都不能停止生产，否则这个社会就不能继续存在下去。其二，只有物质资料生产发展了，政治、文化、科技、教育等活动才能得到发展，从而人类社会才能发展。可见，作为人类社会存在和发展基础的物质资料的生产，是人类最基本的实践活动，它是政治经济学研究的出发点。

人们为了实现物质资料的生产，必须进行劳动。而一切劳动过程必须具备三个简单要素：劳动、劳动对象和劳动资料。劳动是指有劳动能力和劳动经验的人在生产过程中有目的的活动。劳动对象是指人们把自己的劳动加于其上的一切东西，也就是由劳动加工的对象。劳动对象有两类：一类是天然存在的，比如矿藏、原始森林等自然物；另一类是劳动的生产物，如纺纱用的棉花、造机器用的钢材等。劳动资料（或劳动手段）是人们用来影响或改变劳动对象的一切物质资料，其中最主要的是生产工具，还包括除劳动对象和生产工具以外的一切其他生产资料，如建筑物、道路等。

以上三个要素之所以是劳动过程的简单要素，是因为它们是劳动过程的最抽象、最一般、最基本的，从而最具有普遍性的要素。无论是在生产力十分低下的原始社会，还是在生产力比较发达的现代社会，劳动过程都必须具备这三个基本要素，否则物质生产活动根本不可能

进行。在这三个简单要素中，人的劳动是生产中能动的主体要素；劳动对象和劳动资料的总和称为生产资料，它是生产中的客观要素，是物质生产必备的物质资料。随着社会生产和劳动过程的发展，会在简单要素的基础上逐渐加入某些新的要素，如科学技术、经营管理、经济信息等。

物质资料的生产过程，就是以上诸要素在一定形式下有机结合起来，创造满足人类生存和发展需要的物质产品的过程。

在物质资料的生产过程中，人们要同自然界发生关系，人和人之间也要发生一定的关系。前者表现为生产力，后者表现为生产关系。所以，任何社会的生产都包括生产力和生产关系两个方面。

1. 生产力

生产力是人们生产物质资料的能力。它表示人们适应自然、利用自然和改造自然的水平，反映了人和自然界的关系。生产力的构成包括人的因素和物的因素，也包括被利用的自然力如风力、水力和科学技术以及在生产中的分工协作等社会结合方式。人的因素，是指有一定生产经验、劳动技能和科学知识并实现着物质资料生产的劳动者，它在生产中起着能动的作用。物的因素是指生产资料，在生产资料中生产工具起着最重要的作用，它是社会生产力发展水平和发展状况的最主要标志，也是划分经济发展时期的主要标志。

在当代社会生产中，科学技术是第一生产力。科学技术会渗透到生产资料和劳动能力之中，起到优化的作用。如新的科学技术为劳动者所掌握，可以提高劳动者的素质和劳动技能；可以革新、创造新的生产工具，提高人们改造和征服自然的能力；可以扩大劳动对象的范围和提高其质量，使劳动对象日益优化；还可以改进和变革工艺过程，从而有力地促进社会生产力的发展。因此，马克思说生产力中也包括科学。科学技术越是广泛地运用于生产，越是深刻地渗透到生产力的要素中，就越能提高生产力的水平。当代世界生产力的大发展，主要是由科学技术的发展所推动的。研究表明，在经济发达国家，国民生产总值的增长依靠科学技术进步的贡献率，20 世纪之初仅占 5%～10%，到五六十年代上升为 50%，到 20 世纪末已高达 60%～80%。21 世纪，知识经济初见端倪，高新技术产业迅速发展，这意味着科学技术在现代社会生产力中已居于非常重要的地位。

2. 生产关系

在一定的社会中，人们结合起来进行生产就形成了社会生产关系。生产关系也称经济关系，就是人们在物质生产和再生产过程中结成的相互关系。它是各种社会关系中最基本的关系。社会关系中的政治关系、家庭关系、宗教关系等，都受生产关系的支配和制约。生产关系有狭义和广义之分。狭义的生产关系是指直接生产过程中结成的人和人的关系，如企业中股东、经理、工程技术人员、工人等之间的关系。政治经济学不仅要考察直接生产过程，而且要考察社会再生产过程。物质资料的生产过程不会停止于一次或几次过程之中，而是在整个社会范围内不断重复和更新，表现为再生产过程。它包括生产（直接生产过程）、分配、交换、消费四个相互联系的环节以及与这四个环节相联系的其他方面的关系，如作为直接生产过程的前提和基础而存在的所有制形式，生产资料与劳动力相结合的方式等。总之，人们在社会再生产过程中形成了相应的诸方面的关系。由生产、分配、交换、消费等诸方面构成的生产关系体系就是广义的生产关系，它也就是政治经济学所研究的生产关系。

社会生产总过程中的生产、分配、交换和消费之间，存在着相互联系、相互制约的辩证关系。其中，直接生产过程是再生产过程的起点，起着决定作用。所谓生产起决定作用，包括两方面含义：一是分配的对象、交换的对象、消费的对象，都只能是生产的结果。生产什么、生产多少，决定了分配什么、分配多少，交换什么、交换多少，消费什么、消费多少。二是生产的社会形式即生产关系决定分配关系、交换关系和消费关系。但是，分配、交换、消费也不是单纯被决定的消极因素，而是反过来积极反作用于生产。所谓反作用，是指促进或阻碍生产的发展。如果分配、交换和消费适应于生产，就会促进生产的发展；反之，就会阻碍生产的发展。例如，扩大消费，可以拉动经济的增长；而缩小消费，就会降低经济增长率。

对生产资料的一定占有方式以及生产资料与劳动者的特定结合方式，是人们进行物质资料生产的前提。生产、分配、交换、消费关系在很大程度上是由这种前提决定的，所以生产资料所有制以及生产资料与劳动者的结合方式是生产关系的基础，它从根本上决定着生产、分配、交换和消费的社会性质，是生产关系性质的首要标志。

生产资料所有制总是要通过生产、分配、交换和消费诸方面关系得以实现，而且后者对生产资料所有制也有反作用。这表现在当它们适应所有制的性质与要求时，会对生产资料所有制起巩固、发展作用；反之，就会对生产资料所有制起削弱、瓦解作用。

政治经济学特别是社会主义政治经济学，既重在对生产关系的本质及其规律的研究与表达，还应重视对经济体制和经济运行机制的研究，重视对经济增长方式与发展方式的研究，重视对经济关系和经济体制怎样更好地适应和促进生产力的发展的研究。政治经济学在研究揭示生产关系本质时，结合对一定的经济体制和经济运行机制以及经济增长及发展方式的分析和阐述，就可以从比较具体的经济运动过程和趋势中更准确、更好地把握一定经济制度的运动和发展规律，将会使政治经济学的研究对象趋于丰富和完善，从而更好地实现政治经济学的功能及其历史使命。

（二）生产力与生产关系的对立统一

生产力和生产关系是社会生产不可分割的两个方面。在社会生产中，生产力是生产的物质内容，生产关系则是生产的社会形式。两者的有机结合和统一，构成社会的生产方式。生产力和生产关系的相互关系是：生产力决定生产关系，而生产关系又反作用于生产力。

生产力决定生产关系，概括地说表现在两个方面：第一，有什么样的生产力，或者说生产力的状况如何，就决定或要求有什么样的生产关系。人类社会各种类型的、性质各不相同的生产关系的更替和发展，都是生产力发展的结果，都是由一定的生产力发展状况所决定的。第二，在同一社会形态中，一定生产关系的存在、发展和成熟的过程，都是由生产力发展的过程所决定的。生产力的发展变化，决定着生产关系的发展变化。其一，生产力决定生产关系的部分质变。在一定的生产关系的根本性质不变的前提下，随着生产力的发展，生产关系会在某些方面或某些环节上，或者是在实现形式上，出现不适应生产力发展要求的情况，这就要求进行生产关系的必要的调整和经济体制的改革，以适应生产力的发展变化。其二，生产力决定着或制约着生产关系所能变化的程度。生产关系必须而且只能适应生产力的现有状态而发展变化，如果超越了现有的生产力状况，人为地过早地变革生产关系，反而不利于生产力的发展。例如，我国 1958 年开始在农村实行人民公社制度，搞“一大二公”，要“跑步进入共产主义”，结果给社会生产力的发展造成了严重的消极后果。

在生产力和生产关系的对立统一关系中，最根本的方面是生产力决定生产关系，但生产关系对生产力有反作用。这种反作用表现在：当生产关系的新的变革同生产力的发展要求相适应时，就能推动生产力的发展；反之，如果生产关系滞后或超前于生产力的发展状况，就会阻碍生产力的发展。

生产关系一定要适合生产力的状况，或者说生产力决定生产关系，是人类社会发展的最基本的、最普遍的经济规律。这具体表现在：第一，生产力经常处于不断变化之中，它是社会生产中最活跃、最革命的因素。社会生产的发展变化，总是由生产力的发展变化开始的，生产力发展到一定程度后，才有生产关系相应的发展变化。不适合生产力发展要求的过时的生产关系，迟早要被适合生产力发展要求的新的生产关系替代。而新的生产关系也只有在适应生产力发展的客观要求时才能确立和巩固。超越生产力发展要求而人为地建立起来的生产关系，由于会阻碍甚至破坏生产力的发展，因而不可能长久保持下去。第二，评判生产关系先进和落后的根本标准，归根到底是看其对生产力发展的作用。能够促进和推动生产力发展的生产关系，就需要保护、巩固和完善；而阻碍甚至破坏生产力发展的生产关系，就要坚决放弃、变革。生产力标准和邓小平提出的“三个是否有利于”的标准①是判断我国社会主义制度下一切经济工作得失成败的根本标准。

（三）政治经济学的研究对象

生产力和生产关系存在的辩证关系，决定了政治经济学必须从生产力和生产关系的矛盾运动中研究生产关系。只有这样，才能从理论上认识生产关系变化的原因以及新旧生产关系更替的依据。因此，政治经济学应当非常重视对生产力的性质和水平的考察，既要分析它在各个历史时期的特征及其发展变化，又要分析它的现状，还要探讨它的各个层次及其发展变化对生产关系的影响。

在一定的社会形态中，占主导地位的生产关系的总和，构成该社会制度的经济基础。建立在一定经济基础之上并与之相适应的政治法律制度和社会意识形态，是社会的上层建筑。两者之间存在着辩证统一的关系。一方面，经济基础决定上层建筑，有什么样性质的经济基础，就有什么样的与其相适应的上层建筑。随着经济基础的变更，上

---

①　判断的标准主要是看是否有利于发展社会主义社会的生产力，是否有利于增强社会主义国家的综合国力，是否有利于提高人民的生活水平。

层建筑会或迟或早地相应发生变化。另一方面，上层建筑对经济基础有反作用，适应新的经济基础而建立起来的上层建筑，能够保护和促进新经济基础的巩固和发展。而旧的上层建筑，则维护旧的经济基础，或延缓旧的经济基础的瓦解，阻碍新的经济基础的形成和发展。新的经济基础建立和发展起来后，如果在上层建筑领域发生逆转，也会破坏经济基础。例如，苏联东欧社会主义国家意识形态的变化与逆转、共产党的瓦解，导致其社会主义经济制度的解体。可见，上层建筑对经济基础的反作用是巨大的。因此，政治经济学必须在经济基础和上层建筑的相互作用和矛盾运动中来研究生产关系及其运动变化，否则就不能了解生产关系变化和变革所需要的社会政治条件，就不能适时地改革或变革上层建筑，以适应生产关系发展的需要。所以，政治经济学虽然不直接以生产力和上层建筑为研究对象，但绝不意味着可以离开生产力和上层建筑而孤立地、抽象地研究生产关系。只有结合生产力和上层建筑的作用来研究生产关系，才能正确揭示它的变化和发展规律。

揭示经济过程中存在的客观经济规律，是马克思主义政治经济学的基本任务。经济规律就是经济现象和经济过程内在的、本质的、必然的联系，它体现着经济过程的必然趋势。经济规律和自然规律一样，具有客观性，是不以人的意志为转移的。第一，任何经济规律都是在一定的客观经济条件基础上产生和发生作用的，并随着客观经济条件的变化而变化。有什么样的经济条件，就会产生与它相适应的经济规律。所谓客观经济条件，主要是指一定的社会生产力与社会生产关系的状况。第二，任何经济规律都是不以人们的主观意志为转移的。人们既不能消灭、废除和改造经济规律，也不能创造或制定经济规律。经济规律只能随着客观经济条件的变化而变化。人们可以创造某一种新的经济条件，可以改变甚至消灭原有的经济条件。原有的经济条件消灭了，以此为基础的原有的经济规律便随之退出历史舞台；新的经济条件产生了，在新的经济条件基础上就出现了新的经济规律。但是，人们创造、改变或消灭经济条件的行动本身，是不能随心所欲的，必须根据生产关系一定要适合生产力状况规律的要求来进行。

人们必须尊重经济规律，按照经济规律的要求办事。但是，承认经济规律的客观性，并不意味着人们在经济规律面前无能为力，只能听凭经济规律的摆布。相反，正因为经济规律具有客观性，人们便可以通过充分发挥自己的主观能动性来认识和利用客观经济规律。只有在深刻认识经济规律的基础上，才能对客观存在的经济规律作出科学的表述和概括，才能自觉地、熟练地加以运用。由于受经济发展的成熟程度、阶级利益和思想方法等方面的局限和制约，不同的阶级对经济规律的认识是有很大差别的，即使是无产阶级，对经济规律的认识也有一个由浅入深、甚至会出现曲折和反复的过程。

人们认识经济规律的目的，在于利用经济规律能动地改造世界。所谓利用经济规律，是指人们在认识客观规律的基础上，根据客观规律的运动趋势和要求，制定经济工作的方针和政策，安排自己的经济活动，从而在实践中达到更好地实现经济利益的目的。人们对客观规律认识得越全面、越深刻，行动就越自由，就越能发挥人的主观能动性。或者通过改变经济条件的办法，来限制某些经济规律发生作用的范围，或者为某些经济规律提供发生作用的充足条件和广阔场所，利用它为社会谋福利。

同自然规律相比，经济规律又有自己的特点：第一，自然规律是完全离开人们的活动而独立存在和发生作用的，而经济规律主要是人们的经济活动和经济关系运动的规律，离开了人们的经济活动，也就不存在经济规律。第二，自然规律大多是长久不变的，而绝大多数经济规律只在一定的社会历史阶段发生作用。因为经济规律只在一定的经济条件的基础上产生和发挥作用，一旦这种经济条件消失，这些经济规律也就随之消失。第三，在阶级社会里，认识和利用经济规律都有阶级背景。因为经济规律作用的结果，总会直接涉及某个阶级或集团的利益，所以不同阶级对发现和利用经济规律的态度是不同的。

经济规律深藏在经济现象和经济过程的内部，它的作用总是通过一定的经济机制才能贯彻和实现，因此，要深入研究生产关系及其运动规律，还必须重视对经济运行机制的考察和研究。

既然经济规律都是在一定的客观经济条件基础上产生和发生作用的，并随着客观经济条件的变化而变化，那么，经济规律就具有以下三种情况：一是当同一的客观经济条件在所有不同的社会经济制度下都存在时，在此基础上产生的经济规律就成为一切社会所共有的一般规律，例如，只要存在社会生产，就存在生产关系一定要适合生产力状况的规律；二是当同一的客观经济条件在几个不同的社会经济制度下存在时，在此基础上产生的经济规律就是几个社会所共有的规律，如商品经济的价值规律既存在于资本主义前的简单商品经济中，也存在于资本主义经济中，还存在于社会主义经济中；三是当某种经济条件只存在于某一社会经济制度时，在此基础上产生的经济规律就是该社会经济制度所特有的规律，如资本主义的剩余价值规律。

马克思把政治经济学的研究对象界定为研究社会生产关系及其发展规律，这是由马克思揭示资本主义经济制度产生、发展、灭亡的运动规律这一时代任务所决定的。但是，当我们进入社会主义社会，政治经济学所面临的历史任务发生了改变，它不是要摧毁一个旧世界，而是要建立一个新世界，特别是在一个发展中的大国建设社会主义，发展就成为硬道理。因此，在建立马克思主义社会主义政治经济学时，毫无疑问，政治经济学仍然要研究生产关系，但仅仅联系生产力研究生产关系就不够了，政治经济学的研究对象要依据它所要完成的历史使命与时俱进地加以扩展，即马克思主义社会主义政治经济学既要研究生产关系以及作为其表现形式和实现形式的经济体制、运行机制等，也要研究与生产力相联系的资源的有效配置、经济增长与发展方式的转变，以促进社会主义经济的快速发展。

四、马克思主义政治经济学的科学方法

马克思主义政治经济学之所以成为科学，还有一个重要原因是马克思在批判地吸收黑格尔哲学的科学成分的基础上实现了政治经济学研究方法的革命，创造性地运用了科学的方法论，即辩证唯物主义和历史唯物主义。

（一）辩证唯物主义方法

辩证唯物主义是建立在唯物论基础上的辩证方法，因而亦称唯物辩证法。在政治经济学的研究中运用唯物辩证法，就是运用对立统一规律、量变质变规律和否定之否定规律来分析经济现象和经济过程的矛盾运动及其发展变化过程，从而揭示经济现象和经济过程的本质及其发展运动的本质。列宁指出，马克思和恩格斯的一个重要贡献，就是运用唯物主义辩证法从根本上来重建整个政治经济学。

运用对立统一规律来研究社会经济，就要研究、分析经济现象和经济过程中所包含的矛盾，揭示矛盾双方所处的状态，寻求解决矛盾的方法和途径。只有这样，才能揭示经济过程发展的状况和动力及其进一步发展的趋势，才能掌握社会经济关系的本质及其变化。例如，只有通过对生产力和生产关系矛盾双方的研究，才能说明一种社会形态内部由不成熟阶段到成熟阶段的发展变化过程以及一种社会形态被

另一种社会形态代替的历史必然性，也才能说明同一社会形态在其不同发展阶段生产关系的自我调整或改革的原因和必然性。

运用量变质变规律来研究社会经济，则要分析在社会经济发展过程中局部的量变积累到何种程度，才能达到以及如何达到质的变化，并对经济过程的发展产生什么样的影响。运用量变质变规律研究社会经济现象和经济过程，能更好地理解社会经济发展的趋势。

运用否定之否定规律来研究社会经济，是要揭示出社会经济的发展绝不会停留在某一阶段上，而是经历着由低级阶段向高级阶段发展的过程。社会经济过程的变化，经过否定之否定，螺旋式向前发展，表面上看起来似乎是回到原来的出发点，实际上是发展到包含着新的内容的更高阶段。

（二）历史唯物主义方法

历史唯物主义就是把辩证唯物论原理应用于研究社会经济问题。马克思主义的历史唯物主义，把社会经济形态的发展和更替看做一种自然的即客观必然的历史过程。它评价社会经济制度的先进或落后，评价不同阶级的进步或反动，主要标准是看它在社会生产力的发展中起促进作用还是阻碍作用。

运用辩证唯物主义和历史唯物主义建立和发展马克思主义政治经济学，必须坚持一切从实际出发、理论联系实际的原则。要从中国和世界经济生活的实际出发，运用马克思主义政治经济学的基本原理和基本方法，创造性地研究和解决各种新课题，而不能企图也不能要求人们从马克思主义经典著作中寻求解决一切问题的现成答案，这样才能实现政治经济学的创造性的发展。把马克思主义当做教条是错误的；否定马克思主义的基本原理和基本方法，认为马克思主义已经过时了，也是错误的。

（三）科学抽象法

研究政治经济学，还必须运用科学抽象法。科学抽象法是从具体到抽象的研究方法和从抽象到具体的叙述方法的统一，它是在唯物辩证法的指导下进行的。

运用从具体上升到抽象的方法研究社会经济，要求在研究经济现象和经济过程时，必须充分占有材料，详细分析具体对象，暂时舍去与本质规定无关的方面，撇开表面现象，揭示出其内在的本质的必然联系，把握经济运动的规律。运用这种方法，就可以使认识由感性阶段上升到理性阶段，并形成一系列的范畴和概念，然后进一步运用范畴和概念去说明经济现象，使对现象的认识更为科学。

从抽象到具体、用本质来说明现象的叙述方法，也是政治经济学研究中的一个重要方法。这种方法是运用通过研究得出的经济关系的本质和规律，通过经济范畴进行理论叙述。但这种叙述不是对经济现象和经济过程作简单的描述，而是对它进行深刻的和科学的说明。例如，只有首先认识资本主义生产的实质是剩余价值生产，剩余价值是资本主义经济关系中抽象的、本质的范畴，然后运用剩余价值范畴说明其具体形式如产业利润、商业利润、利息、地租等，这样，对这些经济形式的把握才会具有系统性和科学性。

（四）逻辑与历史相统一的方法及其他

研究政治经济学，还必须运用逻辑与历史相统一的方法。逻辑方法，是在研究社会经济现象时，按照经济范畴的逻辑关系，从比较简单的经济关系和经济范畴逐步上升到比较复杂的具体的经济关系和经济范畴，阐明社会经济现象和经济过程的逻辑发展进程。历史方法，则是在研究社会经济现象和经济过程时，按照它的历史发展的真实进程来把握其规律。

政治经济学的研究方法，既要重视逻辑方法与历史方法的统一，又要认识二者的差异。运用历史方法研究社会经济现象和经济过程时，必须排除历史发展进程中的偶然现象和因素以及各种曲折过程，从复杂的、曲折的历史材料中，揭示出社会经济发展的规律性。一般地说，逻辑的进程与经济发展的历史进程相一致，是社会经济历史发展过程的反映。例如，从商品生产和商品流通出发来研究资本主义经济关系，就是逻辑方法和历史方法相统一的具体运用，依循着商品到货币再到资本的进程展开的逻辑分析，正是反映了历史上商品形式由低级向高级发展并转化为资本的历史进程。逻辑的进程与历史的进程又存在不一致的情况，如商业资本与借贷资本早于产业资本而产生和发展，但用逻辑的方法分析资本主义，要先分析产业资本，后分析商业资本和借贷资本，因为产业资本决定着资本主义的性质。

政治经济学的研究，还要运用和借鉴现代科学的某些方法。现代科学发展的重要特征之一，是自然科学和社会科学之间在一些理论和研究方法上的相互渗透和融合，因此，政治经济学的研究有可能而且也应该运用和借鉴现代自然科学的某些理论和方法。

在政治经济学的研究中，还要借鉴和运用西方经济学中的一些方法，例如实证分析、均衡分析、边际分析、静态分析、动态分析等。

对现代科学和西方经济学中某些方法的运用与借鉴，只是作为对政治经济学研究的根本方法的补充，必须以马克思主义的唯物辩证法为基础、前提和出发点。对现代科学和西方经济学方法的运用和借鉴，要服从于我们研究的目的和任务。

复习和练习

→内容提要

1. 马克思主义政治经济学代表了无产阶级的根本利益，是无产阶级的政治经济学。由于无产阶级的经济地位和阶级利益的要求同社会发展的方向完全一致，因而马克思主义政治经济学也是一门揭示社会经济发展规律的科学。马克思主义政治经济学实现了科学性和阶级性的统一。

2. 古典政治经济学和空想社会主义是马克思主义政治经济学的两个重要理论来源。但马克思主义政治经济学并不是全盘地接受古典政治经济学和空想社会主义的经济理论，而是继承其科学的成分，批判其非科学的因素，在其研究成果的基础上对政治经济学进行了伟大的革命和创新，建立了完全科学的政治经济学。

3. 马克思主义政治经济学不是现成的教条，而是进一步研究的出发点和供这种研究使用的方法。其精髓是运用它所提供的世界观、基本原理和方法论对不同时代的任务和不同的问题作出不同的研究和回答，因而马克思主义政治经济学在本质上是一种开放的、不断发展的、与时俱进的理论。在马克思主义政治经济学的发展过程中，列宁、毛泽东和邓小平等一代代马克思主义者作出了重要贡献。

4. 马克思主义政治经济学的研究对象是社会生产关系及其发展规律，这是由马克思揭示资本主义经济制度产生、发展、灭亡的运动规律这一时代任务所决定的。社会生产关系就是人们在物质生产和再生产过程中结成的相互关系，政治经济学所研究的生产关系是由生产、分配、交换、消费以及与这四个环节相联系的其他方面的关系构成的体系。研究生产关系必须结合生产力和上层建筑的作用，才能正确揭示它的变化和发展的规律。在社会主义社会，由于政治经济学面临的历史任务是建立一个新世界，因而马克思主义社会主义政治经济学既要研究生产关系以及作为其表现形式和实现形式的经济体制、运行机制，也要研究生产力和资源的有效配置。

5. 生产力决定生产关系，是人类社会发展的最基本的、最普遍的经济规律，因为生产力作为社会生产中最活跃、最革命的因素，它的发展变化必然引起生产关系的相应变化。不论是人类社会各种不同性质生产关系的更替和发展，还是同一性质生产关系的发展和成熟，都是由生产力的发展状况决定的。那些不适合生产力发展要求的过时的生产关系和超越生产力发展要求而人为建立的生产关系，都会阻碍甚至破坏生产力的发展，迟早会被适合生产力发展要求的生产关系替代。因此，评判生产关系先进和落后的根本标准，归根到底是看其对生产力发展的作用。

6. 马克思主义政治经济学实现了方法论上的革命，建立了辩证唯物主义和历史唯物主义方法，成为马克思主义政治经济学的方法论基础。运用辩证唯物主义和历史唯物主义建立和发展马克思主义政治经济学，必须坚持一切从实际出发、理论联系实际的原则。研究政治经济学，还必须运用科学抽象法，重视逻辑方法与历史方法的统一，还要运用和借鉴现代科学与西方经济学的某些方法。

→关键术语

马克思主义政治经济学/生产力/生产关系/经济规律/辩证唯物主义/历史唯物主义

→复习题

1. 马克思主义政治经济学是怎样形成的？
2. 为什么说马克思主义政治经济学是不断发展的理论？
3. 马克思主义政治经济学的研究对象是什么？
4. 为什么说生产力决定生产关系是人类社会发展的最基本的经济规律？
5. 马克思主义政治经济学的科学方法有哪些？

第二章

商品与货币

资本主义生产方式和社会主义生产方式都是建立在发达的商品经济基础上的。因此，对这两种生产方式的特殊运动规律的研究，必须以对商品经济的一般规律的研究为前提。本章将简要说明商品经济的基本规定、商品经济产生和发展的历史前提，分析商品的价值和使用价值及其矛盾，阐明马克思主义的劳动价值论和货币理论以及商品经济的基本规律——价值规律。

重点问题

- 商品的二因素及其矛盾。
- 劳动的二重性。
- 价值形式的发展及货币的本质和职能。
- 价值规律的基本内容、作用及实现形式。

一、商品与商品经济

（一）什么是商品

生活在现代社会中，我们几乎每时每刻都要同商品打交道。作为消费者，我们消费的是商品；作为生产者，我们生产的是商品；而且我们是在用商品生产商品，因为在现代商品经济条件下，生产过程中使用的各种要素，绝大多数都是作为商品购买来的。事实上，在当今世界，无论是实行资本主义经济制度的国家，还是实行社会主义经济制度的国家，商品都是财富的元素形式或细胞形式，社会财富都表现为一个庞大的商品堆积，经济运行都以商品关系或市场关系为基础。因此，对资本主义和社会主义两大现代社会经济形态的特殊运动规律的研究，都应当以对商品关系这个现代经济生活中最普遍、最一般的经济关系的把握为前提。

让我们从一个看似简单的问题来开始分析。什么是商品？你可能会回答说，商品不过是对人有用的物品。但是，为什么空气、阳光是人类生存之必需，却没有价格，不能在市场上作为商品出售呢？显然，“对人有用”可以是物品成为商品的一个理由，但并不是充分的理由。你或许会进一步补充说，物品要成为商品，还必须是人类劳动的产品。但很遗憾，这仍然不能算是正确的答案。不错，商品是有用的人类劳动产品，但并不是在任何条件下这种劳动产品都必然成为商品。例如，古代自给自足的农家男耕女织，种出来的粮食和织出来的布尽管都是有用的劳动产品，但并不拿到市场上去交换或出售，只是供家庭成员自用，因而这些劳动产品并不成为商品。而在现代经济中，纺织企业生产出来的布匹，农场生产出来的粮食，却是不折不扣的商品，因为这些产品从一开始就是为交换或出售而生产的，并不是为了生产者自身的消费。可见，只有通过交换，通过市场，有用的劳动产品才成为商品。换句话说，商品就是为市场交换而生产的对他人或社会有用的劳动产品。

（二）什么是商品经济

从上面关于“什么是商品”这个问题的回答不难看出，使有用的劳动产品成为商品的关键条件是市场交换。交换是不同的商品生产者之间的社会经济关系。作为商品的劳动产品，既是这种经济关系的产物，又是这种经济关系的体现。正是这种经济关系，而不是物品作为有用的劳动产品所具有的自然属性和特殊用途，赋予了物品以商品的属性。如果这种经济关系成为某个社会里人们发生经济关系的较普遍的形式，这个社会的经济就可以归入商品经济的范围。

商品经济是商品生产与商品流通的统称。在奴隶社会和封建社会中，自然经济占统治地位，存在小商品经济或称简单商品经济。资本主义社会和社会主义社会，是人类的经济活动以商品的生产和交换为一般基础的社会经济形态。由于商品交换是在市场中发生的，因而商品交换与市场是同生共存的。市场的原本意义为交换的场所。但商品经济发展以后，商品交换不一定都通过一个场所。除交换场所外，一切商品交换的渠道和纽带，也都是市场。当市场发展到能起资源配置作用时，就成为市场经济。因此，市场经济是市场在资源配置中起基础性作用的商品经济。

二、商品经济的产生和发展

（一）商品交换关系是人类社会发展到一定历史阶段的产物

商品经济或市场经济是如何产生和发展起来的呢？回答了这个问题，我们也就弄清了商品生产和交换形成和发展的一般条件。

18 世纪的英国经济学家亚当·斯密曾经断言，商品交换关系之所以产生和发展，是因为人类天生具有相互进行交易的自然倾向。按照这种说法，既然商品交换产生于人类的自然本性，那么它就应当像饮食男女一样，是伴随人类的产生而产生的现象，因而一开始就应当是人类经济活动的基本形式。但是，人类社会发展的历史却表明，商品关系并不是从来就有的，在原始社会的漫长岁月中，人们就不知商品交换为何物。商品关系是在人类的历史发展进程中，随着社会生产力的发展和社会分工的发展以及不同所有者的出现而逐渐形成的。

（二）前资本主义时期的三次社会大分工和商品交换的发展

人类社会发展的初期，在以氏族和部落的形式组织起来的原始人群内部，只存在按性别和年龄划分的自然分工。原始先民们在氏族和部落的狭小范围内从事集体生产活动，产品按照长期形成的惯例在氏族成员之间平均分配。由于生产力水平极其低下，人们通过采集和狩猎获取的产品往往仅够糊口，没有多少剩余。在这种情况下，既无交换的必要，也无交换的可能，经济因而处于自给自足状态，即自然经济状态。在自然经济条件下，生产是直接为自身的消费而进行的，生产与消费之间不存在交换这个中介。对于生活在原始社会蒙昧阶段的人们来说，生活必需品应当也只能由自己亲手制造。在他们看来，通过交换借他人之手满足自身的需要是不可思议的事情。19 世纪，有个德国探险家在巴西中部旅行，他所接触的印第安人反复询问他的裤子、蚊帐及其他物品是不是自己做的，而当这些印第安人听说不是的时候，感到十分惊讶，难以理解。在原始的氏族之间以及氏族成员之间，有互换礼品的习俗，但这并不是商品交换，而是具有亲缘关系的人们相互帮助、余缺互补的一种形式。尼日利亚南部的奥楚姆德-伊波部族中存在着每年 6 月、7 月和 8 月互赠礼品的习俗。据当地人解释，这种习俗源于粮食有余者在农作物收获前有责任帮助缺少口粮者的古制。原始社会人们之间的这种礼品馈赠显然不是商品关系。

到了原始社会野蛮时代的中级阶段，由于农业耕作技术和动物驯养技术的进步，在满足自身需要之外有了剩余产品。这时，发生了第一次社会大分工，即游牧部落与其他部落分离开来，农业部落与游牧部落之间的产品交换随之发生。起先是偶然的交换，后来变得越来越经常。一开始，交换是在不同部落或不同氏族的边界上进行的。据史料记载，交换的最初往往采取所谓“沉默的物物交换”的形式，即人们将自己的产品放在某个易被发现的场所，然后躲到一边等待他人将用于交换的物品放在同一场所，而后各自取走对方的产品。在西方国家被称为历史学之父的古希腊学者希罗多德，曾记述过直布罗陀海峡西部摩尔人与黑人之间的这种原始的物物交换。在我国，直至 20 世纪 40 年代末 50 年代初，在边远的山林地区，某些以狩猎为生的少数民族在用皮毛与内地来的行商交换食盐等必需品时，采取的仍然是这种方式。这显然是“沉默的物物交换”的遗风。在野蛮时代中级阶段的进一步发展过程中，随着氏族成员私有财产的产生，同一氏族内部不同成员之间的交换关系也开始产生并逐步发展起来。“沉默的物物交换”为喧闹的集市贸易所取代。集市在约定俗成的固定地点和时间举行，我国古典文献中关于“日中而市”的记载，说的就是这种情形。在这一时期，出现了被亚当·斯密称为“流通的大轮毂”的货币，铜、铁、金、银等金属逐渐成为人们普遍使用的货币。货币的出现极大地方便了商品交换，刺激了商品生产的发展。以货币为中介的商品交换，就是商品流通。

人类社会发展到野蛮时代的高级阶段，青铜和铁的冶炼技术的相继发明以及金属工具的广泛使用，在使农业生产较以前有很大发展的同时，还使得原来附属于农业的手工业生产技术大大改进，手工业产品也日益多样化。这时，原来与农业结合在一起的手工业分离出来，形成与农业相区别的独立生产行业。这就是所谓的第二次社会大分工。社会生产力在第二次社会大分工的刺激下进一步发展，氏族成员之间的贫富分化加剧，私有制的发展加快，奴隶制逐渐形成。随着社会生产分为农业和手工业两大部门，商品生产和交换的规模扩大了。在我国西周至春秋战国时代，不仅有了为君主服役的各种专业化手工匠人，即“百工”，而且专门为市场而生产的私营手工业也很发达。春秋战国时代城市中已有了按产品类别划分的“肆”，即各种专业工匠设立作坊店铺的场所。《论语》中就有“百工居肆以成其事”的说法，说明当时城市市场已比较繁荣。在西方国家的历史上，也有类似的发展。古希腊城邦时期以及罗马帝国时期都有规模相当大的奴隶工场，城市中的市场也很发达。

人类社会进入文明阶段之后，在商品交换日益频繁、交换地区不断扩大的形势下，出现了不事生产而专门从事商品交换业务的商人，发生了第三次社会大分工。商人的经营活动便利了商品交换，缩短了商品买卖的时间，扩大了商品的销路，拓展了商品交换的空间，又一次推进了商品生产和交换的发展。由于商人的作用，远距离异地贸易以至于海外贸易出现了。而商品市场的扩大，又反过来促进商品生产规模进一步扩大。早在春秋时代，商贾已被列为“四民”（士、农、工、商）之一，可见当时商人阶级已在我国形成。我国最早见于文献的商人，可能要算那个“矫君命以犒秦师”的郑国人弦高。著名的齐国政治家管仲，在从政之前从事过商业活动。孔子的高足子贡也是个从事长途贩运的商人。我国西汉的著名历史文献《史记》专门为商人设“货殖列传”，记述了以陶朱公、白圭为代表的商人所进行的“周流天下”的经营活动和“人予我取”的高明经营策略。这些都是商人在当时社会经济中的作用变得越来越重要的反映。

（三）资本主义生产方式的建立与商品经济的发展

在奴隶社会，商品交换关系逐渐发展，到了封建社会末期，商品关系达到了相当高的发展水平。但只是到了资本主义时代，商品关系才成为社会经济关系的最普遍、最一般的形式。在前资本主义的各种社会经济形态中，尽管发生了三次社会大分工，但从总体上说，自给自足的自然经济的生产方式一直占据着主导地位，因而商品关系在经济生活中还只是处在补充和从属的地位。在现代资本主义社会产生的前夜，航海术的进步带来的美洲的发现、绕过非洲的航行以及随之而来的殖民化浪潮和殖民地贸易，使一些具有海外贸易传统、国内商品关系发展程度较高的西欧国家的商品市场空前扩大。市场的扩大使既有的社会分工体系从而使商品生产组织发生了重大改组和创新。以众多不同劳动者的细密分工和密切协作为基础、通过雇佣劳动关系形成的大规模专业化的商品生产组织——手工工场，逐渐排挤了封建行会制度下的狭小手工作坊。资本主义的大规模专业化商品生产组织的形成，意味着作为商品关系一般基础的社会分工发生了深刻的变化，前资本主义的传统社会分工体系已演进为现代社会分工体系。资本主义生产方式在经济中的统治地位确立之后，现代自然科学导致了机器代替人力的技术创新，而这种技术创新又导致生产组织的创新。随着产业革命的实现，手工工场制度为建立在机器体系基础上的工厂制度所代替。机器生产以手工劳动所无法比拟的生产率，横扫了一切自然经济的残余，将一切经济活动都编织进现代社会分工体系的巨大网络中，从而使商品关系或市场关系渗透到社会经济的一切领域，成为人们发生经济联系的最普遍、最一般的形式。

以上对商品关系形成和发展历史的简略回顾，说明商品经济或市场经济的产生和每一步发展，都是以社会分工的产生和发展为条件的。社会分工的产生与发展，使不同产品生产者之间的交换关系成为必要。而在生产技术进步推动下社会分工的不断深化，在提高人类劳动生产率的同时，又导致商品交换范围不断扩大，最终成为现代社会经济生活必不可少的条件。

三、商品的二因素：使用价值与价值

（一）使用价值

在关于“什么是商品”的论述中，我们已经知道，商品就是为进行市场交换而生产的对他人或社会有用的劳动产品。商品的这个定义虽然简略，但实际上其中已经暗含了构成商品的两个因素，即使用价值和价值。所谓商品的使用价值，简单地说，就是物品的有用性。价值这个范畴没有直接出现在这个定义中，但是，它所包含的使物品成为商品的关键条件——市场交换，本身就意味着一切商品都具有可以用某种相同的尺度来衡量的价值。对商品的使用价值和价值的分析，不仅可以极大地丰富和加深我们对“什么是商品”这个问题的认识，而且还可以进一步揭示出商品经济的内在矛盾。

我们先来讨论商品的使用价值。对商品的最为直观的认识是，它是能够用来满足人们的某种需要的物品，即对人有用的物品。马克思主义政治经济学所说的使用价值，就是指物品的这种有用性。而不同的物品由于自然属性（物理的或化学的性质）不同，它们的用途即使用价值也就各异。例如，粮食能够满足人们对营养物质的需要，房屋能够满足人们遮蔽风雨或起居舒适的需要，机器能够满足人们进行生产活动的需要，书籍能够满足人们精神和文化方面的需要等。物品的有用性寓于物品自身之中，因而马克思主义政治经济学在使用“使用价值”这一概念时，有时指物品的有用性，有时又指有用物本身。比如，我们既可以说粮食有使用价值，又可以说粮食是使用价值。不同的物品或不同的使用价值的数量，是用不同的度量单位来计量的，例如布的数量用长度单位计量，粮食用重量单位计量。在一切社会形态中，使用价值都构成财富的物质内容。某种物品所具有的使用价值，并不随社会生产关系的变化而变化。比如小麦，无论是农奴生产的，还是雇佣工人生产的，它所具有的满足人类对营养物质的需要这样一种使用价值，并不会有什么不同。也就是说，物品的使用价值是不体现特定社会经济关系的。因此，考察各种商品的特殊使用价值本身，是商品学的任务，而不是以社会经济关系为研究对象的政治经济学的任务。那么，我们为什么又要在这里讨论商品的使用价值呢？政治经济学涉及使用价值的着眼点不在于物品的使用价值本身，而在于以使用价值为物质承担者的商品交换关系。没有使用价值的东西，谁也不会去交换它，因而不会具有交换价值，它也就不成其为商品。这意味着作为交换对象的使用价值是商品交换价值的承担者。所以，政治经济学虽然不以使用价值本身为研究对象，但在研究商品关系时又必须涉及使用价值。

（二）交换价值

具有使用价值的物品一旦进入市场交换，就具有了交换价值。交换价值首先表现为一种使用价值与另一种使用价值相交换的数量关系或比例。比如，在古代进行物物交换的集市上，某个农民用 20 斤小米换了另一个农民的 9 尺布，9 尺布就是 20 斤小米的交换价值。这个农民还可以拿 20 斤小米与其他使用价值相交换，比如从铁匠那里换回一把锄头。这时，20 斤小米的交换价值又表现为一把锄头。可见，一种商品在与其他多种商品相交换时，会形成不同的数量比例关系，因而可以有多种交换价值。一种商品的交换价值会随时间和地点的变化而变化，但在相同的时间和地点，它大体上是既定的。一般来说，在同一时间的同一市场上，每一种商品都有为众多交易者共同认可的同一交换价值。

（三）价值决定交换价值

为什么20斤小米的交换价值等于9尺布或一把锄头？不同商品之间的交换比例是由什么决定的？或者说，商品的交换价值是如何决定的？早在古希腊时代，哲人亚里士多德就注意到并且试图回答这些问题。他认识到，用5张床交换1间房，意味着床与房这两种不同的物品之间有着某种本质上的等同性。他说，两种物品如果“没有等同性就不能交换，没有可通约性，就不能等同”。这一认识无疑是正确的，而且就亚里士多德所处的时代而言无疑是天才的见解。但是，无论床和房这两种商品的物质形态还是使用价值，都是不可能在质上等同从而可以在量上加以比较的。亚里士多德在这个悖论面前困惑了，只好说5张床在交换中之所以等于1间房，是为了“应付实际需要”。他实际上并未回答出上述问题，而是绕开了问题，以避免自己犯通约不同名的量的常识性错误。那么，问题的正确答案究竟是什么呢？目前在西方国家流行的经济理论认为，是商品的效用决定商品交换的数量比例。所谓效用，是指物品满足人们的欲望的能力。按照这种理论，5张床之所以可以换得1间房，是因为二者满足人们的欲望的能力相等。但是，对床的欲望和对房的欲望，是由床的使用价值和房的使用价值来满足的；正如这两种物品的使用价值不同一样，由它们所满足的人类的欲望也是性质不同的，根本就不能在数量上相互加减。为了摆脱这种困境，一些西方学者企图用所谓序数效用论来代替这种基数效用论。他们争辩说，虽然不同商品的效用不能加减，但不同商品的效用对于人们的重要性是不同的，因而可以按重要性对不同商品效用进行排队，从而区别这些商品的价值的大小。虽然这种效用论往往用复杂的数学模型装点着，但也是一种与常识相悖的杜撰。因为，对不同商品效用的重要性排序是因人而异的。瘾君子和禁烟主义者对香烟的效用排序完全颠倒，餍足肥甘的富人与食不果腹的穷人对大米的效用排序更是天差地别，但是香烟和大米都只有自己的价格，并不因人而异。

显然，要得到正确的答案，就必须撇开商品的使用价值属性，另辟蹊径。而一旦将商品的使用价值属性撇开，它就只剩下一个属性，即人类劳动产品这个属性。而我们在撇开商品的特殊使用价值的同时，也就撇开了生产特殊使用价值的劳动的特殊形式。这样，就从生产各种使用价值的形式各异的劳动中抽象出作为人的脑力和体力支出的一般人类劳动。凝结在商品中的这种无差别的人类劳动，是性质相同的，因而在量上是可以比较的，它构成商品的价值。两种使用价值不同的商品之所以能够按一定数量比例交换，原因就在于在交换双方的产品中耗费的劳动量是相等的，或者说双方的价值是相等的。而商品的不同交换价值，即一种一定数量的商品与相应数量的其他商品的交换比例，不过是同一劳动量或同一价值量的表现形式。

(四) 价值与使用价值的统一和矛盾

任何商品都是使用价值和价值这两个因素的统一体。缺少这两个因素中的任何一个，物品都不可能成为商品。但是，在这两个因素中，价值是商品的最本质的因素。因为，物品的使用价值的存在，是不依赖于交换的。在商品交换关系还没有产生的远古时代，人类生存和发展所需要的各种物质资料，对于人们也是有使用价值的。而商品的价值这个经济范畴，则是商品交换关系本身的产物，它体现着不同商品生产者之间的社会关系，并且只有在这种社会关系中才能存在。人们在生产各种使用价值时所耗费的形式上千差万别的劳动，正是通过他们相互间的交换关系，才被抽象为一般人类劳动的凝结即价值。

商品的二因素虽然统一在一个商品之中，但二者又是矛盾的。为了说明这个问题，让我们再一次用前面那个农民用小米换布的例子加以说明。显然，当这个农民出现在市场上时，他具有双重身份：小米的生产者和布的消费者。作为生产者，他关心的问题不仅是自己用 20 斤小米换得 9 尺布，而且关心所交换的商品的价值是否相等，即 9 尺布所包含的劳动量，是否与自己耗费在 20 斤小米生产上的劳动量相等。也就是说，他要实现小米的价值。作为消费者，他关心的是布作为制作衣被等的材料的有用性。也就是说，他要取得自己需要的使用价值。作为商品生产者，他为了实现小米的价值，就必须将小米这种使用价值让渡给别人；作为消费者，他为了取得布这种使用价值，就必须支付布的价值。对于他来说，不可能既实现小米的价值，又占有其使用价值。同样，他也不可能既占有布这种使用价值，又不支付布的价值。这就是矛盾。这个矛盾只有通过交换才能解决。通过与布的所有者的交换，这个农民在实现了小米的价值的同时，取得了布这种使用价值。而布的所有者也在实现了布的价值的同时，取得了小米这种使用价值。于是，商品二因素的矛盾解决了。但是，在现实生活中，商品二因素的矛盾并不一定能够顺利解决。生产小米的农民可能无法在市场上将自己的产品交换出去，结果是小米的价值和使用价值都无法实现。

四、劳动的二重性：具体劳动与抽象劳动

（一）具体劳动创造使用价值

商品是由劳动生产出来的。构成商品的二因素与生产商品的劳动是什么关系？同一个劳动过程为什么能够在创造使用价值的同时又创造价值？

让我们首先对劳动过程进行直观的考察。我们在这种考察中看到的劳动，总是以一定的具体形式同某种特殊的使用价值联系在一起的。例如，“缝”这种劳动的具体形式，就是同衣服这样一种特殊的使用价值联系在一起的；“织”这种劳动的具体形式，则是同布这样一种特殊的使用价值联系在一起的；如此等等。由此不难推知，每一种商品所特有的使用价值都是某种具体形式的劳动的产物，或者说，具体劳动创造了商品的使用价值。商品世界中的使用价值多种多样。这种多样性反映了具体劳动的多样性，表现了按部门、行业和职业分类的社会分工。我们已经知道，社会分工是商品生产存在的条件。社会分工意味着打破自然经济条件下不同具体劳动相互结合的状态（例如男耕女织结合在农民家庭中），使各种具体劳动分离开来，成为相互独立的专门化的职业、行业和部门。

具体劳动是使用价值的创造者。这是不以社会形态为转移的人类生存条件，是人和自然之间的物质变换和人类生活得以实现的永恒的自然必然性。无论在何种社会形态下，人类要获得自身生存和发展所需要的各种使用价值，都必须从事各种形式的具体劳动。这是不言而喻的。这里需要附带说明的是，我们说“具体劳动是使用价值的创造者”，并不是说物品的使用价值是由具体劳动凭空创造出来的。具体劳动创造使用价值的过程，也就是人们以特定的劳动方式来改变自然物质的形态，以适应自身的特定需要的过程。离开了土地、矿藏和其他自然物质，具体劳动创造不出任何使用价值。因此，具体劳动与自然物质共同构成使用价值的源泉。17 世纪的英国学者威廉·配第的名言“劳动是财富之父，土地是财富之母”，说的就是这个意思。这里所讲的“土地”，泛指自然物质。

（二）抽象劳动形成价值

不同的具体劳动只能创造出不同的使用价值，而不能创造出不同的商品都具有的同质的价值。但价值的创造又离不开劳动。这表明，人们的劳动除了有具体形式不同的一面，还有同质的一面：不管劳动的具体形式如何不同，它们都是人类劳动力的支出，即人们的脑力和体力的支出。性质不同的生产活动，例如前面提到的缝和织，不过是人的大脑、筋肉、神经、骨骼等的生产耗费的具体形式。这种撇开具体形式的无差别的人类劳动，就是一般劳动或抽象劳动。我们已经知道，正是这种抽象劳动形成商品的价值。

（三）劳动的二重性决定商品的二因素

任何一种劳动，一方面是与其他劳动不同的具体劳动，另一方面又是与其他劳动相同的抽象劳动。这就是劳动的二重性。正是劳动的二重性决定着商品的二因素。具体劳动生产使用价值，抽象劳动生产价值。不同的具体劳动在性质上不同，因而在数量上不可比；而凝结在不同商品中的抽象劳动在质上没有区别，只有数量上的差别，因而使用价值不可比的各种商品的价值是可比的。具体劳动是同自然物质结合起来成为使用价值的源泉的，抽象劳动则是价值的唯一源泉。具体劳动与人类社会共始终，是不以社会形态为转移的永恒范畴；而抽象劳动作为商品价值的实体，则是与商品交换相联系的范畴。劳动二重性理论是理解马克思政治经济学的枢纽。马克思首创的这一理论弥补了英国古典经济学的劳动价值理论的重大缺陷，科学地论证了什么劳动创造价值的问题，为剩余价值学说的创立奠定了基础。不仅如此，这个理论还是理解我们在以后章节中将会讲到的资本有机构成理论、资本积累理论、社会总资本再生产理论的钥匙。

五、商品的价值量

（一）复杂劳动与简单劳动

以上我们主要是从质的规定性上来讨论商品的价值的。现在我们转而分析商品价值的量的规定，即价值的大小如何决定的问题。既然价值是凝结在商品中的抽象劳动，那么商品价值量的大小就是由它所包含的抽象劳动的多少决定的。而由于计量劳动量大小的自然尺度是劳动时间，价值量便是由生产商品所耗费的劳动时间来衡量的。至此，我们是否已经把价值计量的问题完全说清楚了呢？当然不是，这还远未将全部问题说清楚。

这里需要弄清的第一个问题是复杂劳动和简单劳动的换算关系。生产不同商品的劳动的复杂程度是有差别的。例如，编制计算机软件的劳动就比制作蛋糕的劳动复杂得多。在比较不同商品的价值量时，不仅需要将生产它们的各种具体劳动看做无差别的抽象劳动，而且需要将复杂程度不同的劳动化为复杂程度相同的劳动，而不能简单地按劳动时间的长短来确定价值量。将复杂程度不同的劳动化为复杂程度相同的劳动，是通过将复杂劳动换算为简单劳动来实现的。

所谓简单劳动，是指那些不需要经过系统的学习和较长时间的专业训练，每一个健全的人都能够从事的劳动。而复杂劳动则是指需要经过系统的学习和较长时间的专门训练才能胜任的劳动。当然，简单劳动与复杂劳动的区别是相对的，它在不同历史阶段和经济发展水平不同的国家有不同的标准，但就一定时期和一定国家而言，简单劳动与复杂劳动的区别还是明显的。而二者的区别，如果撇开劳动的具体形式，最终还是可以归结为脑力和体力支出上的数量差别。这不仅是指体力劳动者与脑力劳动者的劳动差别，也包括比如技术工人和非技术工人、师傅和学徒等之间的劳动差别。

复杂劳动包含着大于简单劳动的支出。就是从这个意义上，我们说比较复杂的劳动是自乘的和多倍的简单劳动。这样，也就可以以单位时间内的简单劳动为基准，将同一时间单位内的复杂劳动换算成多倍的简单劳动。复杂劳动与简单劳动之间的这种换算关系，是在商品生产和交换的实践中，经过反复多次的调整，逐渐确定下来并为社会所公认的。在价值量的决定中，复杂劳动会比简单劳动创造出倍加的价值。

（二）社会必要劳动时间

需要弄清的第二个问题是社会必要劳动时间的确定问题。在现实生活中，我们经常可以看到，生产同一种产品的不同商品生产者，由于生产的主客观条件的差异，生产单位产品所花费的劳动时间是长短不一的。生产者所使用的设备、自然资源等客观条件越好，其技术熟练程度越高、体力和脑力越强、劳动态度越积极，他的生产效率就越高，生产单位产品所花费的劳动时间就越少；反之亦然。这样，就产生了一个问题：如果生产同一种商品的众多生产者按生产效率的差别分为高、中、低三类，这三类生产者生产的单位商品的价值是不是各自由生产它们的个别劳动时间决定的呢？当然不是。因为，在同一时间的同一个市场上，一种商品与他种商品的交换比例是大体统一的，并不因为生产这种商品的各个生产者的生产效率有差别而存在三种交换比例。那么，商品的价值是由哪一类生产者的劳动时间决定的呢？事实上，一种商品的价值是由生产这种商品的各类生产者的个别劳动时间的平均数决定的。一般说来，中等生产条件的生产者总是占大多数，中等生产率条件下商品生产的个别劳动时间与这个平均数最为接近，甚至有可能相等，因而可以说商品价值是由中等生产率条件下的个别劳动时间决定的。这个平均数又被称为社会必要劳动时间，其严格定义是：在现有的社会正常的生产条件下，在社会平均的劳动熟练程度和劳动强度下制造某种使用价值所需要的时间。

社会必要劳动时间反映了同一生产部门内部不同生产者之间的关系。不同的生产部门，由于生产的使用价值不同，各自生产一单位产品的社会必要劳动时间也不同。一种商品与任何他种商品的交换比例，取决于它们的价值比例，而价值比例最终归结为不同商品生产的社会必要劳动时间的比例。因此，社会必要劳动时间对商品生产者有极其重要的意义。如果生产者的个别劳动时间与社会必要劳动时间正好相等，他的劳动耗费就可以通过交换全部得到补偿。如果他的个别劳动时间大于社会必要劳动时间，他的劳动耗费就无法在交换中得到完全补偿。如果他的个别劳动时间小于社会必要劳动时间，则他不但能使自己的劳动耗费全部得到补偿，而且还会在交换中获得一个社会必要劳动时间超过其个别劳动时间的余额。

决定商品价值量的劳动，既包括体力劳动，也包括脑力劳动；既包括简单劳动，也包括复杂劳动。在现代商品生产与价值关系中，科技劳动与管理劳动的地位和作用日益重要。

（三）劳动生产率与商品的价值量

社会必要劳动时间是随社会的劳动生产率的变化而变化的。劳动生产率即生产某种使用价值的效率，通常有两种表示方法：一是单位时间内生产的产品数量，二是生产单位产品所耗费的劳动时间。在前面讨论社会必要劳动时间问题时，使用的就是后一种意义上的劳动生产率概念。决定劳动生产率高低的主要因素有：科学技术发展的水平及其在生产中的应用，劳动者的素质及熟练程度，生产过程的分工和协作的合理程度，生产管理的效能，生产资料的规模和效能，自然资源的丰富程度等。显然，劳动生产率越高，单位时间内生产的产品越多，则生产单位商品所需的社会必要劳动时间就越少，从而单位商品的价值量就越小；反之亦然。这也就是说，单位商品的价值量与劳动生产率成反比。

六、货币的起源和发展

在前面关于价值的讨论中，为了分析上的方便，我们假设商品交换采取的是物物交换的形式，而没有货币介入其中。然而，在现实经济生活中，一切商品交换都以货币为中介，货币成为一切商品的价值的表现形式，从而成为社会财富的一般代表。这是为什么呢？要说明这个问题，首先需要对货币的起源作一番分析。而货币的起源问题，也就是作为商品价值表现形式的交换价值或价值形式的发展问题。研究这个问题，就是要说明商品的价值表现怎样从最不显眼、最简单的形式，发展到炫目的货币形式。商品的价值表现，是从简单价值形式开始，经过扩大的价值形式、一般价值形式，逐渐发展成货币形式的。

（一）简单价值形式

这种价值形式是同原始公社成员之间的最初物物交换联系在一起的。原始物物交换是商品交换的最简单的形式。原始公社成员之间最初的交换往往带有偶然性，因而这种价值形式又被称为偶然的价值形式。分析简单价值形式，实际上也就是分析一切价值形式共有的内容或普遍的规定。

假设用 1 头羊交换 30 斤谷子，这次简单交换可以用等式表示为“1 头羊＝30 斤谷子”。在这个等式中，1 头羊的价值通过 30 斤谷子表现出来。1 头羊是要求将自己的价值相对地表现为一定量的其他商品，在这里称为相对价值形式；而 30 斤谷子在这里充当的是一定量的另一种商品的等价物，因而叫做等价形式。处于相对价值形式的商品，能够将自己的价值表现在处于等价形式的商品的使用价值上，是因为两种商品都是劳动的产品，都凝结着抽象劳动。而商品的相对价值量，则是由相互交换的两种商品包含的社会必要劳动量决定的。无论是生产处于相对价值形式的商品还是处于等价形式的商品的社会必要劳动时间的变化，都会导致相对价值形式的具体数量规定的改变。如果养羊的劳动生产率提高 1 倍，种植谷子的劳动生产率不变，1 头羊的相对价值表现就不再是 30 斤谷子，而是 15 斤谷子。如果种植谷子的劳动生产率提高 1 倍，养羊的劳动生产率不变，1 头羊的相对价值表现就变成 60 斤谷子。

处于等价形式的商品，作为反映另一种商品的价值的镜子，具有三个特点：第一，其使用价值成为价值的表现形式，成了价值的化身；第二，生产其使用价值的具体劳动成为抽象劳动的表现形式或实现形式；第三，在这种商品的生产上花费的私人劳动直接成为社会劳动。对于前两个特点，用不着多加解释。问题在于，为什么说私人劳动直接成为社会劳动？在以私有制为基础的商品经济中，生产各种商品的劳动都是私人劳动。同时，这些私人劳动又都是社会劳动分工体系的一部分，其产品是为他人、为社会生产的，因而具有社会性。但是，私人劳动的这种社会性是间接的，只有通过交换才能被证明或实现。如果产品在交换中无人需要，私人劳动的社会性就无法实现。而如果产品顺利地通过了交换，私人劳动的社会性被证明，私人花费在某种产品生产上的劳动就被承认为社会所需要的劳动，这同时意味着私人劳动产品的价值得到了实现。而处于等价形式的商品既然是价值的化身，可以代表他种商品的价值，也就意味着生产这种商品的私人劳动成为直接社会劳动。

从上面关于价值形式的两极的分析不难看出，在价值形式中，一种商品只是作为使用价值存在，另一种商品则只是作为价值而存在。依前例，在“1 头羊＝30 斤谷子”这一简单的价值关系中，羊作为使用价值存在，而谷子作为价值存在。在这里，我们又一次看到了商品二因素的矛盾。这时，潜藏在单个商品中的使用价值与价值的对立，通过两种商品的价值关系，外化为分别处于相对价值形式和等价形式的两种商品的对立。

（二）扩大的价值形式

简单价值形式是价值形式的胚胎。在这种价值形式中，只能看到一定量的一种商品与一定量的另一种商品相等，还看不出一种商品是否可以与其他一切商品在质上相等同、在量上相比较。可见，这种价值形式对于商品价值的表现是不完全、不充分的。第一次社会大分工之后，产品交换变得越来越频繁，一种商品不再是偶然和另一种商品交换，而是经常同其他许多商品交换，简单价值形式就发展为扩大的价值形式。这种价值形式也可以用等式表示出来：

1 头羊＝30 斤谷子
　　或＝2 把斧子
　　或＝18 尺布
　　或＝5 斤茶叶
　　或＝一定量的其他商品

在扩大的价值形式中，处于相对价值形式的商品将自己的价值表现在无数的其他商品上。这样，一种商品的价值才真正表现为无差别的人类劳动的凝结。同时，这也说明，这种商品的价值与它借以表现出来的使用价值的特殊形式是没有关系的。扩大的价值形式与简单价值形式相比，价值表现的范围扩大了，这为商品生产和交换的发展提供了更大的空间，是一种进步。但是，扩大的价值形式仍有明显的局限性，每一种商品都有一个不同于其他商品的价值表现系列。这意味着就全体商品而言，价值还没有一个统一的表现，还没有一个为所有商品生产者所公认的一般的等价形式。这种局限性常常会妨碍交换。19 世纪，一位在乌干达旅行的欧洲人曾叙述他在尼奥罗集市上听到卖牛奶的人喊：“买牛奶的拿盐来！”卖盐的人喊：“买盐的拿矛头来！”而卖咖啡的人喊：“买便宜咖啡的拿红珍珠来！”试想，如果红珍珠的所有者要的不是咖啡而是牛奶，而卖牛奶的人又不需要红珍珠，同时又找不到其他中介，这个市场上的交易就会碰到困难。商品交换的范围越是扩大，这种矛盾就会表现得越突出。

（三）一般价值形式

扩大的价值形式发展为一般价值形式，使这一矛盾得到解决。一般价值形式可以用等式表示为：

30 斤谷子　　　＝
2 把斧子　　　 ＝
18 尺布　　　　＝ 1 头羊
5 斤茶叶　　　 ＝
一定量的其他商品＝

在这个价值形式中，各种商品的价值统一地表现在唯一的商品上，这个商品成为一切商品价值的一般等价物。生产者只要把自己的产品换成这个一般等价物，就可以用它与自己所需要的任何商品相交换。这样，一切商品的价值作为无差别的人类劳动的凝结的性质，便充分地显示出来了。

一般等价物的出现，克服了扩大的价值形式的缺点，大大促进了商品交换的发展。但是，一开始，一般等价物的职能还不是由固定的商品来执行的。据古典文献记载和考古发掘证明，大约在 4 000 年前的夏代，产于南方沿海的贝就成为在我国北方地区流行的一般等价物（当然，这种作为一般等价物的贝，不是随便在海滩上谁都可以拾到的贝壳，而是少见的、有独特形体的贝）。商、周的甲骨文和青铜器铭文中，都有以贝作赏赐的记载。汉字中许多与财富和交换有关的字，例如财、货、贸、贷等，都以贝作偏旁，也是贝壳曾在夏、商、周三代长期充当一般等价物的反映。另外，铜或铁制的农具在我国古代也很可能被当作过一般等价物。在《诗经》中，“钱”是镰刀之类的农具，而不是货币。西晋以后很长的时期内，布、绢等纺织品是流行的一般等价物。直到唐朝，白居易的诗里还有“半匹红绡一丈绫，系上牛头充炭直（值）”的说法。在古代的埃及、波斯、希腊、罗马，牲畜曾是流行的一般等价物。在《荷马史诗》中，也经常用牛来标示物品的价值，如格劳科斯的铠甲值 9 头牛，给获胜的决斗士的奖品值 12 头牛等。在美洲，烟草、可可豆曾被当作一般等价物。

（四）货币形式

一般等价物的不固定、不统一，显然是不利于商品交换的发展的。因此，需要用一种价值高、易于分割、不易磨损、便于保存和携带的商品来固定地充当统一的一般等价物。由于金、银、铜、铁等金属能够满足这些要求，它们就逐渐取代其他商品而成为普遍采用的等价物，即一般等价物。于是，一般价值形式就过渡到货币形式。货币形式与一般价值形式没有本质的区别，所不同的只是某些金属取得了固定地充当一般等价物的独占权。在货币形式中，处于相对价值形式的商品是用金属货币来表示自己的价值的，而商品价值的这种货币表现就是商品的价格，这样，商品的交换价值又采取了价格形式。在货币形式中，整个商品世界被分为两极：一极是作为使用价值存在的各种各样的商品，另一极是作为价值的化身存在从而随时可以转化为任一使用价值的货币。这时，商品的二因素的对立统一外化为商品与货币的对立统一。

货币产生之后，其形态经历了许多变化。作为货币的金属最初是以块状流通的。在这种情况下，每做一笔交易都要称金属的重量，并鉴定其成色，有时还需要切割金属块，很不方便。后来出现了按一定形状铸造、标明重量和成色的铸币。我国春秋战国时已经有布币、刀币、环钱等形状各异的铸币。秦始皇为统一币制，铸造了圆形方孔铜钱，即“秦半两”，钱因此被称为“孔方兄”。以后历朝历代，圆形铜钱都是我国最重要的铸币。

铸币在流通中会因为磨损而贬值，但不足值的货币事实上可以同足值货币一样在市场上执行交换媒介的职能。因为，作为交换媒介，货币的作用是转瞬即逝的，只要它名义上代表的价值为社会公认，人们不会计较它实际上是否足值。这样，铸币就逐渐变成了价值符号，成为一定量金属货币的象征。由于同样的道理，纯粹的价值符号——纸币出现了。我国是世界上最早使用纸币的国家。北宋时的“交子”和“钱引”，南宋时的“会子”，已是真正的纸币。马可·波罗在元代的中国看到纸币在市场上使用，“竟与纯金无别”，感到是一件奇事。其实，这并没有什么可奇怪的。与金属货币相比，纸币的优点在于便于携带，可以大大节约作为币材的金属以及货币铸造和运输上的各种费用。不仅如此，纸币的使用还缓解了贵金属供应不足对商品交换规模的限制，使所谓“币荒”得以避免。在15世纪的威尼斯，由于前往君士坦丁堡和亚历山大港的商船和商队要采购香料和棉花等货物而带走大量货币，每年总有几个月要闹“币荒”，当地的商品交易受到很大影响。不过，当时的欧洲人还没有想到可以用纸币来代替贵金属货币。

历史前进到近代，随着商业的发展，银行等信用机构产生了，于是又出现了以银行券为主要形式的信用货币。与纸币一样，信用货币本身没有价值，只是价值符号，其流通是以发行者的信用为基础的。银行券虽然可以作为货币使用，但它毕竟是一种不定期的债务凭证，发行者必须保证随时可以兑现为金币或银币。与银行券同时流通的，还有一种由国家强制发行的纸币。本身没有价值的银行券和纸币之所以能够代替金银作为货币使用，是因为它们象征性地代表了一定数量的作为一般等价物的黄金。西方各国政府一般都曾为本国的纸币规定法定的含金量。一国纸币的发行往往与该国的黄金储备相联系，纸币可以兑换为黄金，这就是所谓金本位制。第一次世界大战以后，西方国家相继放弃了金本位制，银行券也就停止兑换黄金，变成了不可兑换的纸币。现代世界各国发行的纸币都已不能在银行直接兑换为黄金。20 世纪 80 年代以来，由于信息技术的飞速发展，“无纸贸易”日益流行，许多人手持信用卡进行交易，交易可通过银行的计算机系统转账，无须使用纸币。我们可以看出，随着商品交换关系的发展，纸币这种有形的价值符号所占比重会逐渐降低，而电子货币这种无形的价值符号所占比重会相应提高。

与黄金切断了联系的现代纸币以及电子货币这些现代的货币形式，可以说是纯粹的价值符号。这些由纸张和电子信号构成的价值符号将沉重的黄金排除出货币的王座，使内在于商品中的使用价值和价值的矛盾的外在化达到了极致：在金属货币条件下，商品只有通过一个固定充当一般等价物的货币，才能将自己的价值表现出来；现在，商品的价值已经完全脱离开任何有形的使用价值而获得与自己的本性完全一致的表现形式，因为价值的实体是抽象劳动，它本来就是无形的、不包含任何自然物质的。当代的货币虽然是纯粹的价值符号，但它仍然是由不同商品以抽象劳动为尺度、按一定的比例相交换这样一种交换价值形式衍生出来的。为什么我们用 5 000 元人民币可以买 2 台电冰箱，但只能买 1 台电视机？换句话说，为什么 1 台电视机值 2 台电冰箱？回答是：因为生产 1 台电视机的劳动耗费 2 倍于生产 1 台电冰箱的劳动耗费。从这个意义上说，现代人用纸币和信用卡买东西，与古代的以物易物并无本质区别。在这里，信用卡表示的某个银行电脑账户上的 5 000 元人民币，虽然不像黄金那样光闪闪、沉甸甸，但它仍然在一定量的两种商品即在 1 台电视机和 2 台电冰箱之间充当一般等价物，是直接象征存在于我们的观念中的商品所包含的社会劳动的价值符号。可见，无论是闪闪发光的金属货币之谜，还是无形无影的现代货币之谜，谜底都藏在本节分析过的价值形式之中。

七、货币的职能

货币在社会经济生活中执行的各种职能，是随着商品经济的发展而逐渐发展起来的。这些职能包括价值尺度、流通手段、贮藏手段、支付手段和世界货币。其中，价值尺度和流通手段是最基本的职能。货币首先是作为这两项职能的统一而存在的。

（一）价值尺度

这是货币的首要职能，即作为尺度衡量和表现一切商品的价值的职能。我们已经知道，商品的价值也就是凝结在商品内的抽象劳动，商品所包含的抽象劳动的量的多少决定商品价值量的大小，以时间为计量单位的抽象劳动是衡量商品价值的内在尺度。但是，商品的价值量很难直接用劳动时间来表现，而只能在交换过程中通过作为价值代表的货币间接地表现出来。可见，货币执行价值尺度的职能，无非是充当商品价值的外在尺度。通过一定数量的货币表现出来的商品价值，就是商品的价格。因此，说货币执行价值尺度的职能，与说货币具有为商品定价的职能，是同一个意思。在为商品定价时，不需要实际地使用货币。比如商店卖货，就只需为每种商品写个价格标签，而不必将与商品价格相等的人民币摆在商品旁边。也就是说，货币是以想象的或观念的形式执行价值尺度的职能的。

要用货币来显示商品价值量的大小，就必须为货币确定一种计量单位，这种计量单位就是所谓价格标准。例如，在我国的人民币价格标准中，基本单位为“元”，1 元分为 10 角，1 角分为 10 分。在历史上，曾长期用金属作货币，金属的自然计量单位即重量单位，就成了货币单位即价格标准。如秦朝的“半两”铜钱，汉朝的“五铢”铜钱，据说都“重如其文”，即重量与钱上所印文字相符，而“两”和“铢”都是重量单位。唐以后，铜钱单位变为“文”，“文”仍然代表一定重量的铜。人民币的基本单位“元”，其来源是 20 世纪 30 年代以前流通的银元的单位，它也有确定的重量（7 钱 2 分）。英国的货币单位“镑”（pound），原来也是重量单位名称。原先，人们说某件商品值多少“文”、多少“元”、多少“镑”，与说这件商品值多大重量的金、银、铜是一个意思。但是，随着商品经济的发展，货币日益成为价值符号，这些货币单位作为金属重量单位的意义，逐渐在大众的意识中消失了，好像它们天生就具有计量价值的本领。这样，价格标准就常常被错误地等同于价值尺度。实际上，这二者是不能混为一谈的。要知道，价格标准并不是货币的一个独立职能，它是由货币的价值尺度职能派生出来的技术性规定。虽然货币的价值尺度的职能要借助这种技术性规定来实现，但二者是有区别的。它们的主要区别在于，作为价值尺度，货币是价值即凝结在商品中的社会劳动的化身，而价格标准则是货币的计量单位。

（二）流通手段

货币是商品交换的媒介。以货币为媒介的商品交换包括卖和买两个先后衔接的阶段。商品所有者首先将自己的商品卖出去，取得一定数量的货币，然后再用这笔钱买回自己需要的其他商品。这种以货币为媒介的商品买卖，就是商品流通。所谓货币的流通手段的职能，也就是它作为买卖之间媒介的职能。货币的流通手段职能是以其价值尺度的职能为前提的，因为只有用一定量的货币确定了物品的价格，买卖行为才可能发生。在执行价值尺度的职能时，只要有观念上的货币或价格标签就够了，但执行流通手段职能的货币必须是实在的货币。

我们可以用一个公式来表示商品流通过程：W—G—W，其中W代表商品，G代表货币。流通过程的第一个阶段W—G，即商品转化为货币，对于商品生产者来说具有关乎命运的重要意义。如果商品卖不出去，这种转化不能实现，耗费在商品生产上的劳动就无法得到补偿，产品就成了无人需要的废物，商品生产者本人就会处于亏损甚至破产的悲惨境地。因此，马克思将W—G这一形式变换称为“商品的惊险跳跃”。这个跳跃不成功，摔坏的不一定是商品，但一定是商品所有者。至于商品流通的第二个阶段或形式变换G—W，即货币转化为商品，与第一个变换相比，一般说来不那么“惊险”。在正常情况下，有钱总能买到需要的东西。但是，由于G插在两个W之间，流通过程分成可以在时间和地点上分开的卖和买两个阶段，如果市场上出现一些人光卖不买的状况，就必然会使另一些人的商品卖不出去。

在商品流通过程中，货币不断在卖主和买主之间转手。这种连续不断的货币转手，形成一个与商品流通W—G—W相伴随的货币流通G—W—G。商品流通是货币流通的基础，货币流通由商品流通引发并为商品流通服务。通过连续不断的转手，同一些货币可以为许多次商品交换服务。这样，就产生了一个问题。就一定时期而言，一个国家的商品流通需要多少货币？决定货币流通量的因素有两个，一是一定时期的商品价格总额，即各种商品的价格与商品量的乘积的总和；二是货币流通速度，即同一时期内货币在买主和卖主之间转手的次数。显然，流通中所需要的货币量或货币需求，与商品价格总额成正比，与货币流通速度成反比，这是货币流通的一般规律。如果用M代表货币需求，P代表商品价格，Q代表流通的商品数量，V代表货币流通速度，货币需求量的公式就是：$M=(P\cdot Q)/V$。这个公式表明了货币需求量变动的基本规律。从这个公式可以看出，货币需求量取决于商品价格、流通的商品数量和货币流通速度三个因素。显然，这三个因素按同方向、反方向以及不同比例变化的多种多样的组合，可能形成许多不同的货币需求量。

商品流通所需要的货币量能否得到满足，取决于货币的供应。因此，还有一个与货币需求相对应的货币供应量问题。在历史上贵金属作为货币的情况下，只要社会有足够的贵金属贮藏，货币供应就是有保证的。如果流通中的货币少于上述公式表示的需求量，贮藏中的贵金属就会投入流通。相反，过多的贵金属则会自动退出流通，进入贮藏。可见，金属货币流通条件下，有一个使货币供应和需求保持一致的自调节机制。在这种情况下，决定货币需求量的因素也就是决定货币供应量的因素。

在现代市场经济中，作为流通手段的不是贵金属，而是不能兑换的纸币和各种信用货币。这种货币的供应有狭义和广义之分。狭义货币供应由现金和活期存款构成，是衡量货币供应的基本的指标。广义货币除包括狭义货币之外，还包括商业银行的定期存款和储蓄存款以至于国库券、商业票据等短期证券。根据各种信用证券变现的容易程度即所谓货币的“灵活性”，广义货币又被分为若干层次。对货币供应的复杂构成的具体分析，是货币银行学的任务。这里，我们只需要笼统地知道货币供应量是一定时期可以充当流通手段的纸币和各种信用货币的数量就够了。这些货币只是价值的符号，本身没有价值。如果其他条件不变，商品流通中的这种价值符号供应过多，它们所代表的价值或象征的社会劳动就会变小，即发生货币贬值。在货币贬值的条件下，同样价值的商品，或者说花费了同样多的劳动生产出来的商品，其价格会表现为更多的货币量，即价格总水平会在原有价值量的基础上大幅上涨，这就是被称为通货膨胀的经济现象的一般含义。相反，假若商品流通中的货币供应量过少，则会导致货币升值，引起物价下跌，而这也就是通货紧缩的一般含义。

（三）贮藏手段

如果商品出卖以后没有继之以买，商品流通的形式变换就中断了，货币因而退出流通领域成为贮藏货币，这时它执行贮藏手段的职能。在卖和买之间难免有一个时间间隔，若间隔很短，暂时从流通中游离出来的货币应当视为处于准备状态的流通手段，而非贮藏货币。

一般说来，贮藏货币只是人们达到一定经济目的的手段。家庭为了购买住房、汽车等耐用消费品，需要在较长时间里积存货币；企业为了扩大生产或保证资金正常周转，也需要积累货币；人们为了防老、防病同样需要积蓄养老金、保险金等。

贮藏金银在历史上曾经是货币贮藏的最重要形式。现在，虽然世界各国的货币已割断了与黄金的法定联系，但由于黄金始终保有很高的价值（主要原因是受自然资源条件的限制，开采和提炼黄金的劳动生产率与其他产品相比提高缓慢），且有便于保存、不易损坏的自然特性，所以无论私人还是国家，仍然把黄金当作最保险的贮藏手段。但是，当今更为普遍的货币贮藏方式还是银行储蓄存款。这实质上是人们将价值符号形式的货币所代表的、对社会财富的现期的索取权，通过银行这类信贷机构，转变为未来的索取权。这种性质的货币贮藏与黄金贮藏的区别在于：黄金由流通转入贮藏，意味着流通领域中商品供应量的缩减和货币供应量的相应缩减；而储蓄存款形式的货币贮藏，则不一定意味着处于流通领域的商品供应量和货币供应量的减少。储蓄存款形式的货币贮藏，从贮藏者个人的角度看，是现期商品索取权的延期；但从整个社会的角度看，不过是现期商品索取权在不同社会成员之间的再分配，因为储蓄存款会通过银行等金融机构转化为贷款，而贷款又形成现期的商品购买力。

我们已经知道，在金属货币作为流通手段的情况下，货币供应量是随着需求量的增减而自动增减的。这种自动调节机制发生作用的必备条件，就是贮藏货币的存在。货币贮藏好比是一个蓄水池，当流通所需要的货币量减少，部分贵金属就退出流通，变成贮藏货币；在相反的情况下，贮藏货币会重新投入流通，执行流通手段的职能。但是，在纸币和信用货币作为流通手段的条件下，这种天然的蓄水池是不存在的。因此，在现代经济中，货币供应量的调节不是由商品流通中货币职能的自发转换来实现，而是由处于流通过程之外的政府货币管理当局加以控制。

（四）支付手段

货币作为支付手段的职能，最初是由商品的赊购赊销引起的。在赊购者对赊销者清偿债务时，货币所执行的就是支付手段的职能。货币在执行这个职能时，先要执行价值尺度的职能，表示处于赊购赊销关系中的商品的价值，亦即计量买卖双方的债务和债权的数额。还要执行观念上的流通手段的职能，因为商品转手时没有同时发生方向相反的货币转手，只是买者向卖者做了个按约定期限支付货币的承诺。只是到了支付期限，作为支付手段的货币才实际地进入流通，用来清偿债务，从买者手中转到卖者手中。可见，货币支付手段职能的产生，是以价值尺度和流通手段的职能的存在为前提的。随着商品经济的发展，货币作为支付手段的职能还扩展到商品流通之外的领域，例如在税收和租金的缴纳、工资收入的发放、银行的存贷款、国家财政资金的划拨等经济活动中，货币也是作为支付手段来使用的。总之，在一切没有商品于同时、同地与之反向运动的经济活动中，货币所执行的都是支付手段的职能。

货币作为支付手段，解除了“一手交钱一手交货”的交易方式对商品的交易规模和生产规模的限制，促进了商品经济的发展。在现代市场经济中，大宗的商品交易有很大一部分是以延期付款等信用买卖方式进行的。即便是现款交易，由于种种技术上的原因，交货的时间和地点与付款的时间和地点也往往难以一致，常常无法像小额零售交易那样真正做到“当面钱货两清”。而且，大宗商品的现款交易也往往需要银行信用因素的介入，如买卖双方委托自己的开户银行收付款。在这种现款交易中，货币作为流通手段的职能是通过它的支付手段的职能来实现的。除了商品交易之外，国家财政和银行领域集中的巨量货币作为支付手段的运动，对整个经济的正常运行也是必不可少的。可见，没有货币作为支付手段，现代市场经济是根本无法运转的。

货币作为支付手段在促进经济发展的同时，也加深了商品经济的矛盾。随着作为支付手段的货币的广泛运用，商品的买者和卖者之间以及其他经济行为人之间，形成错综复杂的债权债务关系链条，只要一个债务人不能如期偿还债务，就会导致一系列连锁反应，使社会经济发生紊乱。在严重的情况下，还会形成金融危机。当然，我们不能说金融危机的发生是把货币当作支付手段使用的过错，因为危机的形成还取决于其他社会经济条件。但是，我们可以说货币作为支付手段包含着危机的可能性。

（五）世界货币

随着国际贸易的发展，世界市场的形成，货币越出国内市场，在国际市场上发挥作用，于是具有了世界货币的职能。所谓货币的世界货币职能，是前述各种货币职能在世界范围内的应用。不言而喻，离开了货币作为价值尺度、流通手段、贮藏手段、支付手段的职能，国际贸易、国际投资、国际金融以及其他国际经济活动，都是无从设想的。当今，随着经济全球化进程的加快，世界货币在人类社会的经济发展中扮演着日益重要的角色。

在很长的历史时期内，贵金属曾经是唯一能够执行世界货币职能的货币。在各国国内的纸币割断了与黄金的联系之后很长一段时间，黄金在国际交往中仍然充当世界货币，各国中央银行持有的国际储备资产大部分为黄金，各国货币的兑换比率（汇率）是以不同国家货币的法定含金量为基础的。

第二次世界大战中，欧洲各国的经济遭到严重破坏，而美国经济则得到空前发展，1945 年其国民生产总值占西方国家的 60%，黄金储备相当于西方国家的 3/4。在这种形势下，第二次世界大战后形成了以美元为中心的国际货币体系。各国货币与美元挂钩，美元与黄金挂钩。这样，除美元以外的其他货币，不仅在国内市场，而且在世界市场上也割断了与黄金的直接联系。

进入 20 世纪 50 年代以后，随着西欧、日本等国经济的崛起，美元的霸主地位逐渐被打破。由于美国的外汇收支逆差不断增大，黄金储备大量外流，到 1960 年出现其黄金储备不足以抵偿短期外债的情况，导致人们在国际金融市场上大量抛售美元，抢购其他货币和黄金，以至于用美元向美国挤兑黄金。1971 年，美元贬值之后，美国政府被迫宣布停止按官价为各国政府和中央银行兑换黄金，这意味着美元与黄金脱钩。在这种情况下，一些西方国家的货币实行浮动汇率，不再盯住美元。1973 年，国际金融市场上又一次爆发金融危机，美元再次大幅贬值，西方主要国家的货币对美元也都实行浮动汇率，以美元为中心的固定汇率制度解体。于是，逐渐形成了以美元、德国马克、日元、瑞士法郎、英镑为主的多元世界货币体系。尽管美元仍然是国际经济活动中使用最多的货币，但它作为世界货币的垄断地位毕竟被打破了。在欧洲联盟（简称欧盟）国家统一使用的欧元，是一种新的世界货币形式。

随着商品货币关系在世界范围内的发展与变化，随着世界各国用纸币取代贵金属货币作为流通手段和支付手段，纸币与黄金完全脱钩，马克思的货币职能的理论也需要进一步发展。原来认为，只有贵金属货币才能执行世界货币职能，纸币不能作为世界货币，但在现代国际经济关系中，个别或少数经济实力强、金融地位信誉高的国家，其纸币可以充当世界货币的职能，如美元、英镑等。但是，与黄金充当世界货币的情况相比，在价值符号担当世界货币的条件下，国际货币体系处于极不稳定的状态。由于缺少黄金流通条件下的自动稳定机制，汇率随各国经济实力的消长以及国际货币市场短期供求变动而频繁变化，不仅不利于国际贸易和国际投资的健康发展，而且成为滋生过度的国际货币投机的温床。

以上所论及的货币的五种职能，共同表现了货币作为一般等价物的本质，而且相互间在历史和逻辑上有着有机的联系。从历史上看，价值尺度和流通手段是货币的最基本的职能，它们是与一般等价形式转变为货币形式同时形成的，在它们形成之后才顺次出现了贮藏手段、支付手段、世界货币这些职能。从逻辑上看，货币必须首先完成价值尺度的职能，才能进而执行流通手段的职能；只有这两项职能充分发展了，才会产生贮藏手段的职能；支付手段的职能则不仅是流通手段职能发展的结果，而且以贮藏手段职能的存在为前提；至于世界货币的职能，显然是以前四项职能在国内的发展为基础的。

八、价值规律的内容

（一）价值规律的基本内容

商品的价值是由一定数量的货币表现出来的。表现商品价值的货币额，也就是商品的价格。也可以说，价格是价值的货币表现。在市场上，不同的商品有不同的价格，同一种商品的价格也经常变动。经过深入的分析可以发现，在令人眼花缭乱的价格运动背后有一个规律在起着支配的作用。这个规律通过商品供求关系、商品生产者之间的竞争等一系列中介机制，左右着价格运动，调节着社会生产。这个规律就是价值规律。对于商品经济中的各种纷繁复杂的现象，都只有依据这个规律才能作出合理的解释。

价值规律的内容可以简要地概括为两句话：商品的价值量由生产商品的社会必要劳动时间决定，不同商品的交换按照等价原则来进行。可见，价值规律既是价值决定的规律，又是价值实现的规律。也可以说，它既是调节商品生产的规律，又是调节商品交换的规律。这个规律是商品经济中客观存在的必然趋势，是商品经济的基本规律。只要存在商品经济，价值规律就会发生作用。

（二）价值规律与价格运动

既然商品的价值是通过价格表现出来的，价值规律作为商品经济中的必然趋势，当然要通过价格运动来表现。从根本上说，价格水平的高低反映了商品价值的大小，在其他条件既定的情况下，价格水平的变动反映商品价值量的变化。但是，除了商品价值量及其变化之外，价格水平的高低和涨跌，还受到其他因素的左右。

第一，金属货币自身的价值量的变动，或纸币等符号货币所代表的价值量的变动，是影响商品价格的重要因素。如果货币代表的价值量不变，商品价值量的增减，会引起价格同幅度的涨跌。反过来，如果商品的价值量不变，货币代表的价值量的增减也会导致价格的涨跌：货币代表的价值量增加则价格下跌，反之则价格上涨。如果货币代表的价值量与商品的价值量同时按相同方向和同比例变化，则价格不变。当然，你还可以设想出货币代表的价值量与商品价值同时按不同方向和不同比例变化的种种复杂情况，但基本的规则只有一个：价格水平与商品价值量的变化成正比，与货币价值量的变化成反比。其实，这个规则在前面分析过的简单价值形式中就已经在起作用了。

第二，价格还会受到供求关系的影响。在供求相等的情况下，假设其他条件不变，则价格水平不会发生背离价值的变化。但是，实际的市场中，供求一致的情况是极少见的，供过于求或供不应求才是常态。供求的不一致会造成价格背离价值的运动。当供过于求时，生产者被迫降价促销，结果是商品价格低于其价值；而供不应求时，生产者趁机提价，结果是商品价格高于其价值。在供求作用于价格的同时，价格也反过来影响供求。价格下跌，会引起供给减少、需求增加；价格上涨，会引起供给增加、需求减少。这样，就形成了供求变动与价格变动相互拉扯，价格围绕价值这个中心的上下波动。马克思说："商品价格不断高于或低于商品价值，商品价值本身只存在于商品价格的上涨和下跌之中。供求不断决定商品价格；供求从来不一致，或者只是在偶然的情况下才一致"①。由供求决定的价格的这种波动，不是对价值规律的违背，而正是价值规律为自己开辟道路的一种形式。

① 《马克思恩格斯全集》，中文1版，第46卷，上册，81页，北京，人民出版社，1979。

九、价值规律的作用及实现形式

价值规律在商品经济中有两个基本作用：一是择优汰劣，激励创新，促进生产力发展；二是分配社会劳动，调节资源配置。价值规律的作用，是通过市场机制实现的。

（一）择优汰劣，激励创新，促进生产力发展

我们在分析商品价值时已经说明，价值不是由生产商品的个别劳动时间决定的，而是由社会必要劳动时间决定的。而且，在那里我们还简短地强调过社会必要劳动对商品生产者的重要意义。就让我们从这里开始，来说明价值规律的这个作用。

某个生产者生产某种商品的个别劳动时间形成商品的个别价值，生产这种商品的社会必要劳动时间形成商品的社会价值，而商品是按其社会价值交换的。在供求一致的条件下，商品按市场价格出售，也就是按其社会价值交换。在这种情况下，那些劳动生产率高、单位商品包含的个别劳动耗费少，从而商品的个别价值低的生产者，在按社会价值出售商品时，较小的个别价值会转化为较大的社会价值，因而可以获得较多的货币收入；而那些劳动生产率低、单位商品个别劳动耗费多，从而商品的个别价值高的生产者，其商品中包含的较大的个别价值只能转化为较小的社会价值，因而只能获得较少的货币收入。至于那些拥有中等劳动生产率、生产中耗费的劳动等于社会必要劳动，从而商品的个别价值与社会价值相等的生产者，则可以获得平均收入。这种由商品的个别价值与社会价值的差别引起的收入差别，会引发商品生产者之间的竞争，导致两极分化。

商品个别价值低于社会价值的生产者，即便将自己的产品出售价格压低到其社会价值之下，只要高于其个别价值，就不但能够使自己的个别劳动耗费得到补偿，而且还可以有盈余。因此，劳动生产率高的生产者，就可以通过压价的竞争方式来扩大自己的市场份额，从而将劳动生产率较低、商品个别价值较高的同行排挤掉。在这种竞争的压力下，商品个别价值高于社会价值的生产者，会面临破产倒闭的威胁。所以，一切商品生产者为了追求更大的利益，为了使自己在竞争中处于有利地位，便都力求提高劳动生产率。为此，就必须不断进行

创新，研究和开发先进的科学技术，改进生产的组织和管理。正是这种相互追赶的创新活动，促使社会劳动生产率不断提高，推动了经济的发展。在激烈的竞争中，落后的生产者不可避免地要遭到淘汰，原先由他们掌握的生产资源会转到高效率的生产者手中，整个社会的资源利用效率因此得到提高。可见，价值规律具有择优汰劣、激励创新、促进生产力发展的重要作用。此外，在历史上，竞争过程中的优胜劣汰造成的小商品生产者的两极分化，曾经是资本主义经济制度形成的重要前提之一。破产的小生产者除了沦为雇佣工人，别无出路。应当说这是一种历史进步现象，尽管它是以千百万人的血泪为代价的。

然而，我们在充分肯定价值规律的上述作用时，不能忘记“物极必反”这个古老的真理。以私有制为基础的小商品经济和资本主义商品经济会在竞争中造成两极分化，使社会财富的支配权向少数生产者集中，这会在经济中造成垄断势力。垄断势力一方面有可能凭借自己强大的经济实力推动大规模的科研和开发，促进生产力的发展；另一方面又有可能利用自己现有的领先地位，采用种种手段打击竞争对手的创新活动，造成不利于社会生产力发展的局面。同时，垄断势力还可以在市场上强行维持垄断高价，损害消费者的利益，牟取暴利。为了防止价值规律自发作用下的竞争走向反面，有必要通过反垄断立法和必要的政府干预，以使价值规律能够在充分竞争的环境中发挥其积极作用。

（二）分配社会劳动，调节资源配置

人类在生产中需要的劳动力和其他经济资源总是有限的。这样，就有一个如何按照社会需要，将有限的劳动力和其他资源合理地分配到社会生产的各个部门的问题，即所谓资源配置问题。这个问题对于任何社会形态都是存在的，无论自然经济还是商品经济，都不能除外。而资源配置的核心，就是合理地分配一定时期的社会总劳动时间，因为绝大多数自然资源都只有通过人的劳动，才能转化为社会所需要的产品。如果社会总劳动时间的分配与社会对各种产品的需要量脱节，不仅社会需要得不到满足，而且会造成社会劳动的浪费。因此，这种在任何社会形态中都存在的按比例合理分配社会劳动的必要性，是一种经济规律。在商品经济社会中，按比例分配社会劳动的规律，是通过价值规律的作用实现的。

在商品经济条件下，一方面，任何商品生产者的产品都是为他人、

为社会的使用价值，而产品是否为社会需要只有通过市场的检验才能确定；另一方面，每个生产者又是独立地做出生产决策的，即自主地决定生产什么、生产多少以及怎样生产。生产者是从哪里了解到做出决策所需要的信息的呢？换句话说，他们从哪里得知社会需要他们生产什么、生产多少以及如何生产呢？生产者决策信息的一个重要来源是市场上各种商品价格的变动。作为价值规律实现形式的价格波动，起着揭示这些信息的作用。某种商品的价格上涨，说明这种商品供不应求；某种商品的价格下跌，则说明这种商品供过于求。在牟利动机的驱使下，生产者会扩大生产那些价格上涨、供不应求的产品，缩减生产价格下跌、供过于求的产品。这样，社会总劳动在不同生产部门的分配，就会随着价格信息诱导下的生产决策变动，不断做出调整，从而使前述按比例分配社会劳动的规律得以实现。

（三）市场机制与市场调节

作为价值规律实现形式的供求机制、竞争机制和价格机制，统称为市场机制。在商品经济产生和发展的一个相当长的历史时期内，市场机制是价值规律发挥分配社会劳动作用的唯一机制。直到当代，市场机制仍然是价值规律起作用的基础性机制。市场机制的特点是它的自发性，千百万独立的商品生产者在价格信号和数量信号变动的诱导下自发地调节各自的生产和交换活动，而他们的这种互不相属、各行其是的经济活动，又引起价格信号和数量信号的进一步变动，从而引发新一轮调整。这种自发调节机制的优点就在于它能够通过不断的微调，使社会的生产和需求自动趋向一致，从而使价值规律的要求作为一种自动趋势表现出来。在社会分工日益细密、产品种类数以百万计、技术创新呈加速度状态、人们的消费偏好多样多变、社会需求结构与供应结构空前复杂的现代经济中，市场机制的这种“自动化”的优点显得日益突出。这种“自动化”机制收集、处理和发布有关生产与消费、供应与需求的巨量信息的能力，是其他机制所无法替代的。通过行政指令直接分配社会劳动的传统计划经济的弊端，已经从反面证明了这一点。

但是，市场机制作用下的自发调整过程，又蕴含着造成社会劳动的巨大浪费的可能性，这种可能性在资本主义经济制度下转变为现实性。在19世纪的欧洲，价值规律通过自发的市场机制强制性地为自己开辟道路的结果，形成了10年一次的周期性经济危机。到了20世纪

30年代，更爆发了震撼整个资本主义世界的大危机。危机期间，生产严重过剩，企业大批倒闭，工人大量失业，通货恶性膨胀，社会经济陷入一片混乱。当然，我们不能把经济危机发生的原因一般地归结为市场机制的缺陷，因为危机是由资本主义制度特有的矛盾决定的，这在本书以后各章中将加以说明，但是，市场机制的缺陷毕竟是危机发生的一个条件。

市场机制在收集、处理和发布经济信息方面存在着缺陷。首先是市场作为信息机制的不完善。市场信息是在千百万经济行为人之间错综复杂的自发相互作用中形成的。在这种自发形成的巨量信息中，不可避免地会包括不少失真信号。这些失真信号是对现实经济状况的扭曲或虚假的反映。由于市场机制本身没有能力矫正这些失真信号，它们会在经济中累积和放大，最终使生产结构发生与需求结构相背离的严重扭曲，而这种扭曲必然归结为商品价值的实现危机。这时，价值规律就会以破坏性的方式来恢复合理的社会劳动分配比例，因为生产过剩危机其实就是商品价值实现的危机。

市场机制的另一个缺陷是市场的不完全。我们所面对的市场是现期的市场，从现期的市场上得到的信息，反映的是当前时期的经济状况。但是，商品生产者要做出正确的决策，尤其是长周期、大规模的投资决策，单单依据现期的市场信号是不行的，更重要的是要了解未来商品市场的信息，因为现在的投资形成的是未来的生产能力。然而，未来的市场现在是不存在的。因此，市场机制作为商品生产者行为的调节机制，是不完全的。虽然商品生产者可以对未来市场状况进行预测，但这种预测总是带有不确定性。预测涉及的未来离当前越远，不确定性就越大。因此，商品生产者的许多决策，又不可避免地带有不同程度的风险性或盲目性。决策正确与否，只能在未来的市场实践中才能被证明。从这个意义上说，市场机制是一种事后的经济调节机制。当这个“事后诸葛亮”代表隐藏在自己背后的价值规律告诉我们某个决策有错时，实际的损失往往已经发生。

在经过价值规律以危机的形式多次加以教训之后，长期将经济“自由放任”奉为神圣教条的西方资本主义世界，对市场机制的缺陷有了认识，建立起政府调控、产业政策等一系列旨在弥补市场缺陷的政府干预机制。尽管西方世界始终未能消除经济危机，但应当承认，政府干预特别是第二次世界大战后不少西方国家实行经济计划对经济发展起了积极作用，因为它在一定程度和范围内减轻了价值规律强制地为自己开辟道路所造成的破坏。从这个意义上我们又可以说，在现代市场经济中，价值规律的要求是通过自发的和自觉的两种机制来实现的，即通过计划和市场的结合来实现的。当然，作为商品生产者行为的直接调节者，市场机制始终居于基础的地位。

复习和练习

→内容提要

1. 商品是为市场交换而生产的对他人或社会有用的劳动产品。商品经济是随着生产力的进步、社会劳动分工的发展而逐渐发展起来的。

2. 商品包含使用价值和价值两个因素。生产商品的劳动具有二重性。使用价值是由具体劳动创造的，价值则是由抽象劳动创造的。使用价值不同的商品之所以能够按一定比例交换，是因为它们都是抽象劳动的凝结。商品二因素的矛盾只有通过交换才能解决。

3. 商品的价值量由社会必要劳动时间决定。单位商品的价值量与劳动生产率成反比。

4. 作为价值表现形式的交换价值形式，从简单价值形式开始，经过扩大的价值形式、一般价值形式逐渐发展为货币形式。货币的本质是商品交换的一般等价物。货币具有价值尺度、流通手段、贮藏手段、支付手段和世界货币的职能。货币首先是作为价值尺度和流通手段的统一而存在的。其他职能是在这两项职能的基础上形成的。在贵金属货币流通与纸币流通两种条件下，货币数量与商品价格水平之间的关系是不同的。通货膨胀和通货紧缩是纸币等符号货币充当流通手段条件下的现象。

5. 价值规律是商品生产的基本规律。其内容是社会必要劳动时间决定商品的价值量，商品交换按等价原则进行。价值规律有激励创新和分配社会劳动的作用。价值规律的作用通过市场机制实现。市场机制是商品经济的不可或缺的基础性的调节机制，但也有缺陷。价值规律本身对社会劳动分配的调节也是有局限的。

→关键术语

自然经济/社会分工/商品经济/市场经济/商品/使用价值/价值/具体劳动/抽象劳动/商品二因素的矛盾/社会必要劳动时间/劳动生产率/交换价值/相对价值形式/等价形式/货币/价值尺度/流通手段/货币流通量/通货膨胀/通货紧缩/贮藏手段/支付手段/世界货币/价值规律/按比例分配社会劳动/经济规律/市场机制

→复习题

1. 商品经济产生和发展的一般条件是什么?

2. 具体劳动和抽象劳动与商品二因素的关系是什么?

3. 商品的价值量是如何确定的? 劳动生产率如何影响商品的价值量?

4. 商品价值形式的发展过程是怎样的? 货币的本质是什么? 货币有哪些职能?

5. 价值规律的内容和作用是什么?

第三章

剩余价值的生产、分配与资本积累

剩余价值理论是马克思主义经济学的基石。这一理论像一根红线贯穿于马克思对资本主义生产方式的全部分析之中。本章将在劳动价值理论的基础上，通过对资本主义生产过程的分析，说明剩余价值生产的秘密，揭示资本主义社会中无产阶级与资产阶级对立的经济根源。在此基础上，还将进一步分析剩余价值转化为利润、利润转化为平均利润、价值转化为生产价格以及其他有关剩余价值分割的问题。最后研究资本积累的一般后果和趋势。本章的内容是要揭示资本主义生产关系的本质、运动规律及其表现形式。

重点问题

- 劳动力成为商品是货币转化为资本的前提。
- 剩余价值的生产。
- 剩余价值的分割。
- 资本主义积累。

一、货币转化为资本

货币是商品交换发展到一定历史阶段的产物。货币产生以后，以物易物就发展为以货币为媒介的商品流通。马克思所讲的商品流通概念，不是仅指以货币为媒介的一次交换行为，而是指许多商品与货币交换过程中相互交错、互为条件的形态变化。

货币是作为一般等价物的商品，在一定条件下，货币才成为资本，这里所讲的资本，不是商业资本和借贷资本，而是指产业资本（工业资本），即经营物质产品生产的资本。商业资本与借贷资本远在奴隶社会和封建社会就已存在和发展，但那不是资本主义，资本主义制度是由产业资本的出现和发展形成的。

资本主义是商品生产和商品流通高度发展的经济制度，因而资本主义要以商品流通的发展为前提。马克思在《资本论》中讲到货币转化为资本问题时，这样写道："商品流通是资本的起点。商品生产和发达的商品流通，即贸易，是资本产生的历史前提。世界贸易和世界市场在十六世纪揭开了资本的近代生活史。"①

商品流通依靠货币做媒介而流行。货币又是资本的最初表现形式，但货币不等于资本，货币必须积累到一定数量和在一定社会经济条件下才会成为资本。

作为货币的货币和作为资本的货币是有区别的。首先，两者的流通形式不同。商品流通的直接形式是 W—G—W，商品转化为货币，货币再转化为商品。例如，一个农民把自己的一部分粮食拿去出卖，换回货币，再用货币去购买日用品，是为买而卖，先卖后买，其目的是换回自己需要的使用价值，不是为了赚钱，不是追求价值增殖。而作为资本的货币，其流通形式是 G—W—G。它也要经过两个流通阶段，一个是买的阶段，一个是卖的阶段。不过与简单商品流通的买卖顺序不同，简单商品流通是先卖后买，而资本流通则是先买后卖，为卖而买。其目的不是使用价值，而是追求价值。流通形式的起点和终点都是货币，但如果付出的货币与流回的货币没有量的差别，G—W—G 这个流通形式就是无意义的兜圈子，是同量货币（价值）的交换。资本运动的目的是价值增殖，是让投入的货币带回更多的货币。因此，货币作为资本的流通形式应是 G—W—G′。其中的 $G'=G+\Delta G$，等于原付的货币额加上一个增殖额。马克思把这个增殖额叫做剩余价值。

需要研究的问题是这个剩余价值从哪里来？马克思的劳动价值论告诉我们，价值是由生产商品的抽象劳动形成的。如果生产者是利用自有的生产资料通过自己和家人的劳动生产商品和价值，他只是小商品生产者，如果雇个帮工和招个学徒，自己也直接参加劳动，他就是小业主。如果货币转化为资本——产业资本，资本的所有者成了资本家，他就需要雇工人进行生产，工人是出卖劳动力的雇佣劳动者。资本与雇佣劳动相结合的生产方式就是资本主义生产方式。可见，货币转化为资本，要以劳动力成为商品为前提条件。通过下面的分析，可以看出，剩余价值是由雇佣工人的剩余劳动创造出来的。

① 《马克思恩格斯全集》，中文 1 版，第 23 卷，167 页，北京，人民出版社，1972。

二、劳动力成为商品

劳动力是指人的劳动能力，是人的体力和脑力的总和。劳动力在任何社会都是生产的基本要素。劳动力成为商品必须具备两个基本条件：一是劳动力所有者必须有人身自由，可以自由地出卖自己的劳动力；二是劳动力所有者丧失了一切生产资料和生活资料，除了自己的劳动力以外一无所有，必须靠出卖劳动力为生。劳动力成为商品的这两个条件是在封建社会后期发生的资本原始积累过程中逐渐形成的。剥夺农民的土地，迫使劳动者与生产资料相分离，是原始积累过程的基础。这一过程在 15 世纪的英国最为典型。当时，在海外毛织品市场扩大的刺激下，许多英国封建贵族凭借暴力，把大片村社公有土地和农民的私有土地围圈起来变成牧场，造成大量农民流离失所。同时，作为新贵族和新兴资产阶级代表的英国政府又用严刑峻法强迫失去土地的农民到工厂做工。除了“羊吃人”的圈地运动之外，小商品生产者的两极分化，破产的小商品生产者将自己的劳动力作为商品来出卖，也是雇佣工人形成的一个来源。

像任何商品一样，劳动力商品也具有价值和使用价值。但是，劳动力是特殊商品，它的价值和使用价值也具有不同于普通商品的特点。劳动力商品的价值是由生产和再生产劳动力所需要的社会必要劳动时间决定的。由于劳动力存在于人的身体之中，因而劳动力的生产和再生产就是人的身体的生产和再生产，这就要消耗必要的生活资料。所以，生产和再生产劳动力所需要的社会必要劳动时间可以还原为维持劳动者生存所需要的生活资料的价值。这包括：(1) 维持劳动者自身生存所必需的生活资料的价值，这用于再生产其劳动力；(2) 劳动者繁育后代所必需的生活资料的价值，这用于延续劳动力的供给；(3) 劳动者接受教育和训练所支出的费用，这用于提供适合资本主义再生产需要的劳动力。

与其他商品比较，劳动力商品的价值决定具有特殊性，即它包含着历史和道德的因素。这就是说，雇佣劳动者必要的生活资料的种类和数量要受一定历史条件下的经济和文化发展水平以及各个国家风俗习惯的制约，劳动者必要的生活资料不是仅仅指人的生理上的需要，而是指在一定社会历史条件下维持劳动者正常生活的需要。随着社会经济和文化的发展，必要生活资料的种类和数量也会增加，质量和结构会发生变化，再生产劳动力所需的物质内容会不断扩大。但是，在一定国家的一定历史时期，必要生活资料是一个可以确定的量，它是决定劳动力价值的标准。

劳动力商品的使用价值更具有特殊性。普通商品的使用价值在被消费的过程中消失掉，价值也随之消失，或者转移到其他商品中去。劳动力商品的使用价值就是进行生产劳动的能力，它的使用或消费就是劳动，而劳动能形成价值。因此，劳动力商品使用价值的特殊性在于它是价值的源泉，并且是大于劳动力自身价值的价值源泉。劳动力的使用能为它的购买者创造剩余价值。由此可见，劳动力成为商品是货币转化为资本的前提。

在劳动力的买卖过程中，货币所有者和劳动力所有者是作为具有平等权利的商品所有者发生关系的。他们都支配属于自己的东西，都是用等价物去换取等价物，等量劳动相交换这一价值规律的要求并没有被违反。西方资产阶级学者因而将劳动力的买卖说成是自由、平等和所有权的实现。但是，只要交易完成，离开流通领域，进入生产领域，自由、平等就化为泡影。这时，原来的货币所有者变成资本家，劳动力的所有者变成了雇佣工人。一个是颐指气使的生产过程的统治者，一个是战战兢兢的被统治者，还有什么自由、平等可言！

三、剩余价值的产生

（一）剩余价值的生产过程

劳动力商品被资本家购买以后，就离开流通领域进入生产过程。资本主义生产是以雇佣劳动为基础的商品生产，其生产过程具有两重性：一方面是生产使用价值的劳动过程，另一方面是生产剩余价值的价值增殖过程。所以，资本主义生产过程是劳动过程与价值增殖过程的统一。

在劳动过程中，资本家要工人生产某种使用价值。但是，生产使用价值并不是资本家的目的，他的目的是生产剩余价值。他之所以要生产使用价值，是因为使用价值是价值和剩余价值的物质承担者。为了说明剩余价值是如何产生的，让我们首先把资本主义生产过程作为价值形成过程来考察。在生产过程中，劳动者通过具体劳动改变劳动对象的物质形态，生产出商品的使用价值，并把生产资料的价值转移到商品中去；同时，劳动者的劳动作为抽象劳动，又形成商品的新价值。如果形成的新价值恰好等于资本家支付的劳动力价值，那么在商品价值中，就只有转移的生产资料价值和劳动者新创造的等于劳动力价值的新价值，而没有剩余价值。但是，资本主义生产的实质是剩余价值的生产，这种不赚钱的买卖资本家是断然不能接受的。

那么，价值形成过程是如何变成剩余价值的生产过程的呢？事实上，资本家会延长雇佣工人的劳动时间，使雇佣劳动创造的新价值大于劳动力的价值，即有一个剩余额。这就是剩余价值生产过程，也称作价值增殖过程。实际上，雇佣工人的劳动时间分为两部分：一部分是必要劳动时间，用于再生产劳动力的价值；另一部分是剩余劳动时间，用于无偿地为资本家生产剩余价值。因此，剩余价值就是雇佣工人所创造的并被资本家无偿占有的超过劳动力价值的那部分价值，它是雇佣工人在剩余劳动时间支出的剩余劳动的凝结。

例如，假定生产一双皮鞋消耗生产资料价值为12元，劳动力商品一天的价值是3元，制鞋工人一天劳动5小时所创造的价值也是3元，所生产的皮鞋是一双。这样，这双皮鞋的价值就是由转移的生产资料价值12元和工人新创造的价值3元形成的，共计15元。资本家按照价值出售这双皮鞋，得到的15元与其投入的资本价值相等，这只是价值形成过程。如果资本家迫使工人一天劳动10小时，生产两双皮鞋。这样，生产两双皮鞋花费的生产资料价值是24元，资本家支付的劳动力价值仍是3元，即资本家共垫付的资本价值是27元。但两双皮鞋的价值，包括转移的生产资料价值和工人一天劳动10小时新创造的价值6元，共30元。资本家按照价值出售这双皮鞋，就能获得3元剩余价值。这3元剩余价值是工人一天劳动10小时中，除去为补偿劳动力价值而必要的5小时之外的另外5小时剩余劳动时间里所创造的。

由此可见，资本家购买了劳动力这一特殊商品之后，在生产过程中，劳动力的使用即劳动创造的价值量大于劳动力的价值，资本家按商品价值出卖商品，不仅收回了资本价值，而且获得了剩余价值。货币转化为资本的过程，既在流通领域进行（资本家必须在流通领域购买到劳动力这一特殊商品），又不在流通领域进行（价值增殖发生在使用劳动力的生产过程）。全部过程都符合价值规律，即资本家购买或出售商品都是以价值为基础并遵循等价交换原则。整个过程的关键在于劳动力具有特殊的使用价值，它的使用能创造出大于其自身价值的价值。

（二）不变资本与可变资本

资本家为了进行生产，就必须先垫付资本，一部分用于购买生产资料，另一部分用于购买劳动力。马克思根据这两部分资本在剩余价值生产过程或价值增殖过程中所起作用的不同，把资本区分为不变资本和可变资本。

不变资本是以生产资料的形式存在，它在生产过程中被消耗，生产出新产品。生产资料的价值通过工人的具体劳动被转移到新产品中，其转移的价值量不会大于它原有的量。正因为以生产资料形式存在的资本在生产过程中不改变自己的价值量，所以叫做不变资本（c）。

可变资本是转化为劳动力的那部分资本。可变资本的价值在生产过程中不是转移到新产品中去，因为资本家购买劳动力支付的价值被工人用于购买生活资料，在生产过程以外消费掉了。劳动力的价值是由工人的劳动创造的新价值的一部分来补偿的。而劳动力在生产过程中发挥作用的结果，不仅再生产出劳动力的价值，而且生产出剩余价值。以劳动力形式存在的这部分资本价值，在生产过程中发生了量的变化，即发生了价值增殖，所以叫做可变资本（v）。

马克思从剩余价值与可变资本的关系中揭示出剩余价值率。剩余价值率（m'）是剩余价值（m）同可变资本（v）的比率，它表示资本家对雇佣工人的剥削程度。剩余价值率的高低是决定资本家获得剩余价值量多少的一个重要因素，所以资本家总是千方百计地提高剩余价值率。

四、剩余价值的生产方法

资本家剥削工人的具体办法是多种多样的，但概括起来有两种基本方法：绝对剩余价值生产和相对剩余价值生产。

（一）绝对剩余价值生产

绝对剩余价值是指在必要劳动时间不变的条件下，由于延长工作日的长度而生产的剩余价值。资本主义制度下工人的工作日分为两部分：必要劳动时间和剩余劳动时间。在必要劳动时间既定的条件下，工作日越长，剩余劳动时间就越长，资本家从工人身上榨取的剩余价值就越多，从而剩余价值率也就越高。在资本主义发展的早期，资本家总是力图通过延长工人的工作时间来榨取更多的剩余价值。此外，资本家还用提高工人劳动强度的方法来榨取剩余价值。提高劳动强度，意味着工人在同样工作日时间内支出了更多的劳动量，实际上等于延长了工作日。这是一种延长工作时间的隐蔽的形式。

工作日的最低界限不能少于或等于必要劳动时间。若没有剩余劳动时间去生产剩余价值，资本主义生产就不复存在。因此，工人的工作日必须在必要劳动时间以上。工作日的最高界限受以下两个因素的制约：一是劳动者的生理界限。工人必须每天有一部分时间用于休息、吃饭等，以便恢复劳动力。二是道德的界限。工人在一天内总需要一定的时间用于家务活动、参加社会活动与文化生活。这种需要的范围和数量取决于一国当时的社会经济、文化的发展水平。在这两个因素的制约下，工作日的现实长度取决于无产阶级和资产阶级之间的力量对比。在资本主义发展的历史上，这是无产阶级和资产阶级之间斗争的一个重要方面。

在资本主义发展的早期阶段，由于工人阶级还没有成为一种自觉的政治力量，资本家凭借强制手段，将工作日延长到现代人难以想象的地步。例如，在 17 世纪和 18 世纪直至 19 世纪的英国，工人的工作日长达 14～16 个小时，甚至 18 个小时。在半殖民地半封建的旧中国，在某些行业，工作日甚至长达 20 个小时。在这种情况下，连起码的生理和道德界限都被突破了，工人的身心受到严重摧残。从 19 世纪初开始，各国工人阶级为争取缩短工作日进行了不屈不挠的斗争。1889 年，在巴黎召开的国际社会主义工人代表大会提出了实行 8 小时工作制的号召。但直到第一次世界大战以后，在工人阶级斗争的强大压力下，西方资本主义国家才被迫实行 8 小时工作制。第二次世界大战以后，由于工人阶级政治力量的进一步增强，同时也由于新的科技革命使劳动生产率空前提高，西方资本主义国家的工作日进一步缩短。但是，不论工作日的绝对长度是多少，工作日仍然由必要劳动时间和剩余劳动时间两个部分组成，因为只有在为资本家提供剩余劳动的条件下，工人才会被资本家雇用。

（二）相对剩余价值生产

绝对延长工作时间生产剩余价值的方法，受到工作日长度的限制，又容易引起工人阶级的反抗，不能满足资本家追求更多剩余价值的贪欲。于是，资本家为了在工作日既定的条件下提高剥削程度，就需要改变工作日中必要劳动时间和剩余劳动时间的比例，缩短必要劳动时间以延长剩余劳动时间。这种在工作日长度不变的条件下，资本家通过缩短必要劳动时间而相应延长剩余劳动时间的剩余价值生产方法，就叫相对剩余价值生产方法。

为什么缩短必要劳动时间能够生产相对剩余价值呢？因为，在工作日时间一定的条件下，必要劳动时间的缩短意味着剩余劳动时间的增多，等于延长了剩余劳动时间，因而能生产出更多的剩余价值。例如，假定工作日 10 小时不变，当必要劳动时间是 5 小时，剩余劳动时间是 5 小时，则 $m'=5/5=100\%$；当必要劳动时间缩短到 4 小时，剩余劳动时间就延长到 6 小时，则 $m'=6/4=150\%$。

怎样才能缩短必要劳动时间呢？我们知道，必要劳动时间是再生产劳动力价值的时间。要缩短必要劳动时间就要降低劳动力的价值。劳动力价值由维持工人及其家属生活所必需的生活资料的价值构成，这些生活资料价值和生产它的劳动生产率成反比。要降低生活资料价值就必须提高这些生产部门的劳动生产率。同时，在生活资料的价值中包括生产资料转移的价值，这些生产资料部门的劳动生产率提高了，也会降低生活资料的价值。因此，相对剩余价值的生产是由于社会劳动生产率的提高，降低了劳动力的价值，从而缩短了必要劳动时间，相应延长了剩余劳动时间的结果。

（三）超额剩余价值

在现实的经济运行过程中，劳动生产率的提高总是从单个企业开始的。单个企业提高劳动生产率不能产生出相对剩余价值，只能产生超额剩余价值。因为，商品价值决定于生产商品的社会必要劳动时间，而不是决定于个别劳动时间。所以，单个企业劳动生产率的提高不能使生活资料价值降低，不能使社会必要劳动时间缩短，从而不能产生相对剩余价值。但单个企业提高了劳动生产率，它生产商品的个别劳动时间低于社会必要劳动时间，个别价值低于社会价值，因而就会产生出超额剩余价值。所谓超额剩余价值，是指企业由于提高劳动生产率而使商品个别价值低于社会价值的差额。超额剩余价值的源泉也是工人的剩余劳动。它的产生不是由于商品的价格高于价值，而是由于工人在同样的劳动时间中创造了更多的价值。

个别或少数资本家获得超额剩余价值只是一种暂时的现象。为了追求超额剩余价值，资本家之间将进行激烈的竞争。因此，少数企业不可能长期垄断先进生产条件，其他企业也会竞相采用新技术。当先进技术得到普及后，部门的平均劳动生产率将会提高，此时生产商品的社会必要劳动时间缩短，商品价值相应下降。原来的先进生产条件转化为一般的生产条件，社会价值和个别价值的差额将不复存在，从而超额剩余价值也就消失了。超额剩余价值在个别资本家那里消失，整个资本家阶级却普遍获得了相对剩余价值。当生活资料以及有关的生产部门的劳动生产率提高以后，引起了劳动力价值下降。于是，工人的必要劳动时间便缩短，剩余劳动时间则相应地延长。可见，追求超额剩余价值是各个资本主义企业改进生产技术、提高劳动生产率的直接动机，而各个资本主义企业追求超额剩余价值的结果，却是相对剩余价值的形成。

（四）两种剩余价值生产方法的关系

绝对剩余价值生产和相对剩余价值生产作为资本家获得剩余价值、提高剥削程度的两种基本方法，既有联系又有区别。从资本家对雇佣劳动的剥削来看，这两种方法是一致的。无论是绝对剩余价值还是相对剩余价值的生产，都是延长了工人的剩余劳动时间，增加了资本家无偿占有的剩余价值量。但绝对剩余价值生产是资本主义剥削的一般基础，也是相对剩余价值生产的起点。资本主义剥削无论在什么时候都必须将工人的劳动时间绝对地延长到必要劳动时间以上，否则就不可能生产剩余价值。而相对剩余价值的生产，则是以工作日已经分为必要劳动时间和剩余劳动时间为基础的，由此来进一步缩短必要劳动时间，相应地延长剩余劳动时间。两种提高剥削程度的方法在资本主义发展的不同阶段上起着不同的作用。在资本主义生产的初期，由于生产工具没有重大变化，生产力发展比较缓慢，绝对剩余价值生产是资本主义加重剥削的主要方法。随着资本主义的发展，科学技术在生产中广泛应用，生产力有了突飞猛进的发展，从而相对剩余价值生产的作用就日益突出了。

五、资本主义工资的本质、形式及数量变动规律

（一）工资是劳动力价值或价格的转化形式

在资本主义社会里，从现象上看，雇佣工人在资本家的工厂里劳动一天，资本家付给工人一天的工资；劳动一个月，付给工人一个月

的工资；或者按照生产的合格产品件数付给工人工资。这样，就给人们造成一种假象，好像工人出卖给资本家的是劳动，而不是劳动力，工人的全部劳动都得到了报酬。资本家支付的工资似乎是劳动的价值或价格，而不是劳动力的价值或价格。

实际上，工人在市场上出卖的不是劳动而是劳动力。劳动力是潜藏在人身体内的劳动能力，劳动力的使用才是劳动。劳动力的存在以健康人的生存为条件，而劳动的实现则必须以生产资料与劳动力相结合为条件。劳动不是商品，但劳动力在一定历史条件下则可以成为商品，它具有价值和使用价值。工人在出卖劳动力时，同任何商品出卖者一样，实现劳动力商品的价值，同时让渡劳动力的使用价值，即让渡进行生产劳动的能力。由此可见，资本主义工资实质上不是劳动的价值或价格，而是劳动力的价值或价格，但工资在现象上却表现为劳动的价值或价格。所以，资本主义工资是劳动力价值或价格的转化形式。

资本主义工资在现象上表现为劳动的价值或价格，是由资本主义生产关系决定的。从资本和劳动的交换关系看，劳动力的买卖和其他商品的买卖一样，买者付出货币，卖者付出一种和货币不同的商品，人们所注意到的只是商品交换应遵循的对等原则，至于买卖的这个商品是劳动还是劳动力，一般人是不会去深究的。从工资的支付形式来看，资本家通常是在工人劳动以后才支付工资的，这也使得工资被看做劳动的价值或价格。从工人的立场看，劳动是工人谋取生活资料的手段，所以工人很容易把他出卖劳动力所得的工资看成是劳动所得。从资本家的立场看，他总希望以尽量少的货币换取尽量多的劳动，以便取得利润。实际上，这个利润是劳动力价值和劳动力的使用所创造的价值之间的差额。但是，由于这个差额表现为资本家购买商品和销售商品的差价，因而资本家就把低价购买和高价出卖看做利润的源泉，把工资说成是劳动的价值或价格。从工资的实际运动来看，一是工人为资本家劳动的时间越长，所得工资也就越多；二是劳动熟练程度不同的工人得到的工资不同，这也容易使人们误认为工资是劳动的价值或价格。由于劳动力的价值或价格转化为工资，表现为劳动的价值或价格，消灭了工作日划分为必要劳动时间和剩余劳动时间、有酬劳动和无酬劳动的痕迹，全部劳动表现为必要劳动或有酬劳动，因而掩盖了资本主义的剥削关系。

（二）工资形式

资本主义工资的形式多种多样，但其基本形式不外两种：计时工资和计件工资。计时工资是按一定的劳动时间来支付的工资，其实质是劳动力的月价值、周价值、日价值的转化形式。实行计时工资制对资本家十分有利。资本家可以根据自己的实际需要和经营状况，时而延长工作日，时而缩短工作日；并可以在不降低工资额，甚至在提高工资额的情况下，采取延长劳动时间和提高劳动强度的办法来变相压低工人的计时工资，降低劳动的价格。计件工资则是按工人完成的产品数量或完成的工作量来支付的工资，它是计时工资的转化形式。因为计件工资的制定是以计时工资为基础的，资本家是用日工资除以每个工作日的产量定额的办法，来确定每件产品的工资单价的。资本家往往根据劳动力较强、技术较熟练的工人的日产量来制定标准的日产量定额。在实行计件工资的情况下，按产品数量支付工资造成了一种假象，即工人出卖的不是劳动力，而是劳动，并且是物化的劳动。此外，在实行计件工资的条件下，工人劳动的质量、数量以及强度是由产品来控制的，这使资本家节约了雇佣监工等监督工人劳动的成本。

随着科学技术的进步和资本主义的发展，在上述两种基本的工资形式的基础上，出现了“血汗工资制度”。这种工资形式的特点是，通过科学的“操作研究”，将工人的劳动强度提高到极限，以加强对工人的剥削。这种工资形式中最有代表性的是泰罗制和福特制。泰罗制是由美国工程师弗雷德里克·泰罗发明的。他用摄影机将技术最好的工人的操作过程记录下来，一分一秒加以分析，去掉多余的动作，制定出效率最高的劳动方法，并以此作为决定产量定额的标准，定出不同的工资等级。据泰罗自己说，在这种工资制度下，工人工资虽然较原来增加了63%，但劳动强度却提高了270%，工人减少了2/3，资本家的支出则减少了一半。福特制是由美国汽车大王亨利·福特首先在自己的工厂中推行的。这种制度以自动化生产线为技术条件，它通过提高流水线的运转速度，来提高和控制工人的劳动强度。血汗工资制度说明，在资本主义社会里，科学技术的进步意味着榨取工人血汗的艺术的进步。

（三）名义工资与实际工资及其变动规律

在研究了资本主义工资的本质和形式之后，我们要进一步考察工资的数量变动规律。为此，需要引入“名义工资”和“实际工资”这两个概念。名义工资即货币工资，是指工人出卖劳动力所得到的货币数量，实际工资是指工人用货币工资实际买到的各类生活资料和服务的数量。名义工资和实际工资有着密切的联系，在其他条件不变的情况下，两者的变动是一致的，即名义工资越高，实际工资也就越高，反之亦然。但两者也常常不一致，即名义工资虽然不变甚至提高，而实际工资却可能降低。这是因为，实际工资的多少不仅取决于名义工资的高低，而且还取决于物价的高低。如果名义工资不变，物价水平上涨，或者名义工资的增长速度赶不上物价的上涨速度，实际工资就会降低。名义工资和实际工资都是表示工资绝对数量的概念。

资本主义工资的变动趋势具有以下特征：第一，名义工资一般呈增加趋势。因为，货币工资是劳动力价值的货币表现，而资本主义国家的货币由于存在通货膨胀而不断贬值，致使物价不断上涨，从而使名义工资不能不有所增加。第二，从资本主义发展的历史过程来看，实际工资则有时降低有时提高。在经济危机和战争时期，实际工资是下降的；在经济高涨时期，则有所提高。但从长期看，实际工资是提高的。特别是第二次世界大战以来，提高的趋势更加明显。因为，随着社会劳动生产率的迅速提高，工人在相同时间内创造的财富增多，货币工资所能买到的各种生活资料和服务数量有所增多，这就使工人的实际工资有所提高。但是，实际工资的提高并不意味着工人受剥削的程度减轻了。在劳动生产率的提高比实际工资提高更快的条件下，工人所创造的财富有更大的部分被资本家无偿占有，这意味着剩余价值率的提高和剥削程度的加重。

六、利润转化为平均利润和价值转化为生产价格

（一）成本价格与利润

资本主义企业生产的商品价值（W）包括三个部分：不变资本价值（c）、可变资本价值（v）和剩余价值（m）。用公式表示就是：$W=c+v+m$。这是按劳动耗费计算的生产商品的实际耗费，即它包括物化劳动耗费 c 和活劳动耗费 $v+m$ 两个部分。但是，商品生产中实际耗费的劳动量，同资本家在生产商品时所耗费的费用是两个完全不同的量。对于资本家来说，生产商品所耗费的只是他的资本价值 $c+v$，剩余价

值 m 是资本家无偿获得的。因此，c＋v 构成商品的生产成本或成本价格，用 k 表示。由于商品价值中的 c＋v 转化为成本价格，商品价值就等于成本价格与剩余价值之和，用公式表示为：W＝k＋m。显然，成本价格小于商品的价值，两者之间的差额为剩余价值。

成本价格这一范畴抹杀了不变资本和可变资本之间的区别，掩盖了它们在价值增殖过程中的不同作用。剩余价值的源泉是可变资本，但当不变资本和可变资本被归结为成本价格这一范畴时，剩余价值就被看做商品价值在成本以上的增加额，即资本家所垫付资本的产物。不仅如此，对资本家来说，剩余价值不仅是作为成本所消耗资本的一个增加额，而且是资本家全部预付资本的一个增加额。因为预付资本中未被消耗的那部分不变资本虽然不构成成本，但同样参加了商品生产过程，同样也是剩余价值生产不可缺少的物质因素，因而也被看做剩余价值的源泉。当不把剩余价值看做雇佣工人剩余劳动的产物，而是把它看做全部预付资本的产物或增加额时，剩余价值便转化为利润。这样，商品价值就等于成本价格加利润。如果用 p 表示利润，则商品价值的公式就从 W＝c＋v＋m＝k＋m，进一步变为 W＝k＋p。利润本质上就是剩余价值，但在现象上表现为全部预付资本的产物，因此，剩余价值转化为利润也掩盖了资本主义的剥削关系。

（二）利润率

剩余价值与全部预付资本的比率叫利润率。利润率是剩余价值率的转化形式，是同一剩余价值量用不同的方法计算出来的另一种比率。剩余价值率是剩余价值与可变资本的比率，而利润率则是剩余价值与全部预付资本的比率。用 p' 代表利润率，C 代表全部预付资本，利润率 $p'=m/C$。剩余价值率与利润率是两个完全不同的范畴，剩余价值率揭示的是资本家对工人的剥削程度，而利润率是表示全部预付资本的增殖程度。由于全部预付资本总是大于可变资本，因此利润率在量上也总是小于剩余价值率，它掩盖了资本家对工人的剥削程度。

资本主义生产的目的就是以最小的预付资本取得最大限度的利润。如果资本量一定，利润的大小就取决于利润率的高低。影响利润率变动的因素主要有以下几个：（1）剩余价值率。在预付资本量和资本有机构成不变的条件下，利润率与剩余价值率成正比例变化。剩余价值率越高，利润率就越高。（2）资本的有机构成，即不变资本与可变资本的比例（c∶v）。在剩余价值率和劳动力价值不变的条件下，利润率与资本有机构成成反方向变化。资本有机构成越低，同量资本所使用的劳动力越多，创造的剩余价值也就越多，从而利润率也就越高。关于资本有机构成的理论，在本章第十一个问题中会专门讲述。（3）资本周转速度。在其他条件不变时，在一年中资本周转的次数越多，其中可变资本的周转次数也就越多，同量资本所带来的剩余价值量就越大，这就会提高资本的年剩余价值率，从而提高它的年利润率。（4）不变资本的节省状况。在剩余价值率和剩余价值量不变的情况下，利润率的高低和不变资本的节省成正比例变化。不变资本越节省，预付资本也就越少，同量的剩余价值与较少量的预付资本相比，利润率就越高。因此，资本家总是不惜牺牲劳动者的健康来节约劳动条件的开支，借以节省不变资本，提高利润率。

从影响利润率的各种因素来考察各个生产部门的利润率，可以认为，在不同的生产部门中，即使剩余价值率相同，但由于资本有机构成和资本周转速度不同，也会导致利润率高低的不同。那些资本有机构成低或资本周转速度快的生产部门，利润率比较高，反之则较低。但资本主义经济的实际情况并非如此。事实上，各部门的资本家，无论从事哪一种商品生产，都能够大体上获得与他们的资本量相应比例的利润，即同量资本应获得同量利润。于是，我们遇到了似乎互相矛盾的现象：一方面，商品如果按照价值出卖，各部门便会有高低不同的利润率；另一方面，各部门的利润率如果是平均的，商品则不应该按照价值出卖。解决这一矛盾，就要说明利润平均化现象。

（三）平均利润

平均利润的形成是部门之间竞争的结果。投资于不同生产部门的资本家为了获得更高的利润率，相互之间必然展开激烈的竞争。比如甲乙两个部门，甲部门利润率高，乙部门利润率低。乙部门的资本家不甘心获得较低的利润率，就要同甲部门的资本家展开竞争。这种竞争是围绕争得有利的投资场所而展开的。竞争的手段是进行资本转移，即把资本从利润率低的部门撤出，转移到利润率高的部门，或是原有企业实行转产，生产利润率高的产品，或是把新的资本投向利润率高的部门。这样，原先利润率高的部门由于大量资本的涌入，商品供过于求，价格就会下降，利润率也就相应下降；而原先利润率低的部门由于大量资本撤出，会发生相反的变化。不同生产部门之间这种以资本转移为特点的竞争引起供求关系的变化，导致价值和价格偏离。上述资本转移的过程及由此引起的价格和利润率的变动要一直到两个部门的利润率大体平均的时候才暂时地停止下来。这样便形成了平均利润。

由此可见，平均利润是不同部门的资本家通过竞争重新瓜分剩余价值的结果。平均利润率实质上也就是把社会总资本作为一个整体看待时所得到的利润率。用公式表示为：

平均利润率＝剩余价值总额/社会总资本

在利润率平均化的条件下，各部门的资本家便可以根据平均利润率获得与其投资量大小相适应的利润，即平均利润。剩余价值转化为利润，已经掩盖了剩余价值的真正来源，但利润量与剩余价值量还是一致的。而在利润转化为平均利润后，许多部门的利润量与剩余价值量就不一致了。等量资本取得等量利润，似乎利润的多少只和资本量有关，这就完全掩盖了利润的本质和来源。

（四）生产价格

既然剩余价值转化为平均利润，商品就不再是按照成本价格加剩余价值的价格出售，而是按照生产成本加平均利润的价格来出售了。这种由商品的成本价格（k）和平均利润（$\bar{p}$）构成的价格就是生产价格。用公式表示为：生产价格＝$k+\bar{p}$。生产价格的形成是以平均利润率的形成为前提的。利润转化为平均利润，商品价值便转化为生产价格。生产价格和价值之间存在一定的差别。在质的方面，生产价格只是同资本相联系，同活劳动没有联系。因为从生产价格的构成来看，生产成本是由耗费的资本构成的，平均利润也是按预付资本的比例分得的利润，所以它只是同耗费的资本和预付资本相联系。在量的方面，生产价格和价值经常不一致。举例说明如表 3—1 所示。

表 3—1　　生产价格相关概念示例

生产部门	有机构成	剩余价值	平均利润	价值	生产价格	生产价格与价值之差
食品工业	70c＋30v	30	20	130	120	－10
纺织工业	80c＋20v	20	20	120	120	0
机器制造业	90c＋10v	10	20	110	120	＋10
合计	240c＋60v	60	60	360	360	0

资本有机构成高的部门，如表 3—1 中的机器制造业，其产品的生产价格高于价值；资本有机构成低的部门，如食品工业，其产品的生产价格低于价值；只有资本有机构成相当于社会平均资本有机构成的部门，如纺织工业，其产品的生产价格正好和价值相等。

生产价格是价值的转化形式，商品按照生产价格出售，这绝不是对价值规律的否定，而只是价值规律起作用的形式发生了变化。因为：第一，从个别部门来看，资本家获得的平均利润与本部门工人创造的剩余价值不一致，但从全社会来看，整个资本家阶级所获得的平均利润总额和整个工人阶级所创造的剩余价值总额还是相等的。第二，从个别部门来看，商品的生产价格同价值不一致，但从全社会来看，商品的生产价格总额也必然和价值总额相等。第三，生产价格随着商品价值的变动而变动，生产商品的社会必要劳动时间减少了，生产价格就会降低；反之，生产价格就会提高。

在资本主义前的简单商品经济中，以及在价值转化为生产价格前的资本主义阶段，价值规律就是通过商品价格围绕商品价值波动来实现。在价值转化为生产价格后，价值规律则表现为商品价格以生产价格为中心而波动。

马克思的平均利润和生产价格理论告诉我们，等量资本获得等量利润，是剩余价值在各生产部门资本家之间重新分配的结果。在利润的分配过程中，整个资本主义经济恰如一个庞大的股份公司，所有的资本家都是这个公司的股东，各个部门所创造的剩余价值汇集在一起，按照各自所占股份分配利润。所以，在资本主义社会中，工人不仅受本部门资本家的剥削，而且还受整个资本家阶级的剥削。

七、商业资本与商业利润

（一）商业资本

在资本主义初期，由于企业规模不大，市场范围比较小，一般由产业资本家独立完成生产和销售的职能。随着生产的发展和市场的扩大，产业资本家用于商品销售的流通资本日益增大。由于流通资本是对原有或追加生产资本的一种扣除，流通资本在产业资本中所占比重的提高，就意味着预付资本的利润率降低；如果仍然自产自销，必然影响市场的发展和剩余价值的增加。因此，客观上要求把实现商品资本的职能交由专门的资本家去完成，使商品资本的职能从产业资本中独立出来就非常必要了。

商品资本的职能从产业资本中独立出来后就形成了资本主义的商业资本。所谓商业资本，就是从产业资本职能中分离出来、专门从事商品买卖的以获取商业利润为目的的资本，它是处于流通领域的商品资本的转化形式。商业资本的职能就是在流通领域中专门从事买卖商品的活动，完成商品资本到货币资本的转化职能，也就是专门从事商品销售、实现剩余价值的职能。商业资本的产生有利于缩短流通时间，节约流通费用，减少流通中资本的数量，扩大直接用于生产的那部分资本，从而有助于增加剩余价值的生产，提高利润率。

（二）商业利润

商业资本家投资于商品经营，雇用商业工人，其目的也是获取利润，而且他们获得的利润不能低于平均利润，否则商业部门中的资本就会转移到生产部门中去。商业资本在流通领域中活动，从事商品的买卖，是不会创造价值和剩余价值的，因为价值和剩余价值都只有在生产领域中才能产生。但是，商业资本又取得了利润，那么商业利润从何而来？从现象上看，商业利润似乎产生于流通领域的贱买贵卖，实则不然。流通领域发生的只是价值形式的变化，并不能产生价值的增殖。因此，商业利润仍然是生产领域中产业工人创造的剩余价值的一部分，是由产业资本家转让给商业资本家的。由于商业资本家投资于商业，替产业资本家销售商品，实现剩余价值，产业资本家就不能像自己经营商品时那样独自占有全部剩余价值，而必须把剩余价值的一部分以商业利润的形式转让给商业资本家。产业资本家按照低于生产价格的价格把商品让渡给商业资本家，然后商业资本家再按照生产价格把商品卖给消费者。这种售价大于买价之差，就是商业资本家所获得的商业利润。商业利润是通过商业工人的剩余劳动时间实现的。商业工人的劳动也分为必要劳动与剩余劳动。在必要劳动时间内实现的剩余价值，用来补偿商业资本家支付给商业工人的工资，在剩余劳动时间内实现的剩余价值，构成商业利润。

商业利润的确定受平均利润率的支配。如果商业利润率低于平均利润率，那么商业资本家就会把商业资本转移到产业部门中去；同样，商业资本的利润率也不能高于产业资本的利润率，否则产业资本家的资本也会转移到商业部门。商业部门与产业部门之间的竞争和资本转移，使商业利润率和产业利润率趋于平均化，形成社会资本统一的平均利润率。例如，假定社会预付的产业资本是 720c＋180v＝900，剩余价值率为 100％，一年内生产的商品总价值则为 720c＋180v＋180m＝1 080（假定不变资本的价值全部转移），利润率是 20％。为了销售商品，流通领域内还必须垫支一定量的资本。假定是由商业资本垫支了 100，这时社会总资本就不是 900，而是 1 000 了。现在，180 的剩余价值必须在 1 000 的社会总资本之间平均分配，平均利润率就变为 18％。按照这个平均利润率，产业利润＝900×18％＝162，商业利润＝100×18％＝18。在这种情况下，产业资本家就不是按照生产价格将商品卖给商业资本家，而是按生产成本加产业利润的价格，即 900＋162＝1 062 的价格把商品卖给商业资本家。商业资本家再加上商业利润，按照 1 062＋18＝1 080 的价格，即按照生产价格把商品卖给消费者，从而获得产业资本家让渡给他的那部分剩余价值。商业资本参加了剩余价值的分配以后，平均利润率的公式变为：

$$平均利润率=\frac{社会剩余价值总额}{产业资本总额+商业资本总额}$$

八、借贷资本与银行利润

（一）借贷资本与利息

在资本主义社会里，除了产业资本、商业资本以外，还有借贷资本。借贷资本就是为了取得利息而暂时借给另一个资本家使用的货币资本。

借贷资本的形成和产业资本的循环过程有着直接的联系。在产业资本的循环过程中，必然形成大量的暂时闲置的货币资本。它包括未到更新期的固定资产折旧费、卖出商品换回货币后不立即购买而暂时闲置的货币资本和用于积累但尚未进行投资的剩余价值。在社会资本运动过程中出现大量暂时闲置的货币资本的同时，社会上也有一部分资本家因手中的货币资本不足而亟须补充。例如，有的资本家为了维持其资本运动的连续性，在卖掉商品之前亟须货币资本购买生产要素；有的企业固定资本未折旧完毕需要提前更新；有的企业需要追加资本而自己积累不足等。持有闲置货币资本的资本家贷款给急需货币资本的资本家使用，就在资本家之间形成借贷关系。这样，闲置的货币资本便转化为借贷资本。

借贷资本的借贷对象主要是职能资本家，即产业资本家和商业资本家。职能资本家借款的目的，是把借入的货币当作资本来使用，以获取利润；借贷资本家贷款的目的是获取利息。因此，借贷资本是在职能资本运动的基础上产生并为职能资本家服务的。借贷资本从属于职能资本，归根到底是从职能资本循环中独立出来的一种特殊资本形式。

借贷资本的出现使资本取得了双重的存在，即发生了资本所有权和资本使用权的分离。在资本主义社会中，货币资本除了作为货币所具有的使用价值外，还具有作为资本来执行职能的使用价值，也就是生产剩余价值或利润的职能。与此相适应，职能资本家使用借贷资本所获得的平均利润也相应地分割成为两部分：一部分作为对借贷资本家出让资本使用权的报酬，采取了利息的形式；另一部分归职能资本家所有，采取了企业利润的形式。由于平均利润是剩余价值的转化形式，因此借贷利息实质上是产业工人创造的、由职能资本家让渡给借贷资本家的一部分剩余价值的特殊转化形式。它体现了借贷资本家和职能资本家瓜分剩余价值的关系。

利息率就是一定时期内的利息量和借贷资本量之间的比率。在一般情况下，利息率低于平均利润率，否则，职能资本家就会因得不到任何利益而不会借款；利息率也不能等于零，否则就没有人愿意贷出货币资本。因此，利息率的高低就取决于资本市场上借贷资本的供求关系。供给大于需求，利息率就下降；反之，利息率就上涨。当借贷资本的供求平衡时，利息率就只能由社会的习惯和法律等因素决定。

（二）银行资本与银行利润

货币资本的借贷主要是通过银行来进行的。银行是经营货币资本、充当债权人与债务人借贷关系中介的资本主义企业。银行为了经营货币资本，必须有自己的资本。银行资本由两部分构成：一部分是自有资本，即银行资本家自己垫付的资本，这只占银行资本的很小一部分；另一部分是借入资本，即银行吸收进来的各种存款，这构成银行的主要营业资本。资本家投资于银行和投资于工商业一样，目的都是为了获得利润。银行利润的来源是存款利息和贷款利息之间的差额。银行贷款利息一般都高于存款利息，两者之间的差额减去经营银行业务的费用，就构成银行自有资本的利润，即银行利润。由于在银行资本家和工商业资本家之间存在着竞争和资本的自由转移，因此，银行获得的利润也相当于平均利润。银行利润同样也是由产业工人在生产领域所创造的剩余价值的一部分。银行资本家通过贷款给职能资本家，间接参与了对剩余价值的瓜分。银行资本家之所以能够以银行利润的形式瓜分到一部分剩余价值，是因为他依靠了银行雇员的劳动。银行雇员的劳动虽然不创造价值和剩余价值，但能为银行资本家取得转归他所有的那一部分剩余价值。因此，银行雇员的劳动也分为必要劳动和剩余劳动，银行资本家无偿占有了银行雇员的剩余劳动。

（三）资本主义信用

资本主义信用是借贷资本运动的形式。资本主义信用有两种：商业信用和银行信用。商业信用是指职能资本家之间用赊账方式买卖商品而发生的信用；银行信用是指银行以贷款方式向职能资本家提供的信用。信用尤其是银行信用在资本主义经济中的作用具有两重性。一方面，信用促进了资本主义经济的发展。信用能够节省流通费用，缩短流通时间，大大加快了商品流通；信用可以促进资本的集中，是股份公司发展的前提；信用还促进了资本的积累，通过信用可以把各种闲置资本汇集起来，缩短了单个资本家逐渐积累资本所需要的时间。另一方面，资本主义信用的发展又促进了资本主义基本矛盾的发展和经济危机的爆发。这是因为，信用制度的发展，使资本主义的生产规模可以不受资本家自有资本的限制而不断扩大，促进了生产的社会化；同时，信用还加速了资本的集中和积聚，使生产资料和产品日益集中到少数大资本家手里，这就使资本主义社会的内在矛盾进一步尖锐化。与此同时，信用又造成了对商品的虚假需求，加剧了各生产部门之间发展的不平衡性，从而加深了资本主义经济危机。

（四）股份公司与股票价格

随着资本主义大工业和信用的发展，出现了股份公司。股份公司是许多单个资本通过认购股票来合资经营的企业。股份公司扬弃了个人资本的形式，采取了社会资本，即联合起来的个人资本的形式。股份公司的实质是大资本利用和支配大量中小资本与居民收入的手段，是加速资本集中的一种形式。股票持有者凭借股权从股份公司的盈利中分得的收入叫股息。股息实质上是雇佣工人创造的剩余价值。股东可以凭借股票领取股息，但不能凭借股票从股份公司中抽回资本。股东可以把股票拿到证券市场上出售。股票本身没有价值，它之所以能以一定的价格在证券市场上出售，是因为持有股票的人每年可根据企业盈利的状况从股份公司取得一笔股息收入，这就和有一笔相当的货币资本存入银行，可以取得利息一样。股票价格＝股息/利息率，即在其他条件既定的情况下，股票价格取决于股息和利息率两个因素，它与股息成正比，与银行存款利率成反比。

九、资本主义土地所有制与地租

在社会生产过程的不同发展阶段，有不同的土地所有制形式，因而有不同的地租形式。地租是土地所有者凭借土地所有权获得的一种非劳动收入。在资本主义制度下，土地是私有的。大土地所有者一般自己不经营农业，而是把土地出租给农业资本家，由农业资本家投资经营。农业雇佣工人创造的剩余价值，一部分以平均利润的形式被农业资本家无偿占有，超过平均利润以上的那一部分则以地租的形式被大土地所有者无偿占有。资本主义地租有两种基本形式，即级差地租和绝对地租。

（一）级差地租

土地是农业生产的基本生产资料，但不同地块能够提供的农产品数量是不等的。与土地等级相联系的地租形式就是级差地租，它是农产品的个别生产价格低于社会生产价格的差额。土地的优劣不同是产生级差地租的客观条件。土地有肥瘠之分，有离市场远近之别。同量资本投入生产条件不同的土地，劳动生产率和收益是不相等的。投资于生产条件较差的土地，劳动生产率低，产量少，个别生产价格就高；而投资于生产条件较好的土地，劳动生产率高，产量多，个别生产价格就低。农产品同其他商品一样，只能按社会生产价格出售。因此，投资于生产条件好的地块的农业资本就因其产品的个别生产价格低于社会生产价格而取得一个超额利润。这个超额利润为农业资本家交纳级差地租提供了条件。

土地的有限性所引起的土地经营的资本主义垄断是级差地租形成的原因。在工业中，有的企业会获得超额利润，但工业中的超额利润不仅不像农业中那样稳定，而且工业中的超额利润只有先进企业可以获得，而农业中的超额利润却是经营优等地和中等地均可以获得。由于土地数量的有限性，决定了农业中存在着对土地的资本主义经营垄断。而由于对土地经营的垄断，决定了农产品的社会生产价格只能由劣等地决定。因为土地数量有限，仅仅依靠优等、中等土地生产的农产品不能满足社会需要，还必须投资经营劣等地。若产品的社会生产价格由中等地生产条件决定，则经营劣等地的农业资本家就会因得不到平均利润而将其资本转移到其他部门中去，农产品会因供不应求而价格上涨，涨至投资劣等地也能获得平均利润时为止。因此，农产品的社会生产价格是由劣等地的生产条件决定的。这样，经营优等地、中等地的农业资本家的农产品个别生产价格就低于社会生产价格，从而能够从中获得超额利润。又由于优等地、中等地数量的有限性和对土地经营的垄断，限制了各个农业资本家之间的竞争。因此，那些租种较好土地的资本家就能够稳定而持久地保持超额利润，并把它作为级差地租交给土地所有者。

优等地和中等地的农业雇佣工人创造的超额利润是级差地租的源泉。耕种优等地和中等地的农业雇佣工人的劳动是一种具有较高生产率的劳动，因此它能创造出超额剩余价值。所以，级差地租反映的是农业资本家和大土地所有者共同剥削农业雇佣工人的关系。

级差地租由于形成的条件不同而分为两种形态，即级差地租Ⅰ和级差地租Ⅱ。级差地租Ⅰ是由于土地肥沃程度不同和地理位置优劣而产生的级差地租。级差地租Ⅱ是由于在同一块土地上连续追加投资的资本生产率不同而产生的级差地租。级差地租Ⅰ是级差地租Ⅱ的基础。构成级差地租Ⅰ的超额利润一般在租约内做了规定，归土地所有者所有。而构成级差地租Ⅱ的超额利润，在租约期内归农业资本家所有；当租约期满，签订新租约时，就会通过提高地租额而转归土地所有者所有。农业资本家和土地所有者之间经常为了租约长短与租额多少展开斗争，这种斗争反映了两个剥削阶级集团在瓜分剩余价值上的矛盾。

（二）绝对地租

在资本主义制度下，土地所有者不会把土地无偿交给别人使用，即使出租最贫瘠、最偏远、最劣等的土地，也要求得一份地租。这种由于土地私有权的存在，农业资本家租用任何土地都必须交纳的地租，就是绝对地租。

绝对地租形成的条件是农业资本有机构成低于社会平均资本有机构成。我们知道，资本有机构成不同的生产部门，其生产价格和商品价值是不一致的。在资本主义相当长的历史时期里，农业资本的有机构成低于社会资本的有机构成。这样，等量资本在农业中可以支配更多的活劳动，在剥削率相同的情况下，就能创造出更多的剩余价值。因此，农产品的价值高于生产价格，农产品按价值出售，就可以在扣除成本价格和平均利润后有一个余额。这一余额不会像在工业部门那样参与利润的平均化过程。因为，农业中存在着土地私有权的垄断，这阻碍着资本向农业部门的自由转移，从而使农产品价值高于社会生产价格的差额不参与利润平均化的过程。农产品不是按社会生产价格出售，而是按高于社会生产价格的价值出售。这样，由于价值高于社会生产价格而形成的超额利润就留在农业部门，被土地所有者占有，成为绝对地租。所以，绝对地租产生的原因是土地私有权的垄断。绝对地租既然是农产品价值的一部分，因此，它实质上是由农业雇佣工人创造的剩余价值的一部分转化而来的，它体现的仍然是农业资本家和土地所有者对雇佣工人的剥削关系。

当前，在某些发达的资本主义国家，农业资本的有机构成在不断提高，有的甚至超过了工业部门。在这种情况下，那种包含在农产品价值之内的绝对地租也就消失了。当今一些主要发达资本主义国家，农场经营主一般同时是土地所有者，不需交纳绝对地租。另外，只要没有消灭土地私有制，出租土地，哪怕是劣等地，也必须带来地租收入。这种地租与上述的绝对地租的来源是不同的，它或是来自农业利润和工资的扣除，或是来自农产品的市场价格超过价值的余额，即来自垄断价格。

十、剩余价值规律是资本主义的基本经济规律

在一个社会经济形态的经济规律体系中起主导作用的经济规律，就是基本经济规律。资本主义的基本经济规律就是剩余价值规律，即剩余价值生产和资本增殖的规律。

剩余价值规律决定资本主义生产的实质。资本主义生产的实质就是增殖资本的价值或者说生产剩余价值。资本家从事一切生产经营活动的决定性动机，就是为了获取尽可能多的剩余价值。资本主义企业生产什么、生产多少和如何生产，都是以能不能获取剩余价值以及取

得多少剩余价值为转移的。在资本主义生产方式中，只有生产剩余价值的劳动才是生产劳动。劳动者只是生产剩余价值的工具。他们的个人消费，只有在保证生产剩余价值的限度内，才是资本主义所需要的。对剩余价值的追求是资本主义生产发展的动力。资本主义生产的发展状况是由剩余价值规律决定的。

剩余价值规律还决定着资本主义生产发展的主要方面和主要过程。资本主义的生产、流通、分配和消费等主要方面和主要过程，都是以获取剩余价值为出发点和归宿点的。资本主义的生产过程是剩余价值的创造过程；资本主义的流通过程是剩余价值生产的准备过程和剩余价值的实现过程；资本主义的分配过程是分割剩余价值的过程；资本家的个人消费是消费无偿占有的剩余价值；雇佣工人的个人消费是劳动力的再生产过程，它是资本家剥削剩余价值的必要条件。资本主义生产的发展过程、高涨和危机、赚钱和亏损，都是由剩余价值规律决定的。因此，剩余价值规律的作用贯穿于资本主义生产方式产生、发展及灭亡的全部过程。

在当代资本主义的条件下，随着现代科学技术在生产中的广泛应用，由电子计算机等组成的控制系统把机器联结成自动化生产体系，机器替代了相当一部分人的体力和脑力劳动，有人对劳动是否是价值的源泉以及剩余价值规律是否仍然是资本主义的基本经济规律提出了疑问。其实，生产资料本身只是生产价值的条件，而不是价值的源泉。机器等生产资料的性能和效率的变化固然会对具体劳动的形式和效率产生重大影响，但不能因此成为价值和剩余价值的源泉。在资本主义生产自动化的条件下，剩余价值的源泉仍然只能是雇佣工人的剩余劳动，从而生产剩余价值仍然是资本主义生产方式的绝对规律。

第一，自动化装置和机器体系再先进，也是要由人来发明、设计、制造、管理和操纵的，没有人类的劳动，任何机器都不能运转。自动化装置和机器在生产过程中仍然是作为劳动资料发挥作用的，而劳动资料的价值只能按磨损程度，通过雇佣工人的具体劳动转移到产品中去。因此，只有劳动是商品价值从而是剩余价值的唯一源泉，机器是创造价值和剩余价值的工具或物质条件，但它自身不能创造价值和剩余价值。

第二，在社会化生产中，生产劳动者的范围扩大了。它不仅包括直接操纵机器的工人，也包括与物质生产有关的科学技术人员和企业管理人员。他们共同构成生产产品的“总体工人”，共同创造价值和剩余价值。而且在“总体工人”中，复杂劳动的比重大，可以创造出更多的价值和剩余价值。

第三，首先使用高度自动化装置和先进机器的个别企业可以大幅提高劳动生产率，减少雇佣工人的数量，其生产的商品的个别价值低于社会价值，从而能获得超额剩余价值。剩余价值的来源仍然是雇佣工人的剩余劳动。

剩余价值学说是马克思经济理论的基石。剩余价值学说的创立，完成了政治经济学的伟大革命，这是马克思的伟大发现和划时代的贡献。在马克思创立剩余价值理论以前，空想社会主义者虽然猛烈抨击资本主义制度，反对资本家对工人的剥削，但是，他们不懂得资本主义制度的本质和它产生、发展和灭亡的客观规律，找不到创造新社会的社会力量和正确道路，而是企图劝说资产阶级放弃剥削，以建立符合人类理想的平等制度，这只能是无法实现的空想。只有在剩余价值学说的基础上，才能正确地认识无产阶级和资产阶级之间对立的经济根源，并进一步揭示出资本主义的基本矛盾，阐明社会主义替代资本主义的客观必然性。

十一、资本积累和资本有机构成

（一）资本积累

考察资本积累的过程，实际上就是考察资本主义扩大再生产过程中生产关系的再生产过程。

资本主义生产方式的特征，不是生产过程在原有规模上的简单重复即简单再生产，而是生产规模的不断扩大即扩大再生产。资本家与封建主和奴隶主不同，他们不是把剩余价值全部用作个人消费或是贮藏起来，而是要将剩余价值的一部分转化为资本，这种剩余价值的资本化，就是资本积累。在资本主义经济制度下，资本积累具有客观必然性，这是由两方面的因素决定的：一方面，追求剩余价值是资本主义生产的目的，这种绝对的致富欲是无止境和无限制的；另一方面，竞争作为资本主义生产方式的内在规律从外部强制支配着每一个资本家，迫使他们不断积累，进行扩大再生产，力图在竞争中获得生存和发展。不断进行资本积累和扩大再生产是资本主义生产方式的不可抑制的内在冲动。

从剩余价值的生产过程看，资本积累来源于剩余价值的资本化，资本积累的规模与剩余价值的量成正比，与劳动者的工资相对量成反比。

（二）资本有机构成

资本的不断积累和生产规模的不断扩大，会导致劳动生产率和资本有机构成的提高。

资本有机构成这一范畴涉及资本的技术构成、资本的价值构成和资本的有机构成之间的关系。资本的技术构成是从资本的物质形态上看的，它是指生产资料和劳动力之间的比例关系。资本的价值构成是从资本的价值形态上看的，它是资本分为不变资本和可变资本的比例关系。资本的价值构成和资本的技术构成之间存在着密切的关系，技术构成决定着价值构成，价值构成反映着技术构成。由资本的技术构成决定的并且反映资本的技术构成变化的资本的价值构成，叫资本的有机构成，它可以用 c∶v 来表示。从资本积累的规律看，资本的有机构成具有不断提高的趋势，资本有机构成的提高是资本积累的必然结果。资本主义生产会不断地提高劳动生产率，以缩短必要劳动时间，增加剩余劳动时间。劳动生产率的提高表现为劳动的量比它所推动的生产资料的量相对减少，或者说，表现为劳动过程的主观因素的量比客观因素的量相对减少。资本技术构成的这一变化反映在资本的价值构成上，是资本价值的不变部分的增加和可变部分的减少。不管是同一国家的不同经济时代还是同一经济时代的不同国家，耗费的生产资料价值即不变资本部分的相对量，同积累的增进成正比；用来支付劳动力价值即代表可变资本部分的相对量，一般同积累的增进成反比。例如，有一笔资本，按百分比计算，起初 50%投在生产资料上，50%投在劳动力上，随着劳动生产率的提高，80%投在生产资料上，20%投在劳动力上。资本价值构成对于资本技术构成的反映虽然只是近似的，不完全是同比例的，但是，从总体和长期的趋势看，资本的有机构成有不断提高的趋势。剩余价值不断转化为资本，表现为进入生产过程的资本量的不断增长，这种增长又成为不断扩大生产规模和提高劳动生产率的基础。因此，资本主义生产方式随着资本积累而发展，资本积累又随着资本主义生产方式的发展而增大。这两种经济因素由于这种相互推动的复合关系，引起资本技术构成的提高，从而使可变资本部分同不变资本部分相比趋于减少。

（三）资本的积聚和集中

各个企业资本有机构成的变化，一般是与各个企业资本总额的增大相联系的。而企业资本的增大主要是通过资本的积聚和资本的集中而实现的。资本的积聚是指单个资本因积累而在生产规模上的扩大，表现为所支配的生产资料和劳动力的增加，而前者的增加比例更大。资本积聚有两个特征：(1) 在其他条件不变的情况下，社会生产资料在单个资本手中积聚的发展，要受社会财富增加的限制。比如，社会生产的某种机器供不应求，单个资本应用这种机器的积聚就会受到限制。(2) 社会资本分散在许多单个资本家手中，他们作为独立的互相竞争的商品生产者彼此对立着，表现为许多单个资本的相互排斥。

但是，资本各部分之间的这种相互排斥又遇到了它们之间相互吸引的反作用，这就是资本的集中。资本的集中是资本个体独立性的消灭，是许多小资本变成少数大资本。它与资本积聚的不同之处在于：(1) 它不是单个资本依靠自身积累和积聚而增大，而是现有资本的组合。(2) 它不受社会财富绝对增长或积累的绝对界限的限制。资本积累有两个强有力的杠杆，即竞争和信用。在竞争中，大资本比小资本具有更多的竞争优势，竞争的结果往往是许多小资本的垮台，它们或者被大资本吞并，或者归于消灭。信用则像是一根根无形的线把那些分散在社会表面的大大小小的货币资金吸引到单个资本家手中。它一方面成为竞争中的一个强大的武器，从而加速了资本的吞并过程；另一方面促进了股份公司的发展，加速了资本的联合过程。资本集中补充了积累的作用，使资本家能够突破财富的绝对界限，迅速扩大经营的规模。马克思在说明资本集中的作用时曾经指出，假如必须等待积累去使某些单个资本增长到能够修建铁路的程度，那么恐怕直到今天世界上还没有铁路。但是集中通过股份公司转瞬之间就把这件事完成了。集中在这种加强和加速积累作用的同时，又扩大和加速资本技术构成的变革。因为集中和积累的发展使资本家能够扩大自己的经营规模，而经营规模的扩大，对于科学的应用和技术的提高，对于生产过程的社会化和科学化，对于劳动力和生产资料的有效使用，从而对于劳动生产率的不断提高，都有促进作用。

因此，资本积聚和集中的结果必然导致资本有机构成的提高，而资本有机构成提高的结果必然会导致相对过剩人口的产生。

十二、相对人口过剩

随着资本积累的发展和资本有机构成的提高，社会总资本中不变部分和可变部分的比例会发生变化，可变资本部分相对减少，不变资本部分则相对增加。因为对劳动的需求不是由总资本的大小决定的，而是由总资本中可变资本的大小决定的，所以在资本有机构成提高的条件下，它随着总资本的增长而相对地减少，从而对劳动的需求，同资本量相比相对地减少。资本主义积累不断地并且同它的能力和规模成比例地生产出相对的、即超过资本增殖的平均需要的、因而是过剩的人口。这种人口过剩既不是绝对的，也不是自然的，而是由资本主义制度造成的相对于资本增殖需要而言的人口过剩。

在现实经济运行过程中，相对人口过剩规律并不是以简单的、机械的方式表现出来的，而是随着资本积累运动而周期性地变化，并分布在不同的生产部门之中。从总体的和发展的趋势上看，工人在生产出资本积累的同时，也以日益扩大的规模使他们成为相对过剩人口，这就是资本主义生产方式特有的人口规律。

这种相对人口过剩是资本积累的必然产物，同时反过来又成为资本积累的杠杆，甚至成为资本主义生产方式存在的一个条件。这是因为：(1) 资本主义经济的运动是繁荣、危机、萧条和复苏等阶段组成的周期性的波动过程，资本增殖对于劳动力的需要随着经济的周期性波动而在不断发生变化，相对过剩人口的存在可以随时调节和满足不同时期资本对劳动力的需要，从而起到蓄水池的作用。(2) 相对过剩人口形成一支可供支配的产业后备军，它绝对地隶属于资本，不仅可以随时为资本增殖的需要提供劳动力资源，而且通过劳动力市场的竞争，对工人的就业和工资水平的形成施加压力，从而把劳动力市场的作用范围限制在符合资本增殖需要的界限之内。

因此，资本积累导致了两方面的结果，一方面是财富的积累，另一方面是贫困的积累。“社会的财富即执行职能的资本越大，它的增长的规模和能力越大，从而无产阶级的绝对数量和他们的劳动生产力越大，产业后备军也就越大。可供支配的劳动力同资本的膨胀力一样，是由同一些原因发展起来的。因此，产业后备军的相对量和财富的力量一同增长。但是同现役劳动军相比，这种后备军越大，常备的过剩人口也就越多，他们的贫困同他们所受的劳动折磨成反比。最后，工人阶级中贫苦阶层和产业后备军越大，官方认为需要救济的贫民也就越多。**这就是资本主义积累的绝对的、一般的规律。**”①社会的两极分化是资本主义制度的必然产物。

复习和练习

→内容提要

1. 劳动力商品的特殊性在于它具有特殊的使用价值，劳动力在使用过程中能够创造出大于其自身价值的价值，从而成为剩余价值的源泉。因此，劳动力成为商品是货币转化为资本的前提。

2. 资本主义生产过程是劳动过程和价值增殖过程的统一，其实质是价值增殖过程即剩余价值的生产过程。

3. 剩余价值就是由雇佣工人所创造的新价值中被资本家无偿占有的超过劳动力价值以上的那部分价值，它不是资本家的全部预付资本的产物，而是可变资本的产物。剩余价值率是剩余价值与可变资本的比率，它反映了资本家对工人的剥削程度。

4. 绝对剩余价值生产和相对剩余价值生产是资本主义提高剥削程度的两种方法。

5. 资本主义制度下的工资是劳动力价值或价格的转化形式。劳动力价值或价格转化为工资，表现为劳动的价值或价格，这就掩盖了资本主义的剥削关系。

6. 当剩余价值在观念上被当作全部预付资本的产物时，它就转化为利润。各个生产部门之间资本有机构成的差异导致利润率的差异，而等量资本要求获得等量利润引发的资本在不同部门之间的转移，导致平均利润率的形成，随着利润转化为平均利润，商品价值就转化为生产价格。

7. 商业资本职能是从产业资本职能中分离出来的独立发挥作用的商品资本，其职能是从事商品销售、实现剩余价值。商业利润是通过商业工人的劳动为商业资本家销售商品而瓜分到的那部分剩余价值。

8. 借贷资本是为了取得利息而暂时借给另一个资本家使用的货币资本。利息的本质是产业工人创造的剩余价值的特殊转化形式。

9. 资本主义地租是农业雇佣工人创造的、被农业资本家以地租的形式让渡给土地所有者的、超过平均利润的那部分剩余价值，它体现着土地所有者和农业资本家共同剥削农业雇佣工人的关系。资本主义地租有级差地租和绝对地租两种基本形式。

---

① 《资本论》，2 版，第 1 卷，42 页，北京，人民出版社，2004。

10. 生产剩余价值是资本主义生产方式的绝对规律。

11. 不断进行资本积累是资本发展的内在要求。资本的积聚和资本的集中，是单个资本扩大的两条途径。

12. 资本有机构成提高的结果必然会导致相对过剩人口的产生。

→关键术语

劳动力与劳动力价值/剩余价值/不变资本/可变资本/绝对剩余价值生产/剩余价值率/相对剩余价值生产/超额剩余价值/工资/利润/平均利润/生产价格/商业资本/商业利润/借贷资本/利息/地租/级差地租/绝对地租/资本积累/资本有机构成/相对过剩人口

→复习题

1. 为什么说劳动力成为商品是货币转化为资本的前提？
2. 剩余价值是如何生产出来的？
3. 试述剩余价值生产的两种基本方法。
4. 平均利润和生产价格是怎样形成的？
5. 为什么说资本主义社会中的商业利润、利息、地租是剩余价值的转化形式？
6. 资本积累、资本积聚、资本集中的区别和相互关系是怎样的？
7. 什么是资本有机构成？它对研究资本主义有什么意义？

第四章

资本的循环与周转和社会总资本再生产

我们已经知道，剩余价值是工人阶级在生产过程中用他们的劳动创造出来的。从根本上来说，离开了工人的劳动，资本家阶级手中的货币是不可能自行增殖的。但是，这并不是说只有生产过程就可以了。作为一种市场经济，流通过程对于资本主义经济同样是十分重要的。具体来说，不管资本家手里有多少货币，假如他买不到生产所需要的原材料、机器设备等各种物质生产要素，或者雇用不到合乎需要的工人、技术人员、管理人员，那么他也就无法使自己的工厂或企业真正运转起来，从而也就无法实现赚钱的目的。再假如资本家组织工人把产品生产出来了，但是没有人来买，产品卖不出去，那么，不管工人在生产中付出了多少劳动，对于资本家来说都是没有意义的，甚至还会亏本。

可见，资本家要实现赚钱的目的，离开了流通过程中是不可能的。在现实生活中，有很多资本家在赚钱，但是也有些资本家在赔钱。就整个资本主义社会经济来看，有时繁荣高涨，有时又很萧条甚至严重衰退。这其中的具体原因可能是十分复杂的，但是又绝不是没有规律可循的。现在，我们就是要从一个比较抽象的角度来考察一下，假定生产过程本身可以顺利地进行(在现实中并非总是如此)，个别资本家以及整个资本家阶级要实现价值增殖即赚钱的目的，从流通的角度来看至少还需要哪些最基本的条件？这个问题换个角度来看，也就是资本家的资本是怎样在运动过程中实现价值增殖的。

由于单个资本的运动和社会总资本的运动具有很大的不同，因此，在本章的分析中，我们按照从抽象到具体、从简单到复杂的逻辑顺序，先考察单个资本的运动过程，再分析社会总资本的运动过程。

在资本主义条件下，资本的最终所有权是属于单个资本家的（资本主义私有制），而作为经营单位的企业或公司的资本却可以是一个资本家的，也可以是众多资本家的（合伙制或股份制），但不管企业的资本所有权状况如何，每个经营单位的资本在再生产过程中总是独立地发挥职能的。各自独立发挥职能的资本就是个别资本或单个资本。显然，我们这里要分析的单个资本及其运动规律，与资本的产权实现形式无关，它既可以是自有自营资本，也可以是股份资本。

还必须指出，无论对于单个资本还是社会总资本的运动过程的分析，都是以产业资本（工业资本）作为代表形态和直接对象的，因为在各种资本形式中，只有产业资本才具有生产过程和生产职能，它对于整个资本主义生产方式的存在和发展具有决定性的意义。

重点问题

- 资本的内在矛盾使产业资本必须通过运动才能实现价值增殖。
- 资本不仅是一种特殊的生产关系，而且是一种运动。
- 单个资本的顺利循环需要一定的内在条件。
- 考察资本循环和资本周转的区别。
- 固定资本与流动资本的区别及其对资本周转的影响。
- 资本周转快慢对于资本家的意义。
- 社会总资本再生产的核心问题以及分析社会总资本再生产运动的基本理论前提。
- 社会总资本简单再生产的实现过程和实现条件。
- 社会总资本扩大再生产的前提条件和实现条件。
- 社会总资本再生产理论所要说明的核心观点。
- 资本主义经济危机产生的根源。
- 资本主义经济危机的周期性。
- 第二次世界大战以来资本主义经济危机的新特点。

一、资本的循环

（一）产业资本运动的三个阶段

谁都知道，把货币锁在箱子里，是永远也不可能生出更多的货币的。因此，资本要增殖，就必须运动起来。产业资本的运动表现为从生产到流通、从流通到生产的不断转换过程，在这个不断的转换过程中，它就具有了循环的形式，资本循环就是产业资本在运动中实现价值增殖的过程。

从产业资本的运动全过程来看，它具有购买、生产、销售三个不同的环节或阶段。

产业资本运动的第一个阶段是购买阶段。产业资本家首先以购买者的身份出现在市场上，一方面要买到生产所需的生产资料，另一方面要雇用到一定数量的、合乎生产需要的工人，从而为生产准备条件。这个过程可以用公式表示为：$G—W\left\langle\begin{matrix}A\\P_M\end{matrix}\right.$

这里 G 表示货币，W 表示商品，A 表示劳动力，P_M 表示生产资料。

在这个阶段，产业资本首先以货币的形式出现，这里的货币好像同普通消费者手里的货币没有什么不同，它同样执行着购买手段或支付手段的职能。但是，资本家手里作为资本来使用的货币同一般消费者手中用于个人消费的货币（包括资本家自己用于个人消费的那部分货币）又有本质的不同，这种差别就在于资本家不是用这部分货币进行个人消费，而是购买生产资料和劳动力，这就为剩余价值生产准备了物质条件。其中，通过购买劳动力来生产商品和剩余价值，这是资本主义生产方式区别于其他生产方式的典型特征。由于资本家手中的这部分货币执行了为剩余价值生产准备条件的这种特殊职能，因而它就表现为一种资本，我们把它叫做货币资本。资本首先必须采取货币的形式，因为只有这样资本家才能自由购买生产剩余价值所需要的各种要素，但是，货币本身并不就是资本，把一切货币都看成资本是错误的。

产业资本运动的第二个阶段是生产阶段。在这个阶段，资本家让工人运用生产资料生产出商品。这个过程用公式表示就是：$W\left\langle\begin{matrix}A\\P_M\end{matrix}\right.\cdots P\cdots W'$

这里 P 表示生产过程，W' 表示生产出来的包含有剩余价值的商品，虚线表示流通过程的中断。

表面上看起来，这里的生产同其他任何社会的生产没有什么不同，也是一个物质产品和商品的生产过程。但是，实际上它又有自己特殊的内容，即它是一个剩余价值的生产过程。因此，这里的生产资料和劳动力不仅起着生产产品和商品的作用，而且更重要的是它们起着生产剩余价值的作用，它们不仅执行着一般的生产职能，而且执行着资本的职能，从而成为资本的一种特殊形式，我们这里把用于生产资料和劳动力的资本，叫做生产资本。显然，生产资料和劳动力虽然是一切物质生产的共同要素，但是，只有在资本主义生产过程中它们才起到生产剩余价值的作用，从而表现为资本的一种形式。资本必须采取生产资料和劳动力的形式，只有这样才能生产出剩余价值，但是，生产资料和劳动力本身并不就是资本。只有在一定条件下它们才成为资本。

产业资本运动的第三个阶段是销售阶段。资本家以商品售卖者的身份再回到市场上来，把商品卖出去。这个阶段用公式表示就是：$W'-G'$

这里 G'表示增殖了的货币。

同样的，从表面上来看，这里的商品似乎同其他任何条件下生产出来的商品没有什么不同，它也要通过流通转化为一定数量的货币。但是实际上它又有自己的特殊性，即其中包含有剩余价值。资本家通过出售商品不仅要收回投资，并且要赚钱。如果商品有一部分卖不出去或全部都卖不出去，那么，要么是不能把已经生产出来的剩余价值都赚到手，要么是血本无归。所以，马克思称之为“惊险的跳跃”。这里的商品执行着收回投资（即预付资本）并实现剩余价值的职能，我们把它叫做商品资本。资本必须采取商品的形式，因为只有这样才能实现资本家赚取更多货币的目的，但是，商品本身并不就是资本，把一切商品都看成资本也是不对的。

（二）产业资本的循环

由此可见，产业资本的运动依次经过购买、生产、销售这三个阶段，分别采取货币资本、生产资本、商品资本三种职能形式，相应地完成三种职能，最后又回到原来的出发点，最终实现价值增殖。在这个过程中，资本从货币形态出发，经过一定的运动，又回到货币形态，因而，这是一个循环过程，我们把这样的过程叫做产业资本的循环。

从产业资本循环的全过程可以看出，货币资本、生产资本、商品资本并不是三种不同的、独立的资本，而是同一个产业资本在运动过程中所采取的三种不同的形式，并通过这些不同的形式完成不同的具体职能，最终实现价值增殖。从资本循环过程来看，它是生产过程和流通过程的有机统一，其中第一个阶段和第三个阶段属于流通过程，第二个阶段是生产过程。在产业资本的循环中，生产过程起着决定性的作用，因为只有生产过程才能生产出价值和剩余价值。但是，对于资本家来说，流通过程同样重要，因为在资本主义市场经济中，生产过程总是以流通过程为前提的，而且已经生产出来的剩余价值只有通过流通过程才能实现为货币，资本家才能达到赚钱的目的。

总之，产业资本循环的三个阶段是互相依赖、互为条件的，整个资本的循环以三个阶段的相互转化为前提，只要其中的某一个阶段发生了中断，资本的运动就会受到影响，资本价值增殖的目的也会大打折扣，甚至完全得不到实现。

按照资本家的愿望，最好是在最短的时间里赚最大的利润，可是，资本只有在运动中才能生出“金蛋”，把钱放在自己的箱子里是发不了财的。因此，他只能把资本不断地投入到运动中去，而且资本必须不断地经过三个阶段，不能停留在其中的任何一个阶段。连续不断的资本运动，也就是资本的循环过程。这个过程从不同的角度看，就表现为三种不同的循环，即货币资本的循环①、生产资本的循环②、商品资本的循环③，可以用公式表示如下：

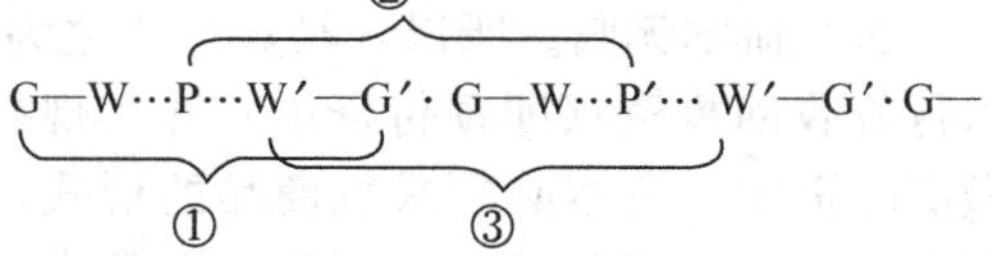

因此，产业资本的循环具有货币资本循环、生产资本循环、商品资本循环三种循环形式。这三种形式分别从不同的侧面反映了资本运动的不同特征，同时又给人们造成一定的错觉。

货币资本的循环（G……G′）表明，资本运动的目的就是价值增殖，就是赚钱。但是，它又给人们这样一个印象，好像货币本身就能生出更多的货币，这样，它本身又把剩余价值的真正来源给掩盖了。

生产资本的循环（P……P′）表明，资本的运动是一个不断地再生产和扩大再生产的过程。但是，它又给人们造成了这样一种印象，好像资本主义生产的目的就是为了生产，这样，这个形式又把资本家赚钱的真正目的和动机给掩盖了。

商品资本的循环（W′……W′）表明，资本的运动是商品不断被消费（生产消费和生活消费）和不断再生产出来的过程，并且通过这个过程，商品的数量是不断增加的。但是，这个形式又给人造成了这样一种印象，好像资本运动的目的就是生产商品，为了满足社会对商品的消费需要，这同样歪曲了资本的实际目的。

因此，从任何一个孤立的角度来看待资本的运动都是片面的，只有把三种循环形式统一起来考察，才能全面深刻地认识资本循环的本质和规律。实际上，三种循环形式都只不过是同一个资本运动所采取的不同形式，在资本的循环运动中，资本通过不同形式的不断变换，分别完成不同的职能，最后实现价值增殖。价值增殖是资本运动的核心和本质。

（三）产业资本连续循环的条件

资本家的目的是在最短的时间里赚尽可能多的钱，要实现这个目的，显然必须使他的资本在每一个时间里都能赚钱，否则，对于资本家来说都是低效率的。在资本家眼里，时间就是金钱，而要使资本能连续不断地给他带来剩余价值或利润，他就不能使自己的全部资本在一定时段只处在某一种形式、某一个阶段上，因为如果是这样，资本的循环就不是连续的，而是间断的。比如说，全部资本都采取货币形式，在它们通过流通都转化成为生产要素时，还没有生产，更没有商品销售，在这段时间资本就没有赚到钱；等到他都把生产要素投入生产过程进行生产时，他同样还没有赚到钱；只有当商品生产出来并进行销售时他才真正赚到第一笔钱。可是，当他把全部商品卖完之后，他就会重复以上的过程，这样他在全部过程中总是只有一部分时间能赚到钱。显然，这对于资本家来说是不合算的，是一种最大的时间浪费。

在一定时段内把资本全部投入到一种形式和一个阶段上，这不仅同资本家的目的和愿望不相符，而且也同资本运动的实际状况不相符。在资本的实际运动中，有一部分生产资料（固定资本）并不能在一次生产过程中全部都被消耗和转移到产品中去，而是要在生产过程中滞留较长的时间，并多次发挥作用，显然，不能等到它们完全耗费了才去进行新的原材料采购，必须保证原材料的源源不断的供应，而这一要求与原材料是一次性大量采购进行库存还是进行零星采购没有库存是无关的。另一方面，生产出来的商品多数情况下不可能指望一次性地都卖出去，而是一部分一部分地卖出去的，而且商品也是一部分一部分地连续生产出来的，因而，它们的销售也只能是一部分一部分地实现。

因此，为了保证能够连续不断地获得剩余价值，资本必须连续不断地进行循环。要实现连续循环，又必须具备两个条件：(1) 必须保持产业资本的三种职能形式在空间上并存。产业资本的每一个部分都必须顺次通过三个阶段，同时又要保持总体上的连续运动，这就必须把资本分成三部分，使它们同时处在循环过程的不同阶段上。这三种职能形式在价值上各占多大的比重，取决于企业的各种具体情况，包括生产资本的结构（特别是固定资本和流动资本的比例）、生产的技术特点和生产力水平等，也会受到市场供求状况的影响。如果不能保证资本同时存在于三种职能形式上或者这三个部分的比例不适当，都会造成资本循环的不畅，从而影响资本的价值增殖。(2) 必须保持产业资本的三种职能形式在时间上相继转化。要保持资本在总体上的连续运动，它的每一部分都必须连续不断地相继通过循环的三个阶段，依次从一种职能形式转化为另一种职能形式，实现各自的循环。否则，资本的任何一种循环在任何一个阶段上发生停顿，都会使单个资本的总循环发生或大或小的停滞。

产业资本的三种职能形式在空间上的并存和时间上的相继转化，同时也就使产业资本的三种循环形式在空间上并存，即货币资本循环、生产资本循环、商品资本循环在同时进行着，其中任何一种循环都不能发生中断，否则，必然使其他两种循环也发生中断。因而，产业资本的连续运动是三种循环形式的有机统一。

产业资本的三种职能形式在时间上的相继转化和空间上的并存，是互为条件、互为前提的。一方面，只有资本的每个不同部分能够依次相继从一个阶段转化到另一个阶段、从一种职能形式转化为另一种职能形式，才能保证资本总体在空间上的并存，因此，并列存在是由相继转化引起的；另一方面，只有资本总体分成不同的部分同时又处在三种不同的职能形式上，才能保证资本的三种职能形式之间的相继转化保持连续性，因此，并存性也是连续性的前提。

产业资本的三种职能形式在空间上的并存和时间上的继起，是单个产业资本连续循环的必要条件，而不是充分条件。事实上，在资本主义条件下，单个资本的循环会由于各种原因而经常发生或多或少的中断。

通过以上分析可以看到，资本要不断地增殖，就必须不断地进行循环，因而，不断地运动是资本的内在要求和本性，资本一旦停止了运动，价值就无法增殖，资本就不成其为资本了。因此，只能把资本理解为一种无休止的运动，而不能理解为静止物。

二、资本的周转

（一）资本周转及周转速度

资本家要使自己的资本不断增殖，就必须使资本不断地进行循环运动，资本循环不是被当作孤立的行为，而是被当作周而复始的、连续不断的过程时，就是资本周转。

资本循环和资本周转虽然都是指产业资本的运动，但是，它们又是不同的，资本循环主要是从资本职能形式的转换的角度来描述资本运动，而资本周转则主要是从价值增殖的角度来描述资本运动。与此相适应，考察它们的目的也是不同的，考察资本循环，主要是分析资本在运动中要经过哪些阶段、要采取哪些职能形式，揭示个别资本运动必须具备的基本内在条件；而考察资本周转，则是进一步分析影响资本价值运动速度的主要因素是什么、资本运动速度的快慢对于资本价值增殖的影响又是什么。

资本周转的速度，就是指资本周转的快慢程度，它可以用周转时间或周转次数这两个尺度来计量。

所谓周转时间，是指总资本价值从一个循环周期到下一个循环周期的间隔时间，即资本总价值周转一次的时间。在这里，虽然可以以货币形式、生产要素形式或者商品形式作为考察的起点和终点，但总是以资本的价值作为计算的对象，因为只有这样才能进行计算和度量。周转时间越短，说明资本周转速度越快，反之，则说明资本周转速度越慢。

所谓周转次数，指的是总资本价值在一年中周转的次数。如果已知资本周转一次的时间，就可以可用公式 $n=\frac{U}{u}$ 计算出周转次数，式中 n 表示周转次数，U 表示一年的时间，u 表示资本周转一次所需要的时间。在一年的时间内，资本周转的次数越多，表明资本周转速度越快，反之，则说明资本周转速度越慢。

总之，资本周转速度与周转时间成反比，与周转次数成正比。资本周转越快，同一资本发挥作用的次数就越多，就越能给资本家节约资本，并带来更多的剩余价值。因此，资本家总是千方百计加速资本周转。

（二）周转时间

资本周转时间是生产时间和流通时间之和。生产时间主要包括生产资料的储备时间、劳动期间、自然力作用的时间等。生产同一种产品，由于采用的机器和技术不同，管理水平不同，各个企业每个工作日即生产时间中的各组成部分是各不相同的，生产时间各部分的差别，往往反映着不同企业之间在技术水平、管理水平以及生产效率等方面的差别。不仅如此，不同的产品往往还具有不同的劳动期间。所谓劳动期间，就是指生产一个完整的产品所需要的劳动时间。从总体上来看，工业产品的劳动期间和农产品的劳动期间就有很大的不同，农业生产受自然力作用时间长、劳动中断时间多。当然，即使同样是工业产品或农产品，劳动期间也存在差别，例如，汽车和面包的劳动期间或生产周期是不同的，小麦和稻谷的劳动期间或生产周期也是不同的。在其他条件相同的情况下，生产时间和劳动期间越长，资本的周转就越慢，反之则越快。

流通时间包括生产要素的采购时间和商品的销售时间，流通时间的长短主要取决于市场供求状况的好坏、产销距离的远近、交通运输条件等因素。在其他条件相同的情况下，流通时间越短，资本的周转就越快，反之则越慢。

（三）固定资本与流动资本

资本的生产时间和流通时间的长短是影响资本周转速度的直接因素，而生产资本的结构则是影响资本周转速度的另一个主要因素。生产资本的各个部分，按照它们在价值流通和周转方式上的不同，可以划分为固定资本和流动资本。

固定资本是指以机器、厂房、工具等劳动资料的形式存在的生产资本。这部分资本在物质形式上全部参加生产过程，并且往往要在多次生产过程中反复发挥作用，虽然它们在实际上会在生产中有磨损，但是直到报废以前，它们的使用价值基本上仍然是完整的。与此不同的另一个方面是，这部分资本的价值虽然在开始的时候也是全部参加生产过程，但是它在每一次生产过程中却会一部分一部分地被转移到产品中去。由于劳动资料的价值是一部分一部分被转移到产品中去的，因而，随着商品的每一次销售，这部分资本价值也会一部分一部分地周转回来。由此可见，劳动资料在使用寿命以内，它在实物上总是固定在生产过程中的，它的价值在一部分一部分地被转移到产品中去的同时，总有部分仍然存在于劳动资料上，直到它的实物完全报废。根据劳动资料在价值流通和价值周转方式上的这种特点，我们把体现为劳动资料的生产资本叫固定资本。这里所说的价值流通主要指资本价值转移到产品中的过程，而价值周转则主要是指资本价值回到货币形式的过程。显然，资本价值的流通方式决定了资本价值的周转方式。

流动资本是指体现为原料、辅助材料、燃料等生产资料形式以及劳动力形式上的生产资本。其中，体现为原料、辅助材料、燃料等形式的生产资本，在实物上全部参加生产过程的部分（不包括库存的部分），它们的使用价值在生产过程中被全部消费掉，从而它们的价值也被全部转移到产品中去，随着产品的销售，它们的价值也被全部周转回来。体现为劳动力的这部分生产资本，它的使用价值即劳动也是参加生产过程的，但是，劳动力的价值并不是由工人的劳动转移到产品中去的，而是由工人的活劳动再生产出来的，从这一点上看，它是与原料、辅助材料、燃料等生产资料不同的。但是，从价值流通和价值周转的形式来看，它的价值也是一次性从流通过程中全部回流，这一点又是与原料、辅助材料、燃料等生产资料相同的。因而，根据这些生产资本在价值流通和价值周转上的特点，我们把它们都叫流动资本。

固定资本和流动资本不仅在价值流通和周转方式上不同，而且它们在物质更新方式和价值周转时间上也是不同的。从物质更新方式来说，固定资本的物质要素在其有效期内可以不断使用，并不需要更新，而流动资本则在每一个生产过程中被全部消费，因而需要不断更新。与此相适应，由于固定资本的使用寿命比流动资本长，因而，它的周转时间也长，固定资本的一次周转往往包含流动资本的多次周转。例如生产某种产品使用的机器需要 10 年更新一次，而所使用的原材料则是 3 个月或 3 天更新一次。显然，机器是 10 年更新了一次，即周转了一次，而原材料在 10 年时间内则是更新或周转了 40 次或 1 200 多次。原材料更新时间的长短主要取决于产品的生产周期的长短，例如生产面粉所需要的小麦的更新时间就非常短，而生产汽车所需要的零部件的更新时间就相对比较长，而建造房屋所需要的钢筋和水泥的更新时间就更长。

生产资本既可以划分为不变资本和可变资本，又可以划分为固定资本和流动资本，但是，这两种划分的根据、意义和内容却是不同的，不能混淆。不变资本和可变资本的划分，是根据生产资本的不同部分在剩余价值生产中的不同作用来进行的，其意义在于揭示了剩余价值的真正来源，并且可以据此进一步分析资本家对工人的剥削程度。而固定资本和流动资本的划分，则是根据生产资本的不同部分在价值流通和价值周转方式上的不同特点来进行的，其意义在于揭示它们对于资本周转速度的影响，进而揭示资本周转速度对于预付资本量及剩余价值生产的影响。从内容上看，不变资本包括全部生产资料，可变资本则只是指劳动力，而固定资本只包括不变资本中的全部劳动资料部分，流动资本则既包括不变资本中的原料、辅助材料、燃料等，也包括可变资本部分即用于劳动力的资本。因而，不变资本和可变资本同固定资本和流动资本在物质构成上是交叉的，不能混为一谈。

生产资本的两种不同的划分，从不同的侧面反映了资本运动的不同规律，所以都是科学的。但是，资产阶级经济学家只有固定资本和流动资本的划分，而没有不变资本和可变资本的划分，他们这样做的目的，是为了抹杀工人的剩余劳动是剩余价值的真正源泉，从而掩盖资本家对工人的剥削关系。此外，资产阶级经济学家对于固定资本和流动资本的划分也并不总是正确的，他们有时以劳动资料的物质属性（例如，是否存在位置移动）作为这种划分的依据，而且他们也经常把流动资本与流通资本相混淆。流通资本是指存在于流通中的资本，包括货币资本和商品资本，显然，它与作为生产资本的流动资本是完全不同的。

固定资本同流动资本相比较而言，在价值流通和价值周转上具有更复杂的特点，因而有必要对这个问题作进一步的说明。

如上所述，固定资本的价值是按照它的磨损程度一部分一部分地被转移到新产品中去的。而固定资本的磨损又分为有形磨损和无形磨损两种。固定资本的有形磨损是指由于生产性使用或自然力的作用而造成的固定资本在物质上和价值上的损耗，又叫物质损耗。固定资本的物质损耗同它在使用价值上的耗费并不是同一的，一般说来，在某种限度以内，固定资本物质上的损耗并不影响它的使用价值，而一旦达到某个限度，则它的使用价值就有可能完全丧失，机器、厂房等往往都是如此。固定资本的价值正是根据它在物质上的损耗一部分一部分被转移到产品中去的。固定资本的无形磨损是指固定资本由于劳动生产率的提高而引起的价值损失，又叫精神损耗。根据劳动生产率提高所造成的不同影响，固定资本的无形磨损又分为两种。一种是由于生产完全同类的劳动资料的劳动生产率提高，从而造成了原有的固定资本价值的下降；另一种则是由于出现了更为低廉的替代品，从而引起了原有固定资本价值的贬损。无论是哪一种无形损耗，固定资本的这种价值上的损耗是不能完全被转移到产品中去的。正因为如此，在科技进步和产品更新换代加快、劳动生产率不断提高的当代，为了尽可能减少无形损耗带来的损失，资本家往往通过延长工人的劳动时间、提高工人的劳动强度、增加工人的劳动班次等办法来提高固定资本的利用率。另外，通过加速固定资本的折旧也可以在一定程度上达到相同的效果。

为了使再生产能够继续进行，固定资本在实物上必须得到更新，而这一点又是以其价值上的补偿为前提的。固定资本的价值按照其磨损的程度逐渐被转移到产品中去，随着产品的销售，已经被转移的这部分价值不断以货币形式积累起来的过程就叫固定资本折旧，以这种方式积累起来的用于补偿固定资本价值的货币叫折旧基金或折旧费。由于固定资本本身是由不同的部分组成的，它们的使用寿命是各不相同的，因而，固定资本各组成部分的折旧费分别按它们各自的使用寿命（一般以年为单位）进行计算，用公式表示即为：

$$折旧费=\frac{固定资本原始价值}{固定资本使用年限}$$

固定资本折旧费与固定资本原始价值之间的比率叫折旧率。

固定资本是由不同的部分组成的，它们在实物上的替换和更新也是不同的，有的是在整体上一次性更新，有的则是一部分一部分更新，即局部更新。固定资本的局部更新是通过大修理的形式来进行的，大修理所耗费的价值（包括生产资料价值和劳动力价值）由折旧费来补偿。另外，为了保持固定资本的正常功能，还需要进行日常维护和小修理。在固定资本的小修理和日常维护上所发生的费用，不是由固定资本折旧费来补偿，而是作为流动资本中的非生产性费用由产品价值来补偿。

（四）预付资本的总周转

固定资本和流动资本的周转速度不同，而预付的生产资本的总周转则是固定资本和流动资本的平均周转。由于固定资本和流动资本的价值流通和周转方式都是不同的，在考察单个资本的周转速度时，必须计算预付的货币资本的总周转，因为只有在预付的货币资本的形态上，才能对固定资本和流动资本的价值周转进行平均计算。预付资本的总周转次数可用下列公式计算：

$$\text{预付资本一年中的总周转次数}=\frac{\text{一年中固定资本周转的价值额}+\text{一年中流动资本周转的价值额}}{\text{预付资本总额}}$$

从上述公式可以看出，影响预付资本总周转次数的主要因素有两个，一个是固定资本和流动各占多大的比例，一个是固定资本和流动资本各自的周转速度。一般来说，在固定资本和流动资本的周转速度一定的条件下，固定资本所占的比重越大，预付资本的总周转速度就越慢，反之，则越快；在固定资本和流动资本的比例一定的条件下，预付资本的总周转速度与固定资本和流动资本的周转速度成正方向变化。虽然固定资本一年中周转的价值额往往是小于固定资本总价值的，但是，由于流动资本一年中可以有多次周转，因而，一年中周转的资本价值总额仍有可能超过预付资本总额，从而使预付资本周转次数大于 1。

（五）资本周转速度的影响

资本周转速度的快慢对于资本具有重要的影响和意义，一方面它会影响投资中所需要的预付货币资本量的大小，另一方面它会影响一定数量的资本在一年中生产的剩余价值量的多少。

资本周转速度对于预付资本量的影响，主要是由劳动期间和流通期间的长短来决定的。一般来说，劳动期间（指制造一个完整的成品所需要的连续工作日）和流通期间（这里主要指商品资本转化为货币资本的时间，而不包括货币资本再转化为生产资本的时间）越长，资本周转速度也就越慢，需要的预付资本量就越大，反之，则需要的预付资本量就越小。例如，在其他条件都相同的情况下，如果资本 A 的劳动期间是 9 周，流通期间是 3 周，每周所需要的流动资本量假定为 100 单位，那么，在这 12 周不断进行投资，才能把产品转化成货币，因而总共需要 1 200 单位预付流动资本；如果资本 B 的劳动期间是 3 周，流通期间是 1 周，每周所需要的流动资本量也是 100 单位，那么，它总共需要 400 单位预付流动资本。如果资本 A 和资本 B 的固定资本相同，那么它们的预付资本量就会大不相同。当然，生产期间和流通期间之间会存在不同的对比关系，这也是影响预付资本量的一个重要因素。

资本周转速度对剩余价值生产的影响，主要体现为可变资本的周转对年剩余价值量和年剩余价值率的影响。

年剩余价值就是资本在一年中剥削的剩余价值总量。在全部预付资本中，只有可变资本才能产生剩余价值，因此，可变资本的周转速度越快，同一预付的可变资本在一年中发挥作用的次数也就越多，剥削的劳动力数量也越多，从而它给资本家带来的年剩余价值量也越多。年剩余价值与可变资本周转次数的关系可以表示为：$M=m'\cdot v\cdot n$，其中 M 表示年剩余价值量，m'表示剩余价值率，v 表示预付可变资本，n 表示可变资本周转次数。从这个关系式可以看出，年剩余价值量与可变资本的周转速度成正比，只要可变资本在一年内的周转次数大于 1，那么，年剩余价值就会大于剩余价值（$m=m'\cdot v$）。

年剩余价值率就是年剩余价值量与预付可变资本的比率，用公式表示为 $M'=\frac{M}{v}$。把年剩余价值量的计算公式考虑进来，则有：$M'=\frac{m'\cdot v\cdot n}{v}=m'\cdot n$。

从上述公式可以看出，在剩余价值率相同的情况下，可变资本周转次数不同，就会有不同的年剩余价值率，只要可变资本在一年内的周转次数大于 1，那么，年剩余价值率就会大于剩余价值率。年剩余价值率与剩余价值率不仅在数量上往往是不同的，而且它们所表示的关系也是不一样的。剩余价值率是剩余价值与预付可变资本的比率，它反映的是资本家对工人的剥削程度。年剩余价值率是年剩余价值量与预付可变资本的比率，它反映的是预付的可变资本在一年中的增殖程度。

上述分析表明，资本周转速度的快慢不仅会影响预付资本量的大小，而且也会直接影响剩余价值的生产。因此，加速资本周转对于资本家来说就是非常重要的，为了节约预付资本，剥削更多的剩余价值，资本家会采取各种办法来加速资本周转。

三、社会总资本的再生产和流通

（一）社会总资本及其运动

在资本主义市场经济中，从经营决策上说，每一单个资本都是独立的经济实体，生产什么、怎样生产、生产多少，都是独立进行决策的，而且在经济上由它们的所有者自负盈亏。因而，从这些单个资本自身的运动和运行来看，它们似乎是互不相干的。但是，实际上所有的单个资本都不可能是孤立存在和运行的，而是互相联系、互相依存的。这是因为，资本主义经济是以社会分工、社会化大生产为基础的市场经济，在这种市场经济体系中，每个生产经营单位（企业）互为市场，互相提供需求和供给。正是通过市场，每个企业获得由别的企业提供的生产和经营上所必需的各种资源、服务和信息，同时，每个企业又通过市场向社会上其他的企业提供各种产品、服务和信息。在社会分工的条件下，任何一个生产经营单位都不可能离开整个市场环境而孤立存在。由互相联系、互相依存的所有单个资本所组成的总和就是社会总资本。

从数量上看，社会总资本量无非是所有单个资本量的总和。但是，从运动的角度看，社会总资本的运动与单个资本的运动具有更为复杂的关系，社会总资本运动具有与单个资本运动不同的特点和规律，这也是必须对它进行独立考察的原因。研究社会总资本再生产运动，不仅要考察这种运动的形式，而且要进一步探讨这种运动的条件，揭示其内在的规律性。

从上述说明中我们可以看出，单个资本是在运动中即在不断地循环和周转中才互相发生关系的，因而，社会总资本这一范畴也只有在这种运动中才获得真正的意义，离开了这种运动，社会总资本就只是一个单纯的统计上的概念，而没有经济学的含义。资本主义社会里，单个资本在不断地循环和周转运动中所形成的相互交错、互为条件的资本运动总体，即社会总资本的运动。

既然社会总资本的运动是由单个资本的运动总体构成的，因而，社会总资本运动与单个资本运动有许多相同的特点：从运动内容来看，都包含着剩余价值生产过程；从运动形式来看，都先后采取货币资本、生产资本、商品资本三种职能形式，并完成三种循环；从运动的环节和过程来看，都要经过购买、生产、销售三个阶段，都是生产过程和流通过程的统一；从运动的目的来看，都是为了实现资本的价值增殖。

但是另一方面，社会总资本运动又具有与单个资本运动不同的特征，具体表现在以下几个方面：

首先，社会总资本运动既包括生产消费以及与此相适应的资本流通，又包括个人消费以及与此相适应的一般商品流通。单个资本运动只包括生产消费以及与此相适应的资本流通，而不包括工人和资本家的个人消费以及与此相适应的一般商品流通。尽管在实际生活中，每一个企业的工人和资本家都要进行个人消费，都要购买个人生活消费品和服务，但是这种个人生活消费以及与此相适应的一般商品流通，是在单个资本运动以外进行的，而不构成单个资本运动本身的内容，而且单个资本运动恰好是以它们的存在和正常进行为条件的。社会总资本运动则与此不同，从社会总资本的运动来看，资本家和工人的个人消费以及为此而进行的个人消费品购买行为本身虽然并不是在资本家的企业内进行的，但是，这种行为也是社会总资本运动的一部分，因为资本家和工人购买一般消费品的过程，也就是生产这些商品的资本家出卖商品的过程。对于资本家和工人的个人消费来说，是用货币购买商品，而这同一过程对于资本运动来说则是商品资本到货币资本的转化，显然，如果没有这种过程，整个社会总资本的运动是无法进行的，因而，这个过程就是社会总资本运动的一个重要组成部分。

其次，社会总资本运动不仅包括预付资本价值的运动，而且包括全部剩余价值的流通。考察单个资本运动时，我们只考察预付资本价值的流通和周转，以及扩大再生产时通过积累而资本化的那部分剩余价值的流通，资本家用于个人消费的那部分剩余价值的流通则是不包括在单个资本运动中的。而考察社会总资本运动时，则必须将全部剩余价值的流通都纳入考察的范围。

最后，考察社会总资本运动不仅要考察资本的价值补偿，而且要考察资本的实物补偿。考察单个资本运动时，重点在于考察资本价值的流通和周转，而资本各部分在物质上的补偿则被看做不成问题的。考察社会总资本运动时，则不能再假设资本各部分在物质上的补偿没有问题了，因为如果这样假设，那也就把正需要分析的问题舍象掉了。对于社会总资本运动而言，重要的问题之一就在于资本各部分能不能以及如何在物质上得到补偿，只有这种补偿实现了，社会总资本运动才能得以正常进行，否则，社会总资本运动就会发生困难。

社会总资本运动的上述特点决定了我们在研究社会总资本的再生产及其流通过程时，必须以社会总产品作为出发点，从而必须以商品资本循环公式作为考察的直接对象，因为只有社会总产品及其运动才全面地反映了上述特点和要求。所谓社会总产品，就是指社会各个物质生产部门在一定时期内（通常以年度为单位）所生产出来的全部物质产品的总和。社会总产品也就是社会的商品资本总体，它们的价值也就是社会总产值。显然，社会总产品是整个社会存在和发展的基础，也是社会总资本运动的结果和条件。只有社会总资本运动顺利完成了，社会总产品才能生产出来；只有社会总产品全部实现了，社会总资本运动所需要的各种物质要素才能得到补偿，从而社会总资本运动才能继续进行下去。

（二）社会总资本再生产的核心问题

从社会总产品出发来考察社会总资本运动，核心问题就是社会总产品的实现和补偿问题。社会总资本的再生产运动过程也就是社会总产品不断实现以及它的各组成部分不断得到补偿的过程。所谓社会总产品的实现，就是指社会商品资本到货币资本的转化，也就是社会总产品在价值上的补偿，即社会总产品各个组成部分的价值如何通过商品的出售以货币形式回流，用于补偿在生产中预付的不变资本和可变资本，并且取得剩余价值。价值补偿完成以后，还有一个实物补偿问题，即社会总产品各个组成部分转化为货币以后，必须进一步转化为所需要的物质产品，其中，相当于不变资本价值的部分，如何重新取得所需要的生产资料；相当于可变资本价值的部分以及资本家用于个人消费的剩余价值部分，如何重新取得所需要的生活资料。当然，如果是扩大再生产而不仅是简单再生产，那么，资本家一方面会减少用于个人消费的剩余价值以及生活资料，但是另一方面又会增加用于追加的不变资本价值以及生产资料，还会增加用于追加雇佣工人的可变资本价值以及消费资料。因而，扩大再生产中，不仅有价值和物质的补偿，而且还有价值和物质的追加。但是，这并不改变社会总资本再生产问题的实质。

可见，社会总产品的价值补偿是物质补偿的前提，只有预付的不变资本和可变资本价值都得到补偿，同时获得剩余价值，才能重新购买再生产所需要的生产资料和劳动力，社会再生产才能重新进行。如果社会总产品全部不能或不能全部销售出去，生产这些产品所消耗的资本价值就不能或不能全部得到补偿，已经生产出来的剩余价值就不能或不能完全得到实现，这样社会再生产就无法正常进行。而社会总产品的物质补偿是社会总资本运动正常进行的关键。社会总资本再生产运动要正常进行，最起码的条件就是要保证上一个生产过程中所消耗掉的生产资料和消费资料能够得到补偿和替换，否则，社会再生产过程就会发生中断或者萎缩。可见，社会总产品的实现问题是社会总资本再生产的核心问题。研究社会总资本的再生产和流通，核心问题就是要说明，生产社会总产品时所消耗的生产资料和消费资料能否从社会总产品中得到补偿，这种补偿是如何进行的，以及在什么条件下才能顺利实现这种补偿等问题，其中，社会总产品的实现条件，更是这个核心问题的核心。

（三）分析社会总资本再生产的理论前提和假设条件

既然社会总产品的实现问题是社会总资本再生产的核心问题，那么，为了揭示社会总资本再生产的过程和规律，就必须对社会总产品的构成以及与此相应的社会生产的类别进行分析。由于社会总产品的补偿或实现包括实物和价值两个方面，因此，我们就必须从使用价值和价值两个方面来分析社会总产品和社会总资本再生产。

首先，从社会总产品的实物或使用价值上来看，在最终用途上，不是用于生产就是用于生活，因而，它们可分为生产资料和消费资料两大类。其中，生产资料用于补偿生产中已经消耗掉的生产资料以及用于扩大再生产的追加生产资料，消费资料则用于满足资本家和工人的个人生活需要。从社会总产品的价值上来看，它包含了不变资本（c）、可变资本（v）和剩余价值（m）三个组成部分。其中，不变资本价值是旧价值的转移，用于补偿生产中消耗的生产资料的价值，可变资本和剩余价值是工人创造的新价值，前者用于补偿生产中已消耗掉的预付可变资本，后者用于资本家的个人消费以及扩大再生产的资本积累。与社会总产品的实物形态相适应，可以把社会生产分成两大部类，生产生产资料的所有部门和企业构成了第一部类（用符号“Ⅰ”表示），生产消费资料的所有部门和企业构成了第二部类（用符号“Ⅱ”表示）。

关于社会总产品的实物构成和价值构成以及社会生产划分为两大部类的原理，是马克思研究社会总资本再生产运动的两个基本原理，它是进一步分析社会总资本再生产运动的理论前提。正是因为根据社会总产品的实物和使用价值上的构成把社会生产分成两大部类，才指明了社会总产品实现的基本途径，即两大部类内部以及两大部类之间的交换；也正因为把社会总产品的价值分成三个组成部分，才有可能依据它们各自的性质和用途去发现它们实现的途径。同时，这两个方面的划分还指明了价值补偿和实物替换的相互联系及其制约关系。马克思正是从劳动二重性理论和这两个基本原理出发，才科学地解决了资产阶级经济学在社会总资本再生产问题上长期未能解决的问题，为最终揭示社会总资本再生产和流通的规律性奠定了坚实的理论基础。

社会总资本再生产和流通是一个十分复杂的过程，为了便于揭示出社会总资本再生产的规律，在理论分析上就必须进行合理的抽象，排除一些不利于说明这种规律性的次要因素及其影响。因此，在分析社会总资本再生产问题时我们提出如下几个必要的假设：(1) 所考察的是纯粹的资本主义经济，因而，整个社会只存在资本家和雇佣工人这两个阶级，从而不存在剩余价值在其他阶级中的分配问题。(2) 不变资本价值的周转时间是一年，因此，在一年的生产过程中，不变资本的价值全部转移到新产品中去。(3) 全部商品都按价值出卖，商品的价格与价值完全一致。(4) 全部社会产品都在一国范围内得到补偿和实现，没有对外经济关系。(5) 剩余价值率为 100%。如果修改这些假设中的任何一个，那么问题就会变得更加复杂，但是，问题的实质并不因此发生改变。

资本主义再生产的特征是扩大再生产，而不是简单再生产，但是，我们在考察社会总资本再生产问题时又必须从简单再生产开始，并且以它为重点。这主要是因为：一方面，从社会总资本再生产的实际运动来看，简单再生产不仅是扩大再生产的基础和组成部分，而且它直接为扩大再生产提供了前提；另一方面，从理论的角度来看，困难不在于说明与扩大再生产直接相关的资本积累是如何实现的，而在于揭示社会总产品实现的基本途径和规律，从简单再生产出发，把简单再生产条件下的社会总产品的实现和补偿问题解决了，扩大再生产的实现问题也就比较容易解决了。从简单再生产再到扩大再生产，符合从简单到复杂的认识规律。

（四）社会总资本的简单再生产及其实现条件

为了分析社会总资本简单再生产过程和实现条件，也为了说明上的便利，马克思从社会总产品的价值构成和社会生产两大部类的原理开始，设计了一个具体的典型例证，制定了简单再生产的如下图式：

$$\text{Ⅰ}\ 4\,000c+1\,000v+1\,000m=6\,000$$
$$\text{Ⅱ}\ 2\,000c+500v+500m=3\,000$$

在这个图示中，两大部类的产品价值总额即社会年总产品价值为 9 000（6 000+3 000）货币单位，第一部类产品价值为 6 000，其中不变资本价值为 4 000，可变资本价值为 1 000，剩余价值为 1 000，第一部类全部产品都表现为生产资料；第二部类产品价值为 3 000，其中不变资本价值为2 000，可变资本价值为500，剩余价值为500，第二部类全部产品都表现为消费资料。

在资本主义条件下，一切物质产品都是商品，因而，社会总产品的实现都是通过市场交换来进行的。社会总产品的各个组成部分实现价值补偿和实物补偿的过程，也就是社会总资本再生产的实现过程，这个过程主要包括以下三个方面的交换过程：

第一，第一部类内部各部门和各企业之间的交换。第一部类中的产品4 000c，在实物上是由各种生产资料所构成的，在价值上则代表本部类已消耗掉的不变资本价值。为了维持简单再生产的正常进行，生产中消耗了的4 000c必须用新生产出来的生产资料来补偿和替换，而这4 000c在实物形态上就是新生产出来的生产资料，因此，这部分产品在价值和实物上的实现和替换可以在第一部类内部实现，即主要通过第一部类内部各部门各企业之间的产品交换而得到实现，另有少数生产资料因可直接留归本企业内部使用而不需要同其他企业进行交换(例如发电厂自己用的电、钢铁厂自己用的钢铁等)。

第二，第二部类内部各部门和各企业之间的交换。第二部类中的产品500v和500m，在实物上由各种消费资料所构成，在价值上代表本部类工人和资本家个人消费的可变资本价值和剩余价值。为了维持再生产的进行，工人和资本家在个人生活消费中所消耗掉的消费资料同样必须用消费资料来补偿，而第二部类中的500v+500m在实物形态上就是各种消费资料，因此，这部分产品在价值和实物上的实现和补偿也可以在第二部类内部实现，即通过第二部类的工人和资本家购买本部类的各种生活消费品而得到实现。其中，500v都必须通过市场来实现并得到补偿，而500m的一部分则有可能不通过市场来实现和补偿，例如生产面包的资本家也许并不需要通过市场去购买自己所消费的面包，但这部分在其消费中的比例是极小的。

第三，两大部类之间的交换。第一部类中的产品1 000v和1 000m在价值上代表本部类的可变资本价值和剩余价值，用于第一部类的工人和资本的个人消费，但这些产品在实物形态上却是生产资料，它们不能直接进入个人消费，因而无法直接用它们来补偿第一部类已经消耗掉的消费资料，而必须和第二部类的消费资料进行交换，以换取消费资料。第二部类的产品2 000c在价值上代表第二部类已消耗掉的不变资本价值，但它在实物形态上却是消费资料，因而也无法直接用来替换第二部类所需要的生产资料，从而也无法在第二部类内部来实现和补偿，而必须和第一部类的生产资料进行交换。因此，两大部类都有部分产品需要进行交换。在上述图例中，第一部类中价值 1 000v＋1 000m 的生产资料，与第二部类中价值 2 000c 的消费资料正好价值相等，因此，通过它们的交换，第一部类把价值 2 000 的生产资料卖给第二部类的资本家，同时，从第二部类购买自己所需要的消费资料；在同一过程中，第二部类的资本家把价值 2 000 的消费资料卖给第一部类，并从第一部类购买自己所需要的生产资料。

在两个部类的交换过程中，不仅有两大部类的资本家之间的交换，而且有第一部类的工人和第二部类的资本家之间的交换，而且事实上，全部交换正是从第一部类的工人同第二部类的资本家之间的交换开始的。具体来说，第一部类的工人先用资本家预付的相当于 1 000v 的货币工资与第二部类的资本家的价值 1 000c 的消费资料相交换，通过这个交换，工人得到消费资料，第二部类的资本家得到货币，然后他再用这部分货币去购买第一部类的价值额相同的生产资料，使第一部类 1 000v＋1 000m 中价值 1 000 的生产资料得到实现，第一部类的资本家进一步用这个货币再去购买第二部类的消费资料，从而使第二部类剩下的消费资料得到实现，第二部类的资本家再用这部分货币去购买所需要的生产资料，从而使第一部类价值 1 000v＋1 000m 中剩下的生产资料得到实现。通过上述过程，第一部类的资本家和工人得到了消费资料，第二部类的资本家得到了生产资料。

上述三大交换过程可以图示如下：

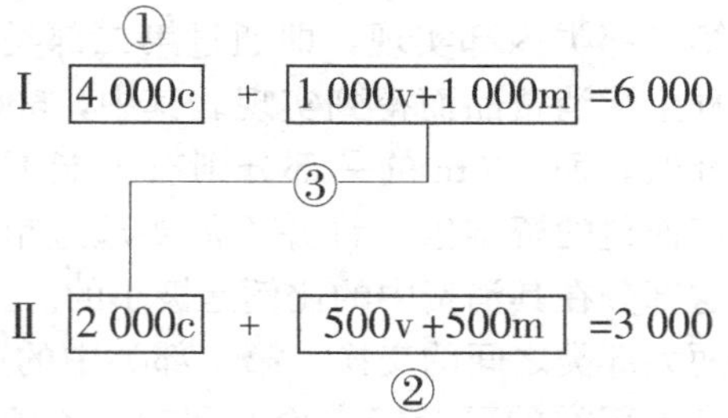

通过以上三个方面的交换，社会总产品的各部分不仅在价值上得到实现和补偿，而且在实物上也得到替换，这样简单再生产就可以继续进行了。需要明确的是，上述三方面的交换绝不是一次完成的，而是在一年中经过各部门、各企业的资本家以及工人的无数次交换逐步完成的，社会总资本再生产过程本身就是这种复杂的商品交换和商品流通的过程。

以上的分析表明，社会总资本简单再生产的实现必须具备一定的基本条件，即两大部类的生产之间必须保持一定的比例关系。具体来说，就是第一部类的可变资本价值和剩余价值之和，必须等于第二部类的不变资本价值，用公式表示即：

$$\mathrm{I}(v+m)=\mathrm{II}c$$

这个条件表明，在社会总资本简单再生产条件下，社会生产两大部类之间存在着互为条件、相互依存、相互制约的内在联系，即第一部类提供给第二部类的生产资料和第二部类对生产资料的需求之间、第二部类提供给第一部类的消费资料和第一部类对消费资料的需求之间，必须保持一定的比例关系（不仅是一种数量关系，而且也是一种结构关系）。

所以，$\mathrm{I}(v+m)=\mathrm{II}c$ 是社会总资本简单再生产得以实现的基本条件。如果 $\mathrm{I}(v+m)<\mathrm{II}c$，第二部类所生产的消费资料不能得到完全实现，出现了生产过剩，同时，第二部类所消耗的不变资本和生产资料也不能得到充分补偿和替换。同样，如果 $\mathrm{I}(v+m)>\mathrm{II}c$，第一部类所生产的一部分生产资料就不能实现，出现了生产过剩，同时，第一部类所消耗掉的生活资料也得不到充分补偿。在这两种情况下，再生产条件都遭到破坏，从而使社会总产品的实现都遇到困难。

从 $\mathrm{I}(v+m)=\mathrm{II}c$ 这个基本条件中可以引申出另外两个条件：

一个条件是 $\mathrm{I}(c+v+m)=\mathrm{I}c+\mathrm{II}c$，它反映第一部类的生产与两大部类对生产资料的需求之间的内在联系，即第一部类生产的生产资料价值总和，必须等于两大部类所消耗的不变资本价值的总和，同时，第一部类所生产的生产资料在使用价值上还必须与两大部类对于生产资料的需要相符合。如果满足不了这个条件，社会总资本简单再生产就不可能顺利进行。这个公式表示了生产资料生产与需求之间的关系。

另一个条件是 $\mathrm{II}(c+v+m)=\mathrm{I}(v+m)+\mathrm{II}(v+m)$，它反映第二部类的生产与两大部类的工人和资本家对消费资料需求的内在联系，即第二部类生产的消费资料价值总和，必须等于两大部类的可变资本价值和剩余价值的总和，同时，第二部类所生产的消费资料在使用价值上还必须与两大部类对于消费资料的需要相符合。如果满足不了这个条件，社会总资本简单再生产同样不可能顺利进行。这个公式表示了消费资料生产与需求之间的关系。

上述三个公式，体现了简单再生产过程中，两大部类之间以及两大部类内部都应遵循的基本比例关系，这些基本比例关系从不同侧面反映了社会总资本简单再生产的规律性，即社会生产与社会消费之间、社会生产两大部类之间、生产资料生产与生产消费之间、消费资料生产与生活消费之间、供给与需求之间，在使用价值和价值两个方面都必须保持一定的比例关系，只有这样，社会生产和生活才能得以正常进行。这正是马克思的社会总资本再生产理论所揭示的基本内容。

上述分析实际上假设的是一种物物交换，把货币流通舍象掉了。那么，这是否意味着这种分析不符合资本主义市场经济实际呢？其实，把货币流通加进来并不会改变问题的性质，因为资本家的货币积累是整个社会总资本再生产的前提，而且资本循环理论告诉我们，货币资本同生产资本、商品资本总是同时存在的，因此，从社会总资本再生产过程来看，无论是两大部类内部资本家之间的交换，还是两大部类之间的交换，实际上总是货币与商品的交换，而不是物物交换。具体来说，第一部类内部的交换（即价值上等于Ⅰc 的这部分产品），总是一部分资本家的货币（表现为不变资本的那部分货币资本）同另一部分资本家的产品（生产资料）进行交换；第二部类内部的交换［即价值上等于Ⅱ（v+m）的这部分产品］，则是工人先用得到的工资（即Ⅱv）与资本家的产品进行交换，然后，资本家再用得到的货币购买消费品；两大部类之间的交换，则是先由第一部类的工人用得到的工资（即Ⅰv）购买第二部类的消费品，第二部类的资本家再用这部分货币去购买第一部类的生产资料，然后，第一部类资本家用回流的货币去购买第二部类的消费品，最后，第二部类的资本家再用这部分货币进一步购买第一部类的生产资料。在所有这些交换中，资本家预付的货币最后都回流到他们手中。由此可见，把货币流通因素考虑进来并不改变问题的性质。由于资本家已经进行了货币资本的积累这一点是全部再生产的前提，同时，还存在着货币（金或银）本身的不断生产和再生产，从而也不存在流通中的货币从哪里来的问题。

（五）社会总资本的扩大再生产及其前提条件和实现条件

如同单个资本的扩大再生产一样，社会总资本的扩大再生产同样以资本积累为前提。资本积累所形成的追加的资本分为两部分，一部分作为追加不变资本价值，用于购买追加的生产资料，另一部分作为追加可变资本价值，用于购买追加的劳动力。资本主义产业后备军提供了现成的追加劳动力，因此，主要问题在于社会总产品能否为扩大再生产的进行提供追加的生产资料和追加劳动力所需要的追加消费资料。

扩大再生产所追加的生产资料都是第一部类生产的，因此，第一部类的年产品除了满足两大部类简单再生产对生产资料的需要外，还必须有一个余额，用以满足两大部类扩大再生产对追加生产资料的需要。用公式表示就是：Ⅰ(c+v+m)＞Ⅰc+Ⅱc，简化后即：

Ⅰ(v+m)＞Ⅱc

这个公式表明，第一部类向第二部类提供的生产资料，除了满足第二部类简单再生产对生产资料的需要外，还必须有剩余，以满足两大部类扩大再生产对追加生产资料的需要，这就是社会总资本扩大再生产的第一个基本前提条件。

同样的道理，第二部类的年产品，除了满足两大部类简单再生产过程中工人和资本家对消费资料的需求外，也必须有一个余额，用以满足两大部类扩大再生产对追加消费资料的需要。如果用 m /x 表示剩余价值中供资本家个人消费的部分，那么，m－m /x 就表示剩余价值中供积累用的部分。上述要求用公式表示为Ⅱ(c+v+m)＞Ⅰ(v+m/x)+Ⅱ(v+m/x)，简化后即：

Ⅱ(c+m－m/x)＞Ⅰ(v+m/x)

这个公式表明，第二部类向第一部类提供的消费资料，除了满足第一部类简单再生产时工人和资本家的个人消费需要外，还必须有一个余额，用以满足两大部类扩大再生产对追加消费资料的需要，这就是社会总资本扩大再生产的另一个基本前提条件。

只有同时满足以上两个基本前提条件，资本积累才有可能转化为实际的扩大再生产。

通过资本积累，使简单再生产转化为扩大再生产，就必须使社会总产品和社会生产结构按照扩大再生产的上述两个前提条件进行调整和重新组合，使社会总产品的各组成部分全部得到实现。根据这个要求，马克思设计和制定了适合于扩大再生产的如下图示：

Ⅰ　4 000c+1 000v+1 000m=6 000

Ⅱ　1 500c+750v+750m=3 000

在这个图示中，Ⅰ(1 000v+1 000m)＞Ⅱ1 500c，符合Ⅰ(v+m)＞Ⅱc 这个扩大再生产的基本前提条件，具备了进行资本积累和扩大再生产的可能。在资本积累过程中，社会总产品必须提供追加的生产资料和消费资料，这样，社会年总产品 9 000 就必须按扩大再生产的要求重新加以调整和组合。

假定第一部类的资本积累率是 50%，即资本家把剩余价值 1 000 中的一半用于积累，另一半用于资本家个人消费，同时假定积累的资本按原有的资本有机构成进行追加，那么用于积累的 500m 就转化为追加不变资本 400Δc 和追加可变资本 100Δv。这样，第一部类的年产品价值按照扩大再生产的用途重新组合成如下几个部分：

Ⅰ(4 000c＋400Δc)＋(1 000v＋100Δv)＋500m＝6 000

即：　Ⅰ 4 400c＋1 100v＋500m＝6 000

其中，4 400c 代表用于维持和扩大第一部类再生产的生产资料价值，它的实物形态是生产资料，因而这部分产品可以在第一部类内部通过各部门各企业之间的交换得到实现和替换。1 100v 和 500m 在价值上代表第一部类工人和资本家用于个人消费的价值，而它的实物形态是生产资料，因而这部分产品只有通过与第二部类的消费资料进行交换才能得到实现和替换，同时使第二部类消耗掉的生产资料得到替换和补偿。

由于第二部类需要在实物上替换的不变资本价值只有 1 500c，比第一部类需要与之交换的 1 100v＋500m 少 100 个单位，因此，第二部类资本家有必要从剩余价值 750m 中提取 100，用作追加不变资本。为分析问题的方便，假设第二部类追加资本的有机构成是 c∶v＝2∶1，那么，还必须从剩余价值中提取 50 作为追加的可变资本。这样，第二部类也相应地完成了资本积累过程。这时，第二部类的年产品按照扩大再生产的需要重新组合为：

Ⅱ(1 500c＋100Δc)＋(750v＋50Δv)＋600m＝3 000

即：　Ⅱ 1 600c＋800v＋600m＝3 000

其中，800v 和 600m 代表第二部类用于工人和资本家个人消费的消费资料价值，它的实物形态是消费资料，因而，这部分产品可在第二部类内部通过部门各企业之间的交换得到实现和替换。1 600c 在价值上代表第二部类已经消耗掉的和追加的生产资料价值，但它在实物上是消费资料，因而这部分产品只有与第一部类的生产资料进行交换才能得到实现和替换。

社会总产品经过资本积累进行重新组合，就为社会总资本扩大再生产的进行和实现创造了条件。综上所述，这一过程也包括三个方面的交换行为，可以图示如下：

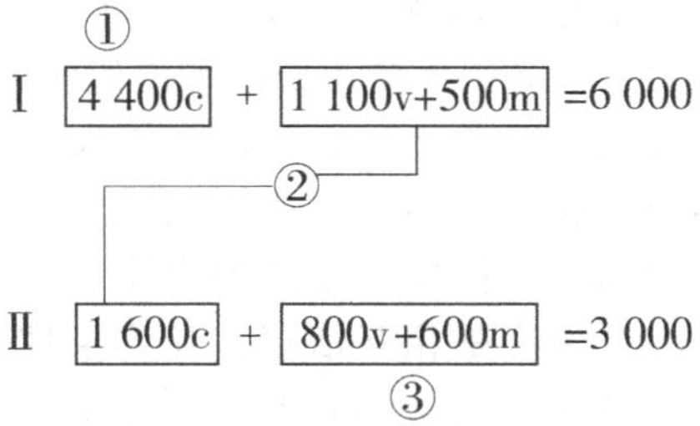

通过上述交换过程，社会总产品全部得到实现和补偿，并为社会总资本扩大再生产的继续进行创造了条件。在下个年度的扩大再生产过程中，如果剩余价值率仍为 100%，那么，两大部类生产的社会年总产品的价值构成是：

$$\text{Ⅰ}\ 4\,400c+1\,100v+1\,100m=6\,600$$

$$\text{Ⅱ}\ 1\,600c+850v+850m=3\,300$$

因此，社会年总产品的总价值由上一年的 9 000 单位扩大为 9 900 单位，实现了社会总资本的扩大再生产。根据上述方法，以后各年社会总资本扩大再生产的实现过程可以做类似的分析。

上述分析表明，社会总资本扩大再生产的实现必须具备一定的基本条件，即两大部类之间必须保持一定的比例关系，具体来说就是第一部类原有的可变资本价值，加上追加的可变资本价值，再加上本部类资本家用于个人消费的剩余价值，这三者之和必须等于第二部类原有的不变资本价值和追加的不变资本价值之和，用公式表示即：

$$\text{Ⅰ}(v+\Delta v+m/x)=\text{Ⅱ}(c+\Delta c)$$

这个公式表明，在社会总资本扩大再生产条件下，社会生产两大部类之间存在着互为条件、互相依存的内在联系，即第一部类提供给第二部类的生产资料同第二部类对生产资料的需求之间、第二部类提供给第一部类的消费资料同第一部类对消费资料的需求之间必须保持一定的比例关系。否则，社会总资本扩大再生产就不能顺利地实现。

从上述基本公式也可以引申出另外两个实现条件：

$$\text{Ⅰ}(c+v+m)=\text{Ⅰ}(c+\Delta c)+\text{Ⅱ}(c+\Delta c)$$

$$\text{Ⅱ}(c+v+m)=\text{Ⅰ}(v+\Delta v+m/x)+\text{Ⅱ}(v+\Delta v+m/x)$$

以上这两个公式分别反映了社会总资本扩大再生产条件下，第一部类生产资料的生产与两大部类对于生产资料的需求之间的关系、第二部类消费资料的生产与两大部类对于消费资料的需求之间的关系。同样的，这种关系也必须从使用价值和价值两个方面来理解。

上述三个公式，体现了社会总资本扩大再生产条件下，两大部类之间以及它们内部应遵循的基本比例关系，这些基本比例关系从不同侧面反映了社会总资本扩大再生产的规律性，即社会生产两大部类的资本积累和扩大再生产是相互依存、互为条件、互相制约的，第一部类的积累和扩大再生产的规模决定着第二部类的积累规模和积累率，同时，第二部类的积累和扩大再生产对第一部类的扩大再生产也有制约作用。

马克思的社会总资本再生产理论，揭示了资本主义经济发展的内在规律性：无论是简单再生产还是扩大再生产，社会生产的两大部类以及各部类内部各部门之间，必须保持一定的比例关系。马克思的理论不仅在于揭示了这种比例关系的一般性质，即社会化生产都必然存在这种比例关系，而且更重要的是在于揭示了这种比例关系的资本主义特殊性质，即它在资本主义条件下所采取的特殊形式及实现的特殊途径。马克思的社会总资本再生产理论的最终目的，是为了揭示资本主义再生产过程中存在的各种矛盾，以及由于这些矛盾的作用使社会总资本再生产所需要的比例关系遭到破坏、从而发生经济危机的必然性。

四、资本主义经济危机

在人类社会发展史上，存在着两种不同的经济危机，一种是由于天灾人祸造成的生产严重不足的经济危机，一种是由于社会制度造成的生产相对过剩的经济危机。一般来说，资本主义以前的各个历史时期存在的是前一种经济危机，而资本主义时代存在的则是后一种危机。这两种不同的经济危机的产生原因和表现形式都是不同的。前一种经济危机或者是由于官吏和富人的巧取豪夺造成民不聊生，或者是由于战乱直接破坏了社会生产，或者是由于天灾（如水灾、火灾、旱灾、地震等）破坏了社会生产所需要的自然条件，结果造成了产品的绝对量满足不了整个社会特别是广大民众的消费需要，而且这种危机没有明显的周期性。而资本主义经济危机则与此不同，它是一种周期性的生产相对过剩的经济危机，它是资本主义经济制度特有的产物。

资本主义经济危机从其产生的可能性来说，首先是来源于商品生产的一般特性。我们知道，自从货币出现以后，货币的流通手段的职能使商品的买和卖在时间上和空间上发生了分离，从而使流通过程存在中断的可能性。货币的支付手段的职能则形成了商品所有者之间连锁的债权债务关系，只要债务链条的一个环节发生中断，就会引起连锁反应，造成支付危机，进而影响正常的生产和流通秩序。但是，在资本主义以前，货币的这些职能本身不会引起现实的普遍的经济危机，只是为经济危机提供了形式上的可能性。只有在资本主义条件下，资本主义经济制度的内在矛盾才使生产过剩的经济危机成为一种必然的经济现象。

首先，资本主义经济制度存在着生产与消费的矛盾。我们知道，生产和占有剩余价值是资本主义生产方式的根本目的和出发点，而实现这个目的的根本途径是通过资本积累和资本集中发展社会生产力，资本积累和资本集中一方面使扩大再生产成为资本主义生产的主要趋势和特征，从而使生产具有无限扩大的趋势，另一方面使财富越来越集中在少数资本家手中。伴随资本积累和资本集中的是资本有机构成的不断提高，而资本有机构成的提高，直接导致了被雇佣的劳动力相对减少，从而造成了劳动力的相对过剩，结果形成了贫困在劳动阶级一方的积累。因而，贫富相对的两极分化是资本主义经济发展的自然倾向和趋势，这种经济上的两极分化不仅是阶级对立的根源，更是导致经济危机的一个根本原因。因为马克思的社会总资本再生产理论表明，社会再生产过程中各种使用价值的生产必须同社会需求相协调，然而，资本主义生产无限扩大的同时，又把劳动阶级的可供支配的收入限定在一个相对狭小的水平，这就使社会总产品的实现从而使社会总资本再生产的实现经常发生困难，并为经济危机的爆发提供了深刻的根源。

其次，资本主义制度存在着生产的无政府状态与社会化大生产的内在要求的矛盾。马克思的社会总资本再生产理论表明，社会再生产的正常进行要求按照社会需要的比例把社会总劳动和经济资源分配到各个部门中去。随着资本主义经济的发展，生产的社会化水平越来越高，社会分工不断深化，从而使社会生产各部门各部分之间的比例关系越来越复杂。然而，资本主义私有制市场经济的性质，使得社会总产品的实现表现为一个极为复杂的以商品流通为媒介的自发过程，在这个过程中，每一个商品生产者都受到市场供求规律和剩余价值规律的强制作用，他们不是也不可能完全自觉地按照社会生产所需要的比例关系来安排生产，而是完全受市场价格和供求状况的引导和支配，而市场价格和供求关系与社会生产所要求的比例关系之间缺乏必然的联系，因此，市场的自发作用就必然会导致社会总产品的实现条件遭到破坏，生产的供给和需求之间发生脱节，从而引起经济过程的震荡和波动，社会生产所要求的正常比例关系发生失调，当这种比例关系遭到严重破坏时就必然以经济危机的形式表现出来。

最后，资本主义经济制度还存在着生产目的和生产手段之间的直接矛盾。剩余价值是资本主义生产的绝对目的，资本积累是实现这个目的的基本途径，而提高劳动生产率是达到这个目的的主要手段。然而，不断提高的劳动生产率造成了资本有机构成的不断提高，从而使平均利润率具有下降的趋势，这样，资本主义的生产手段（提高劳动生产率）同它的生产目的（获得尽可能多的剩余价值和利润）是矛盾的。资本积累和平均利润率下降趋势相互作用的机制，推动和制约着资本主义经济发展。

总之，资本主义经济制度的内在矛盾必然引发经济危机，而资本主义经济危机又是一种周期性的经济现象。资本主义经济危机的爆发是社会再生产所需要的比例关系和正常秩序强制为自己开辟道路的方式，也是资本主义经济矛盾的一种自发的强制性解决方式。经济危机的爆发并没有使社会经济完全停滞下来，在危机中，随着商品价格的下降以及部分商品被销毁，产品的过剩现象逐步得到缓解和消除，市场的供求关系逐步恢复平衡，整个社会经济状况不再进一步恶化，而是处于一种不景气的萧条之中。在萧条阶段，一部分企业继续破产和倒闭，而另一部分企业则积极进行生产调整和产品创新，加速技术和设备的更新，从而带动了商品市场逐步活跃起来，使社会经济逐步得以复苏。在复苏阶段，市场供求关系进一步好转，企业开工率逐步提高，工人就业规模继续扩大，社会购买力进一步提高，资本周转加快，企业利润增加，社会投资更加活跃，社会经济出现繁荣景象，达到新一轮高涨阶段。但是，资本主义内在矛盾的尖锐化，必然引发新一轮的经济危机。资本主义经济不是直线式发展的，而是在危机——萧条——复苏——高涨——危机的起伏中发展的，呈现出一定的周期性。在不同的历史阶段，资本主义经济周期及其各阶段的长短不同，经济的波动幅度也会不同，但是，周期性地发生程度不同的经济危机却是资本主义制度的必然现象，资本主义经济制度的内在矛盾是产生周期性经济危机的根源。

资本主义经济危机的周期性则是以固定资本的大规模更新为物质基础的。这是因为，正是在萧条阶段，商品价格的普遍低廉为资本家大规模更新固定资本提供了契机，而竞争的需要为资本家提供了动力。正是固定资本的大规模更新首先启动了生产资料市场和生产的复苏，继而带动了消费的增长，使经济走出萧条。同时，固定资本大规模更新使社会生产力提高到一个新水平，资本有机构成得到进一步提高，资本积累的内在矛盾进一步加剧，从而为新的经济危机的爆发奠定了物质基础。

自1825年爆发第一次资本主义经济危机以来，每隔一定时期，在主要资本主义国家或大部分资本主义国家，就要爆发一次经济危机。例如，在1836年、1847—1848年、1857年、1866年、1873年、1882年、1890年、1900—1903年、1907年、1920—1921年、1929—1933年、1937—1938年、1948年、1957—1958年、1973—1975年、1979—1982年都爆发了资本主义经济危机。1997年东南亚国家爆发的金融危机和2008年爆发的国际金融危机从根本上来说都是资本主义经济危机。

第二次世界大战以来，发达资本主义国家普遍实施对宏观经济的干预和调节，从而使经济危机出现了一些新的特点，主要有：(1) 经济危机期间工业生产下降的幅度减小。这主要是因为资本主义国家采取了扩大政府投资、降低利息率刺激投资和扩大消费信贷等宏观经济政策，从而在一定程度上缓解了经济危机的程度。(2) 经济危机的周期缩短。19世纪的经济危机差不多是每10年爆发一次，20世纪初至第二次世界大战以前差不多是7～8年爆发一次经济危机，而第二次世界大战以后则是4～5年爆发一次经济危机。经济危机的周期缩短，同样是国家垄断资本主义发展的结果。资本主义国家政府在危机期间所采取的各种刺激经济的政策，一方面可以缓解危机的程度，但另一方面又使经济中存在的各种矛盾不能得到充分解决，因而危机必然再度发生。(3) 出现了经济停滞与通货膨胀同时并存的“滞胀”现象。这主要是由资本主义国家推行赤字财政政策和扩张信用政策造成的。(4) 经济周期各阶段的界限变得不明显。在各种“反危机”政策的作用下，经济周期的四个阶段的交替以及各阶段的特点并不十分明显，经济波动的幅度减小。(5) 由于发达国家的产业资本向发展中国家的大量转移和实体经济的萎缩，当代发达资本主义国家的金融和虚拟经济过度发展，从而使经济危机首先和更多地表现为金融与经济危机。

资本主义经济危机产生的制度性根源是资本主义基本矛盾，即生产的社会化同生产资料的资本主义私有制之间的矛盾。这一基本矛盾，一方面表现为单个企业生产的有组织性与计划性同整个社会生产无政府状态之间的矛盾，另一方面表现为生产无限扩大的趋势同工人阶级和劳动人民有支付能力的需求相对缩小之间的矛盾。这些矛盾使社会总资本再生产所要求的比例关系必然经常遭到破坏，当这种比例关系遭到严重破坏时，就会爆发经济危机。经济危机的周期性爆发，使经济资源和社会劳动周期性地被破坏和浪费。尽管当代发达资本主义国家采取了一系列宏观经济政策对社会再生产过程进行调节和调整，从而在一定程度上缓解了经济危机的严重性，但是，由于它没有从根本上消除资本主义经济制度所固有的基本矛盾，从而没有也不可能完全避免经济危机的爆发和社会资源的浪费。经济危机本身虽然不能导致资本主义经济制度的解体，但是它确实说明了资本主义生产方式并不是发展生产力的绝对形式，它最终必然会被一种更先进的、能够为社会生产的发展和人的全面发展创造无限空间的新的社会生产方式所代替。

复习和练习

→内容提要

1. 产业资本在循环过程中分别采取不同的形式，完成不同的职能，从而实现价值增殖。资本循环中的货币、生产要素、商品，既在执行一般货币、生产要素和商品的职能，同时它们又分别为资本价值增殖作出贡献，表现为职能资本形式。

2. 资本既必须经过循环的不同阶段，又必须不能停留在其中的任何一个环节和阶段，这个矛盾决定了资本必须进行不断的运动。

3. 单个资本连续循环的必要条件是：三种职能形式和三种循环形式在空间上并存，在时间上相继转化，而这两个方面又是互为前提、互为条件的。

4. 资本周转同资本循环的区别主要在于，资本循环反映的是资本的形态变化，资本周转反映的是资本价值的运动。

5. 影响资本周转速度的主要因素是生产时间、流通时间以及生产资本的结构。固定资本和流动资本是根据它们在价值流通和价值周转方式上的差别来进行划分的，这种划分同不变资本和可变资本的划分是不同的。

6. 资本周转速度越快，所需要的预付资本量越小，年剩余价值率和年剩余价值量越大。所以，资本家总是千方百计地加快资本周转速度。

7. 社会总资本运动具有与单个资本运动不同的特点，所以必须对它进行单独的考察。社会总资本运动的核心问题是社会总产品的实现和补偿问题。

8. 根据劳动二重性理论和剩余价值理论，把社会生产分成两个部类，把社会总产品的价值分成c、v、m三个组成部分，是马克思分析社会总资本再生产运动的两个基本理论前提。

9. 社会总资本简单再生产的基本实现条件是：Ⅰ(v+m)=Ⅱc。

10. 社会总资本扩大再生产是由简单再生产发展而来的。在简单再生产的基础上，通过调整社会生产及社会年总产品各部分的结构，才能为资本积累和扩大再生产提供追加的生产资料和消费资料。社会总资本扩大再生产的基本前提条件是Ⅰ(v+m)>Ⅱc，实现条件是Ⅰ(v+Δv+m/x)=Ⅱ(c+Δc)。

11. 马克思的社会总资本再生产理论的核心是为了揭示资本主义制度的内在矛盾，说明经济危机的必然性和资本主义生产方式的历史过渡性。

12. 资本主义经济危机的实质是生产相对过剩的危机。经济危机的根源在于资本主义经济制度的基本矛盾，即生产社会化同生产资料的资本主义私有制之间的矛盾。

13. 资本主义经济危机具有周期性，并在不同历史时期具有不同特点。

→关键术语

产业资本/资本循环/货币资本/生产资本/商品资本/产业资本的三种循环形式/资本周转/周转时间/周转次数/生产时间/流通时间/劳动期间/固定资本/流动资本/资本总周转/年剩余价值率/年剩余价值量/社会总资本/社会总资本运动/年总产品的实现和补偿/社会生产两大部类/社会总资本简单再生产的实现条件/社会总资本扩大再生产的前提条件/社会总资本扩大再生产的实现条件/资本主义基本矛盾/经济危机/萧条/复苏/高涨

→复习题

1. 为什么资本必须进行不断的循环？单个资本连续循环的基本条件是什么？

2. 资本循环的三种形式是什么？各自的特点是什么？

3. 什么叫资本周转？它与资本循环有什么联系和区别？

4. 资本的流通时间是由哪几个部分组成的？生产时间和流通时间又包含哪些组成部分？

5. 固定资本和流动资本是如何划分的？这种划分同不变资本和可变资本的划分有什么不同？

6. 加速资本周转的意义是什么？

7. 社会总资本运动与单个资本运动有哪些相同点和不同点？为什么说社会总产品的实现和补偿是社会总资本再生产的核心问题？

8. 马克思分析社会总资本运动的两个理论前提是什么？

9. 社会总资本简单再生产的实现过程和实现条件是怎样的？社会总资本扩大再生产的前提条件和实现条件各是什么？

10. 马克思的社会总资本再生产理论所要说明的核心问题是什么？
11. 什么是资本主义经济危机？
12. 为什么说经济危机是资本主义的必然现象？
13. 如何理解经济危机的周期性？
14. 新的历史条件下资本主义经济危机有哪些新特点？

第五章

垄断资本主义

资本主义社会的发展分为自由竞争资本主义和垄断资本主义两个阶段，垄断资本主义阶段有着不同于自由竞争阶段的经济特征，列宁把这些特征概括为五个方面，这些特征在当代虽有发展变化，但垄断资本主义的经济实质没有改变。垄断资本主义又可进一步分为私人垄断资本主义和国家垄断资本主义两个阶段，国家垄断资本主义的出现和发展有其必然性，是资本主义内部经济关系的又一次调整。本章着重考察垄断资本主义的产生及其基本特征，以及国家垄断资本主义的作用和实质等问题。

重点问题

- 自由竞争发展到垄断的必然性。
- 垄断的形成和金融资本的统治。
- 资本主义生产关系的局部调整和“部分质变”。
- 国家垄断资本主义产生的必然性和原因。
- 国家垄断资本主义的本质和基本形式。
- 国家垄断资本对国民经济的调控。
- 垄断资本国际扩张的基础和形式。
- 资本主义世界经济体系的形成和发展。
- 国家垄断资本主义是社会主义的入口。

一、私人垄断资本主义

（一）自由竞争资本主义

资本主义经济制度的发展分为两个大的阶段，即自由竞争资本主义和垄断资本主义。在这两个阶段中，资本主义的基本经济制度没有变，无产阶级和资产阶级之间的基本经济关系没有变，但在生产力发展程度、生产关系各方面的具体特征、市场经济体制的发展与完善程度等方面，有很多不同特点。

自资本主义经济制度产生到19世纪末20世纪初垄断资本主义形成之前，资本主义经济制度处于自由竞争阶段。这个阶段在经济上的一个重要特征就是自由竞争。这里的自由竞争指的是在遵守一般市场规则的基础上资本家为谋求利润最大化，在商品生产和市场经营销售方面所进行的不受限制的角逐。它打破了封建社会的等级制度，冲破了自给自足的自然经济对生产力发展的束缚，调动起商品生产者的积极性，逐步建立起适应商品经济发展内在要求的市场经济体制，并成为市场经济得以顺利运行的重要规则和机制。因此，无论从生产关系的层面还是从市场经济发展的角度看，自由竞争都是这个时期资本主义经济的一个重要特征。

自由竞争的市场经济中，部门之间和部门内部的竞争交织进行，各部门各行业都有许多家企业参与竞争，部门内部竞争的主要手段是通过扩大生产规模和改进生产技术以提高劳动生产率和降低商品的价格；部门之间的竞争是资本在各行业间为追逐更高的利润率而自由转移，并由此形成了平均利润和生产价格。自由竞争使得市场经济的各种机制得以充分运行，市场机制成为配置社会资源的基础。

自由竞争资本主义阶段，资本主义社会处于上升时期，资产阶级在同封建统治阶级斗争的过程中，代表社会进步的力量，自由竞争的资本主义生产方式远远优越于封闭保守落后的封建生产方式。自由竞争的市场经济制度，极大地促进了生产力的发展，生产社会化程度逐步提高。当时资本主义社会中生产的社会化和资本主义私人占有制之间的矛盾，也即资本主义的基本矛盾虽已产生，但还未发展到极其尖锐的程度。当然，资本主义代替封建主义，仍然是以一种剥削制度取代另一种剥削制度。对无产阶级和广大劳动人民来说，资本主义制度的产生和发展，并未使他们摆脱被剥削、被压迫的地位。在“用血和火的文字载入人类编年史”的资本原始积累过程中，资产阶级以暴力手段强迫劳动者同生产资料相分离，使其沦为出卖劳动力的雇佣工人。在自由竞争资本主义阶段，工人阶级的劳动强度高、劳动条件差、生活水平低，劳资矛盾冲突严重，工人运动风起云涌。自由竞争还不可避免地造成社会供给与需求的失衡，并进而导致周期性经济危机的爆发。

总之，自由竞争资本主义阶段，资产阶级通过自由竞争的商品经济的发展和市场经济体制的建立与运行，巩固和发展了资本主义制度，使资产阶级上升为统治阶级，推动了社会的发展。但资本主义的基本矛盾也随之产生和发展起来，随着社会生产力和资本主义经济制度的进一步发展，自由竞争资本主义逐步发展成为垄断资本主义。

（二）自由竞争与生产集中

19世纪末20世纪初，主要资本主义国家相继出现垄断现象，在社会经济生活中，无论在经济发展、生产关系变化还是市场经济体制演变方面，垄断的出现并成为常态，都使资本主义社会出现了一些自由竞争时期所没有的新现象、新特征，资本主义社会进入了垄断阶段。

在自由竞争资本主义阶段，社会中从事生产和流通活动的经济主体，主要是私人资本家所拥有的企业，各个企业在市场上是平等独立的经济实体，它们都要在市场的激烈竞争、优胜劣汰中求生存、求发展。一般说来，那些资本雄厚充实、技术设备先进、劳动生产率高的企业，总是在市场竞争中处于优势地位。因此，资本主义企业在自由竞争中，会不断通过资本积聚和集中来扩大规模，从而引起生产和资本的不断集中。也就是说，自由竞争必然会引起生产和资本的集中。这个时期资本主义社会中信用制度的发展、股份公司等新型现代企业组织形式的出现，以及周期而至的经济危机中企业破产和商品生产者之间两极分化的加剧，都进一步促进了生产和资本的集中。

当生产和资本集中发展到一定程度时，就会自然而然地走向垄断。这里讲的垄断是指一个或几个大型企业为获取高额垄断利润，而控制和占有一个经济部门的全部或绝大部分的商品生产和市场销售。本来，生产和资本的集中是在自由竞争中产生，在一个部门的大部分生产或流通为一个或几个大企业所控制的情况下，竞争对手彼此实力强大、势均力敌，继续竞争可能会导致两败俱伤，不如放弃竞争，通过协商达成协议形成垄断。这就意味着生产和资本集中发展到一定程度，有必要形成垄断，以便由垄断而获得高额利润。同时，生产和资本集中发展到相当高的程度时，一个生产部门的大部分生产和销售已被少数大企业所控制，为数很少的企业之间比较容易达成协议，从而使垄断的形成具有了实际的可能性。正如列宁所指出的，“自由竞争产生生产集中，而生产集中发展到一定阶段就导致垄断”①。所以，当社会经济

① 《列宁选集》，3版，第2卷，588页，北京，人民出版社，1995。

生活中垄断成为一种较为普遍的现象时，资本主义社会就由自由竞争阶段发展到了垄断阶段。

（三）垄断组织

大资本对社会经济生活的垄断主要是通过一定的垄断组织实现的。垄断组织是指若干资本主义大企业，联合起来操纵和控制某一部门或几个部门绝大多数产品生产和销售及原料市场，以保证获得高额垄断利润的经济组织。

最初的垄断组织形式较为简单，也不固定，垄断统治的力量还不很强。当时主要是通过一些临时的、短期的垄断协议，例如以价格协定暂时地控制某地某种商品的市场销售或收购价格，以期获得高额垄断利润。随着生产和资本的进一步集中，垄断势力的增强，垄断组织也逐步发展、规范和完善起来。到 20 世纪上半期，较为重要的垄断组织形式有卡特尔、辛迪加、托拉斯和康采恩。

卡特尔是通过生产或经营同类产品的一些大型垄断企业之间较稳定的垄断协议形成的、在生产或流通的某个或某些环节实行垄断的组织形式。参加卡特尔的企业，通过协议划分销售区、规定产量和销售价格，但在生产、流通和法律上仍保持独立。辛迪加是把一些在法律上和生产上还处于独立地位的大垄断企业在流通环节上统一起来，进行垄断经营的组织形式，参加辛迪加的企业虽名义上还是独立的企业法人，并独立组织本企业的生产，但在原材料供应和销售上，各企业已失去了独立性，即流通环节由辛迪加统一组织管理，以形成垄断局面。托拉斯是垄断了某种商品生产和经营全过程的独立的大型垄断企业，参加托拉斯的原企业已完全失去了独立性。康采恩是由一两个特大型垄断企业为核心，联合了在业务上有一定联系的一大批企业所形成的跨部门、跨行业的超大型垄断集团。

20 世纪后半叶，垄断组织的形式又有较大发展，主要特征是混合联合企业的兴起，这种混合联合公司，规模巨大，它们的生产经营项目已不仅限于同类或相关产品的生产和经营活动，而是跨行业跨部门进行混合联合生产与多样化经营，所控制的企业在生产和业务上一般没有多少联系，在社会生产和生活中的各个产业都有所涉足。这一方面可以保证一定时期内最大限度地提高公司的利润率，另一方面还可在经济结构不断变化、新产业部门层出不穷、市场行情不断波动的条件下，通过混合经营规避风险，稳定持久地保持垄断地位和获得高额利润。显然这种大型垄断企业在社会经济生活中的作用，其垄断统治的力量，也极大地增强了。许多传统的大型垄断企业和财团，在近几十年中，都由原来的较为单一的经营发展到混合联合经营。无论何种垄断组织形式，其实质都是垄断资本家为了垄断生产和市场，更多地榨取劳动者的血汗，以获取高额利润的工具。

从所有制形式来看，20 世纪中叶以后，随着生产社会化的发展，法人股份所有制成为资本主义占主导地位的所有制形式。法人资本所有制是法人股东化的产物，其基本特点是：各类法人取代个人或家族股东成为企业的主要出资人，企业的股票高度集中于少数法人股东手中，法人股东直接参与公司治理，监督和制约管理阶层的经营行为，使公司资本的所有权与控制权重新趋于合一。法人资本所有制有两种形式：一种是企业法人资本所有制，另一种是机构法人资本所有制。法人组织股东化改变了资本主义国家大公司的股权结构，使财产占有呈现出由个人占有向非个人占有转变的趋势。它有助于加强法人组织间的联系，克服公司行为的短期性。法人股份所有制是比私人股份所有制更适合生产社会化和垄断大公司发展需要的资本所有制形式。它在性质上是一种基于资本雇佣劳动的垄断资本集体所有制，仍然体现着资本剥削雇佣劳动的关系。

（四）金融资本的形成及其统治

列宁把垄断资本主义的基本经济特征概括为五点：垄断在经济生活中占统治地位；金融资本和金融寡头的统治；资本输出在经济生活中占重要地位；国际垄断同盟在经济上瓜分世界；垄断资本主义列强为瓜分和重新瓜分世界而斗争[①]。五个特征中，垄断是垄断资本主义的实质和深厚的经济基础，前两点是金融资本在其国内统治的表现，后三点则是其在国际经济中的表现。

1. 垄断的形成及垄断与竞争的关系

从历史发展的脉络来看，是自由竞争引起生产集中，生产集中发展到一定程度就会自然而然地走向垄断。但这并不是说，垄断产生后，竞争就不存在了。首先，竞争是商品经济存在和发展的基本条件和核心机制，有商品经济就必然存在竞争。资本主义社会存在着发达的商

① 参见《列宁选集》，3 版，第 2 卷，584～649 页。

品经济和市场经济，竞争当然不会消失。其次，从垄断资本主义社会中现实的经济主体来看，虽然在某些部门存在着垄断组织，但也还存在未形成垄断的部门及大量的非垄断企业，这些经济主体之间必然存在着激烈的竞争关系，即使是已形成垄断的部门，也绝大部分是几个垄断企业并存，它们之间本质上依然是相互竞争的关系。因此，垄断资本主义阶段不但存在着竞争，而且竞争的主体、形式、内容和激烈程度，都较之自由竞争资本主义阶段有新的发展。

垄断阶段同自由竞争阶段竞争的不同点主要表现在以下几个方面：第一，竞争的范围的扩展，大体有：垄断组织之间的竞争，垄断企业与非垄断企业之间的竞争，垄断组织内部的竞争，非垄断企业之间的自由竞争等。第二，竞争的目的不同，垄断时期竞争的目的是获取高额垄断利润。第三，竞争的手段有了新的变化，不但以前的各种竞争手段在继续使用，而且由于垄断的存在，各种凭借垄断地位采取的新的竞争手段层出不穷、花样翻新。第四，竞争的激烈程度和后果不同，由于垄断组织的实力及其所采用的手段与自由竞争阶段的企业是不可同日而语的，竞争的激烈和持久及其造成的破坏，也大大超过了自由竞争阶段。第五，竞争的领域不同，垄断阶段的竞争不仅存在于国内，而且扩展到了国外，除了经济领域的竞争外，还在政治、军事、文化等领域展开激烈的竞争。

2. 金融资本的形成及其统治

当生产领域中的生产与资本集中不断增强，垄断逐渐形成时，在金融领域里，银行业的集中也在同步进行。因为银行之间也在市场经济的发展中不断相互竞争，也处于一种优胜劣汰的生存环境中。而往往是大银行，才有较强实力抗拒和防范风险，有能力吞吐大量的货币资金。无论是大企业家还是一般的储蓄者对大银行的信任也远远超过小银行，这就使得大银行能吸纳更多的社会资金，从而有可能大量向外放贷。当银行业的集中发展到一定程度时，同生产领域中一样，也会走向垄断。因为，一旦银行业的集中发展到只剩了若干大银行在金融领域中活动的时候，与其继续进一步恶性竞争，不如通过协议达成垄断，这样不但能保持银行的高额利润，而且可以形成对货币资本市场、工业企业乃至整个国民经济的控制。

在资本主义商品经济、市场经济不很发达的时候，银行只是一个简单的借贷中介人，它的作用主要是为借贷双方提供货币方面的服务，一般情况下并不能对借贷的任何一方产生决定性影响。但随着银行垄断的形成，银行特别是大银行的作用就日益重要，甚至到了可以左右生产企业命运的程度。大企业特别是大型的垄断组织，往往与大银行形成较为固定的借贷关系，而大银行是否向企业贷款、给予何种条件的贷款，往往能决定企业的生存还是破产。由于大垄断企业与大银行之间形成了较为固定的金融关系，银行还因此掌握了企业的往来账目和经营情况，能对企业进行及时有效的监督。垄断资本主义阶段大企业与大银行之间的这种关系，在20世纪初即已出现，列宁用一句话非常形象地概括了这种银企关系，即在垄断阶段，"银行就由中介人的普通角色发展成为势力极大的垄断者"①。

在这种条件下，垄断资本主义国家内出现了一种新的资本形式——金融资本，它是由垄断的工业资本和垄断的银行资本融合或混合生长构成的一种新的资本形式，是垄断资本主义国家中社会经济生活各个方面实际上的统治者。当垄断的银行资本由普通的借贷关系中介人变为社会经济生活中万能的垄断者的同时，也开始了垄断的工业资本与垄断的银行资本的融合，形成了日益紧密、相对固定的银企关系的形成，工业企业与银行之间相互持股以便实现对对方的控制和操纵，乃至银企之间人事上的相互融合。这样，金融资本就掌握了社会上数额巨大的资本，形成了能对社会生产和生活的各个方面施加直接或间接影响的经济实力，从而成为垄断资本主义社会中事实上的统治者。那些掌握了金融资本，操纵国民经济命脉，并在实际上控制国家政权的少数垄断资本家或垄断资本家集团被称之为金融寡头。他们支配了大量的社会财富，控制了整个国家的经济命脉和上层建筑，是垄断资本主义国家事实上的主宰者。②

金融寡头在经济上的统治主要是通过实行"参与制"实现的，参与制主要是指通过控制一定数量的股票从而层层控制许多企业的经济上的统治方式。由于股份公司的股东较为分散，往往控制了一个股份公司1/3、1/4甚至更少些的股份，就能取得公司的控制权。金融资本正是这样，先利用手中的资本控制一些大型的母公司，然后再由母公司向其他公司投资，取得其他公司一定的股份和控制权，把这些公司作为子公司，再由这些子公司继续发展控制更多的公司，作为孙公司，

① 《列宁选集》，3版，第2卷，597页。

② 这里所说的金融资本是指银行垄断资本和工业垄断资本相融合而形成的垄断资本，它所活动和控制的领域既包括流通领域，又包括生产领域。而通常所说的一般经济生活中的金融资本，则是指在货币流通和资本市场等流通领域中活动的资本。

由此类推，金融寡头就可运用手中的巨额资本并通过层层控制进而在事实上掌握、操纵和控制更多的资本，从而实现在经济上的统治。大垄断资本和金融寡头，在掌握了经济上的控制权后，必然要在政治上进一步控制国家的上层建筑，利用政权的力量来加强其统治地位。金融寡头在政治上的统治主要是通过“个人联合”的方式实现的。资本主义的政治生活和竞选活动，是以金钱为工具和经济实力为基础的，金融寡头可以直接出马或者把自己的代理人送进政府和议会，通过掌握政权利用政治力量为其垄断统治服务；或者是笼络政府的高官，让他们在其政治活动中为金融寡头的利益服务。此外，金融寡头还可以通过建立政策研究咨询机构等方式来对政府的政策施加影响，通过掌握舆论工具和新闻媒体来对社会生活施加影响，从而实现其对社会经济生活的统治。

（五）垄断利润和垄断价格

1. 垄断利润

垄断资本在经济乃至政治上统治的目的，归根到底是经济利益驱使的，是为了获取高额垄断利润。垄断利润是垄断资本凭借其在生产和流通中的垄断地位所获得的大大超过平均利润的高额利润。垄断利润是垄断统治在经济上的实现形式。垄断资本的形成及其在经济上的统治为的是获取高额垄断利润，而大量垄断利润的攫取，又进一步加强了垄断资本的实力及其统治力量。但这并不能说明垄断本身能创造价值和剩余价值，实际上，垄断资本所获得的高额利润，归根到底来自无产阶级和其他劳动人民所创造的剩余价值。具体说来垄断利润的来源大体有以下几个方面：第一，来自对本国无产阶级和其他劳动人民剥削加强的结果，特别是来自垄断企业本身劳动者创造的剩余价值。因为一般地说，垄断企业的技术比较先进、组织管理比较规范严格、规模比较经济、劳动生产率较高，而这些因素都使得本企业劳动者的劳动在市场上创造了更多价值，从而给垄断资本带来更多利润。第二，由于垄断资本可以通过垄断高价和垄断低价来控制市场，使得它能获得一些其他企业，特别是非垄断企业的利润。第三，通过加强对其他国家劳动人民的剥削和掠夺，特别是国际贸易中的不等价交换，获取来自国外的利润。第四，通过资本主义国家政权进行有利于垄断资本的再分配，从而将劳动人民创造的国民收入的一部分变成垄断资本的收入，例如通过有利于垄断资本的税收政策把一些国民收入转移给垄断资本家。

2. 垄断价格

垄断利润主要是通过垄断组织制定的垄断价格来实现的。垄断价格是垄断组织在销售或购买商品时，凭借其垄断地位规定的、旨在保证获取最大限度利润的市场价格。垄断价格大体可分为垄断高价和垄断低价。垄断高价是指垄断资本在出售自己的产品时规定的超过商品价值和生产价格的垄断价格；垄断低价是指垄断资本在购买生产资料时规定的低于其价值和生产价格的垄断价格。由于形成了垄断，社会又需要垄断行业生产的产品或提供的服务，垄断组织就可在售卖自己的产品时抬高其售价，在购进原材料时压低买价，来实现其获得高额垄断利润的目的。不过，垄断价格的出现，并没有否定价值规律的作用，垄断本身并不能创造一个价值原子。首先，垄断价格的制定不能完全脱离价值，或者说归根到底价值是价格的基础，即使是垄断价格也不例外，垄断高价不能无限抬高到极大脱离价值的地步；其次，垄断的形成并不能增加价值总量，垄断价格对价值的偏离，往往和另外一些非垄断企业或小生产者生产的商品价格对价值的反向偏离相对应。所以，垄断价格和垄断利润的出现，并没有否定价值规律，相反，它是价值规律在垄断资本主义阶段作用的具体体现。

（六）资本主义生产关系的局部调整和部分质变

资本主义生产关系从自由竞争阶段到垄断阶段是有所发展变化的，归根到底这种变化是生产力发展的要求和产物。在资本主义的发展过程中，生产社会化的程度不断提高，而这种高度社会化的生产力同资本主义私有制经济制度的矛盾也在加深，资本主义必须找到一个在其自身范围内调整的方式，来适应生产力新发展的要求，从而使资本主义制度能够继续生存和发展下去。从自由竞争资本主义发展到垄断资本主义，就是资本主义社会在其内部的一次局部调整，也是资本主义生产关系的部分质变。若不如此，资本主义就无法适应生产力发展的要求。因此，资本主义社会的自由竞争和垄断这两个阶段的基本经济关系虽然没有本质上的变化，但在许多地方，已发生了部分的质变。具体说来，自由竞争阶段的经济基础是私人资本或个体资本，当时的资本主义所有制的具体实现形式是资本家自有自营的私有制；而垄断阶段的经济基础是由私人资本联合形成的社会资本，垄断资本主义所有制的具体实现形式是以股份资本为基础的垄断集团私有制。自由竞争阶段是私人资本占统治地位，垄断阶段则是垄断资本占统治地位。进一步从更深层次的经济关系和发展趋势来看，从自由竞争阶段到垄断阶段的发展，意味着资本主义私有制在向着社会主义公有制靠近的方向发展。马克思在论述股份资本时曾讲到，它是“资本所有权的潜在的扬弃”或“自行扬弃”。列宁则更明确地指出：“从自由竞争中生长起来的垄断，是从资本主义社会经济结构向更高级的结构的过渡。”①

二、国家垄断资本主义

（一）国家垄断资本主义的产生

进入垄断资本主义阶段后，首先出现的是一般垄断或者私人垄断，经过一定时期的发展，又出现了私人垄断资本同资本主义国家政权相结合的国家垄断资本主义。第二次世界大战后，国家垄断资本主义在主要发达资本主义国家有很大发展，成为社会经济生活中一个非常重要的现象。同一般垄断或私人垄断相比，国家垄断资本主义有很多新的特点，其经济关系和经济运行方式较之一般垄断时期也有很大变化。

国家垄断资本主义的产生，归根到底仍然是社会生产力进一步发展的要求和结果。一般垄断的产生，虽然未能从根本上解决资本主义的基本矛盾，但大大促进了生产社会化的发展。社会化大生产本质上要求按照生产力发展的客观规律，在全社会范围内组织、计划、协调各种社会经济活动，而私人垄断资本仍然是从其私利的角度做出决策，进行社会经济活动的。它们不可能也不会考虑社会利益，以及如何在社会范围内协调经济活动的问题，这就必然会与社会化大生产的本质要求不断发生越来越激烈的冲突。这种条件下必须由国家出面，利用政权的力量来协调各方面的关系，维持资本主义社会经济的运行。于是就出现了国家政权与垄断资本相结合的国家垄断资本主义。

从资本主义市场经济体制的运行来看，也需要对市场经济进行一定的干预、管理、调控和规范。所谓的自由市场经济，会出现许多“市场失灵”的现象。市场失灵或市场失效、市场缺损，是指市场经济

① 《列宁选集》，3 版，第 2 卷，683 页。

在运行过程中，必然会出现的一些影响经济顺利发展的现象，诸如市场自由运行中会产生经济发展的失衡，垄断导致发展不能达到最优配置，市场竞争与逐利行为导致生态环境的破坏，公共产品和服务无人提供等问题。这些市场经济下必然出现的经济现象，是市场运行发展的必然结果，而这些问题又不是私有制自由市场经济本身可以自发解决的，只有靠国家的力量来解决。因此国家干预、管理、规范和调控这些经济活动就是必然的选择，是市场经济体制能持续运行的要求。

国家出面干预经济，在第二次世界大战前的一些时期中，一些资本主义国家就已实行，1929 年到 1933 年资本主义世界大危机时，美国总统罗斯福为了应付危机、渡过难关，推出了一系列政府干预经济的措施，如举办公共工程以解决市场和失业问题，缓解社会矛盾等，这就是著名的罗斯福新政，也是现代资产阶级政府大规模干预经济的开端。1936 年英国经济学家凯恩斯发表了《就业、利息和货币通论》，为资本主义国家干预经济提出了系统的理论解释和说明，为西方经济学的宏观经济理论和政府干预经济的政策提供了理论基础。到了第二次世界大战后，特别是第三次工业和科技革命以后，20 世纪 60 年代以来，主要发达资本主义国家的生产社会化程度提高很快，国家垄断资本主义得到广泛的发展。由私人垄断资本主义发展到国家垄断资本主义，归根结底在于私人垄断资本不能适应生产社会化程度进一步提高的要求，必须利用国家垄断资本主义来驾驭日益发展的社会化大生产，从而使得资本主义制度得以继续维持和发展。

（二）战后国家垄断资本主义在主要资本主义国家极大发展的原因

第二次世界大战后，国家垄断资本主义在主要资本主义国家有极大的发展，其原因具体说来有下面几点：

第一，仅靠私人垄断资本的力量，无法满足大规模经济建设所需要的巨额资金。在科技革命推动下，新兴产业和部门不断涌现，社会分工不断深化，生产能力不断扩大，在这种条件下无论是投资于新的产业，还是对旧产业进行革新改造，甚至仅仅维持住已有的生产规模和市场份额，所需的资本额都越来越大，私人垄断资本的实力虽然也在增长，但在许多领域，特别是高精尖的新兴产业部门，对国民经济有举足轻重作用的支柱产业和部门，私人垄断资本往往无力承担，必须依靠国家的力量来筹集大规模建设所需的巨额资本。

第二，在一些大规模公共设施的建设上，私人垄断资本无能为力或不愿进行投资建设。随着经济社会的发展和进步，对公共设施的需要会越来越多，例如道路交通、通信邮电、环境保护和治理等方面的建设，不仅投资巨大，而且往往需很长时间才有可能收回投资，甚至不可能有经济收益。私人垄断资本一般不会在这些领域进行投资，这些设施只有通过国家的力量来建设。

第三，一些大型、基础性和前导性的科学研究项目，也是私人垄断资本不愿涉足的领域。虽然科技成果在转化为现实的生产力之后，会带来极大的经济效益，但在基础研究阶段，是没有立竿见影的投入回报的，私人资本也不愿投资于这些领域。而当代各国间经济上的竞争，很大程度上是科技力量的竞争，发达资本主义各国都把科研列为重要的社会经济发展项目，给予高度重视，由国家投资进行研究和开发。

第四，日益严重的生产过剩等市场问题仅靠私人垄断资本是难以解决的。资本主义生产无限扩大的趋势与劳动人民有支付能力的需求相对缩小的矛盾，经常导致市场上商品过剩，这是当代资本主义国家很尖锐的社会经济问题。私人垄断资本对这个问题往往无能为力，要求资产阶级国家出面对市场进行干预和调节，依靠国家的力量开拓国内国际市场。

第五，社会化大生产的发展要求国家出面进行某些宏观经济调控。资本主义企业内生产的有组织性和计划性，同整个社会生产的无政府状态之间的矛盾，在当代表现得更为明显。一方面私人垄断企业的规模越来越大，其内部组织也越来越高效而严密，生产能力越来越高，经济实力越来越强。另一方面，社会生产的无序性和私人垄断企业的决策失误可能造成的社会经济秩序的破坏，以及可能引起的经济波动和危机也会更剧烈。在这种条件下，必须借助国家的力量，依靠政府的干预来调节社会生产，克服经济波动和危机的影响。

第六，在经济利益关系的调整方面，国家的再分配功能也越来越重要。私人垄断资本聚集了大量的社会财富，金融寡头成为垄断资本主义国家事实上的统治者。在这种情况下，资本主义国家中的阶级矛盾、分配不公现象必然会引起社会的不安定，乃至威胁到资本主义国家政权的稳固。所以，无论从加强垄断资本的统治还是缓和社会各阶级阶层之间的矛盾来说，都要求资本主义国家介入国民收入再分配领域，进行私人垄断资本所不可能承担的利益再分配的调节活动。这种再分配一方面是为增强垄断资本实力与统治而进行的再分配；另一方面也有为缓和社会矛盾而采取的再分配措施。

从以上的分析可以看出，国家垄断资本主义的出现，有其特定的历史条件和根源。归根到底是生产力的发展，特别是生产社会化程度的提高，要求资本主义国家介入社会经济生活中，起到私人资本不能起的一些作用，以维持资本主义社会的存在和发展，维护垄断资本的利益和统治。国家垄断资本主义是以“理想的总资本家”的形式出现的，是为资产阶级特别是垄断资产阶级利益服务的。由于它具有资本势力雄厚、社会化程度高、调节社会经济活动的能力较强等特点，使它在某些方面某种程度上突破了私人垄断资本主义的局限性，在一定程度上缓和了生产社会化的发展和私人垄断资本不相适应的矛盾。这样，国家垄断资本主义在资本主义社会再生产的各个环节各个领域的地位和作用日益增强，国家垄断资本主义在当代发达资本主义各国就广泛、高度地发展起来。

国家垄断资本主义的产生和发展，是资本主义生产关系的一种自我调整。从所有制结构上，资本主义从单纯的私人资本所有制到法人所有制出现和发展，再到国有经济占有一定份额，说明随着生产力的发展和生产社会化程度的不断提高，资本主义必须在其内部进行所有制结构的调整，才能适应生产力发展的要求。从宏观经济政策上看，早期资本主义实行自由放任政策，任由市场这只看不见的手调节，而近几十年来，必须由国家进行一定程度的干预，才能一定程度上克服生产无政府状态的矛盾，削弱经济周期的波动震荡，使社会经济得以运行下去。从收入分配上，为了应对资本主义生产方式造成的贫富分化，资本主义国家必须进行一定的收入再分配，才能缓解社会矛盾，维持资本主义的生存。从国际经济关系上看，生产社会化必然导致经济全球化，这种情况下，必须由资本主义国家出面进行一定的国际经济协调，才能维持世界经济秩序，推动世界经济稳定发展。

（三）国家垄断资本主义的基本形式及其作用

1. 国家垄断资本主义的基本形式

国家垄断资本主义是资产阶级国家与私人垄断资本相结合的资本主义，这种结合有多种形式，并会随着社会经济的发展而发展变化，但其基本的、主要的形式可归纳为以下三种类型：

第一，国家直接掌握的垄断资本，也就是资本主义国家中的国有经济、国有企业。自由竞争资本主义时期，资本主义国家中极少有国有经济成分存在，社会经济的主体绝大部分是私人资本主义企业。一般垄断或私人垄断阶段，资本主义社会中的国有经济、国有企业也是很少的。那时的国家往往只起一个社会经济秩序维护者的作用，国家有限的经济活动主要是维持国家机器运转所必需的一些财政收支活动。随着生产的发展、科技的进步，许多大型企业的投资，特别是一些公共设施的建设，私人资本无力或不愿承担，这时就要由国家来兴建这些企业和设施，国有经济就产生和发展了起来。国有经济可以通过国家利用财政收入投资建立起来，也可以通过国有化的方式，将一些私人企业变成国有企业。国家直接投资建立的国有经济、国有企业，往往是需要资本量很大、私人资本无力兴建的一些大型或超大型新兴产业、支柱产业，或一些投资巨大但收回投资需要很长时间的公共产品的生产或基础设施的建设，或是一些从事高新技术开发研制的企业，或是为了国防等方面的需要而建立的军工企业，等等。私人垄断资本需要这些经济部门或企业生产的产品或提供的服务，但又不愿自己直接投资于这些部门和产业，资本主义国家就担负起这样一些任务。说到底，这些国有经济都是为垄断资本的根本利益服务的。至于资本主义国家中的国有化，有时是为了扶植私人垄断资本向某个方向发展，有时是为私人垄断资本输血打气，以维持社会和经济的稳定，保证资本家的高额利润。资本主义国家的国有经济，在经营方式上，有国有国营的，也有国有民营的。一般说来，一些涉及全社会的经济活动，如铁路、邮电、航空等产业，往往需要在整个国家甚至国际间进行协调、组织运转，这种情况下多采取国营的方式，而一些涉及面不是很宽或可以主要通过市场来协调的经济活动，交给民营，可能会效率更高一些。资本主义国家的国有经济虽在整个国民经济中起到了一定的，甚至是不可替代的作用，但同时也存在着一系列弊病，如效率较低、浪费严重、官商作风等。

第二，国家和私人资本在企业内部的结合，也即资本主义国家中的国有与私人资本结合在一个企业中的经济形式。这种国有经济和私人经济的结合，既可以是国家和私人资本共同投资于一个新的企业，也可以是国家通过出售一部分国有企业的股份，从而形成国家和私人资本共有的企业，还可以通过国家收购一部分原私有企业的股份而形成国家与私人资本相结合的企业。总体上说，这种国家和私人资本在企业内部的结合，仍然是为了解决单纯的私人资本所难以解决的一些问题，如资本、市场、社会等方面的一些需要由国家在一定程度上介入的问题。股份制企业这种发达资本主义国家中通行的现代企业制度及其规范的管理和运行方式，为国家与私人资本在一个企业内部的结合提供了可行的方式，创造了方便的条件。一般地说，国家股份在一个企业中占到了有控制权的比重时，这个企业就可执行类似于单纯的国有企业的一些职能，即按照国家的意志来安排生产经营活动，在社会范围内起到一定的调节、稳定经济，维持就业，提供基础设施或某些重要产品等方面的作用。相反，如果国家股份占不到控制地位，则这个企业的经营决策和方针仍然同一般私人企业大体相同。从资本主义国家方面看，新投资建立国有与私人资本合股企业，或为了生产某种社会所需产品；或为了解决资本不足问题；或为了国家乃至地方的经济发展、科技进步；或为了维持就业水平；或为了刺激生产和需求，等等。而国家把一定资本注入私人企业，除了上述目的之外，还可能是利用政权的力量，用国家的财力来支持某些私人资本的生存和发展。至于原国有企业招进私人股份，有时则是为了解决国有企业管理不善、运转低效、浪费严重等痼疾，企图通过招进私人股份乃至改为民营的方法来促进企业效率的提高。

第三，国家和私人资本在企业外部的结合，也就是国家垄断资本主义在资本主义私人企业的外部起作用，通过种种方式来促进、诱导私人企业向既定的方向发展，从而实现国家对经济的管理和调节。早期的自由竞争资本主义时期，国家的经济作用有限，当时的口号是管得最少的政府是最好的政府。但随着生产的发展，生产社会化程度的提高，在现代市场经济条件下，没有政府对微观经济主体的管理和宏观经济活动的控制与调节，国民经济就不可能正常运行。因此，在当代发达资本主义国家中，国家垄断资本主义对社会经济的调节是生产力发展的要求，是市场经济体制得以顺利运行的条件。当然，资本主义经济制度是以私有制为基础的，对资本主义私人企业的内部决策，政府无权直接干预。但国家可以通过经济手段来间接地调节私人企业的经济活动，诱导私人企业向国家希望的方向发展，如通过财政政策，以增税、减税或是补贴的方式，可以引导私人企业增加生产或是减少生产；通过货币金融政策，如放松还是收紧银根，实行差别利率等方式，也可以引导企业的行为和发展方向；通过国家向私人企业加工订货来维持企业的生存和发展，引导企业生产或不生产某种产品；通过实行国民经济计划化，以指导性计划引导私人企业向国家既定的目标发展；等等。在现实的资本主义国家中，国有以及国家和私人资本共有的经济成分所占比重不是很大，占主体地位的还是私人资本，国家垄断资本主义正是主要通过这种在私人企业外部的调节控制，实现其经济职能的。

2. 国家垄断资本主义的作用

国家垄断资本主义的出现和发展，一方面在一定程度上促进了社会经济的迅速发展，另一方面，又对社会经济发展有某种阻碍作用。

从对社会经济的促进方面看，国家垄断资本主义的出现，在一定范围内和一定程度上克服了私人垄断资本主义的某些矛盾和不足，促进了社会经济的较快发展。主要资本主义国家第二次世界大战以来的发展表明，在国家垄断资本主义的参与和干预下，不但加速实现了这些国家的工业和交通运输业的现代化，而且实现了农业工业化和现代化，实现了商业服务业的现代化，改变了社会生产和社会生活的面貌，实现了国民经济的全面现代化。

国家垄断资本主义之所以能起到促进社会经济发展的作用，主要是因为：第一，可以运用国家掌握的巨额资本投入社会再生产过程，兴办那些私人资本无力兴办的、适应新科技发展要求的巨大新兴工业企业，从而部分地克服了社会化大生产与私人垄断资本之间的矛盾。第二，资产阶级国家作为“理想的总资本家”，可以凌驾于私人垄断资本的利益之上，代表整个垄断资产阶级的利益，调节经济过程和经济活动，这就在一定范围内突破了私人垄断资本单纯追求眼前利益的狭隘界限。第三，国家对经济的干预，特别是经济计划化这样一些对社会再生产过程的综合性调节，在一定程度上适应了社会化大生产的要求，能够相对缓解资本主义的生产无政府状态，促进社会经济较为协调的发展。第四，国家垄断资本主义还在一定程度上缓和了劳资矛盾、垄断资本同中小资本的矛盾。通过国家的收入再分配手段和某些社会福利制度，能使劳动人民在一定程度上得到基本生活保障，在生产发展的基础上生活水平有所改善和提高；中小资本能够生存和得到一定程度的发展。当然，这些收入再分配措施，从根本上说还是为垄断资产阶级的长期利益和垄断资本统治的长治久安服务的。第五，国家垄断资本主义还通过国家出面进行国际经济调节，这能使资本主义各国间的经济利益矛盾得到一些协调和缓和，从而争取有一个较为有利的国际经济环境来促进国内经济的发展和繁荣。

国家垄断资本主义对社会经济发展的阻碍作用和负面影响，集中表现在它使垄断资本主义的某些内在矛盾更加复杂和深化。这主要表现在：一方面，国家垄断对经济进行干预和调节所需的财力，主要来自税收。巨额的税负最终会落到劳动人民的头上，加重他们的负担，减少他们有支付能力的需求，这又是资本主义社会中的痼疾——生产相对过剩的根源之一。另一方面，国家的巨额财政赤字，也是币值不稳定和通货膨胀的源泉之一。再有，国家垄断资本主义往往要借助发行国债来组织财政收入，长期的寅吃卯粮，超量地使用未来的需求、收入和购买力，最终会导致经济的停滞和动荡，削弱长期持续发展的力量。所有这些负面影响归根到底是国家垄断资本主义的局限性造成的，它虽然是资本主义经济制度内的又一次经济关系调整和部分质变，并起到了缓和经济和社会矛盾、促进经济和社会发展的作用，但仍然不能从根本上消除资本主义的基本矛盾。国家垄断资本主义的国家是代表垄断资产阶级利益的国家政权，它的所有经济政策和措施说到底是为维持和稳定资产阶级社会秩序服务的。

近些年来资产阶级国家在社会经济生活中所起的作用越来越大，但国家干预经济的效果却并不理想，关键在于其干预经济的根本目的是实现垄断资本自身利益的最大化。从 2007 年以来美国发生的由次贷危机引起的整个世界的金融危机和经济危机可以看出资本主义国家干预经济的局限性。在美国的房地产市场发展中，出现了所谓次级贷款现象，这本是房地产商追求更大利润的一种危险的逐利行为，即对为数众多的收入较低和还贷能力差的购房者用次级贷款的形式给予贷款，以此来维持房地产市场的虚高房价和虚假繁荣。这本已孕育着极大的风险，但一些金融机构还把次级贷款的债权进一步打包出售，推出一系列衍生金融产品，这就造成了更大的金融和经济风险。而美国政府在这时本应加强监管，及时规范房地产商、银行和其他金融机构的经济行为，必要时制止这些高风险的经济活动，以维持经济发展的正常秩序。但无论是美国的中央银行还是财政部等宏观调控管理机构，都没有及时地加强监管，反而还在一些环节上推波助澜，致使 2007 年美国爆发次贷危机，到 2008 年次贷危机越演越烈，进而引起波及全球的金融危机和经济危机，给全世界的实体经济以很大创伤。人们不禁要问，为什么美国的宏观经济管理当局不及时进行监管？不在金融机构和房地产商推出次级贷款时就及时制止？原因是很清楚的，资本主义国家的宏观经济管理调控措施，要符合资产阶级逐利的需要，它是代表资产阶级、特别是垄断资产阶级利益的。当房地产市场虚火正旺，大资产者从金融衍生产品中大赚其钱时，作为其利益代表者的资本主义国家政权，自然是乐见其成。但放任其没有限制地发展的最终结果，就是祸及全球的金融危机和经济危机。

国家垄断资本主义是资产阶级国家力量同私人垄断组织力量结合在一起的垄断资本主义，它可以通过国家调节经济生活，加强对劳动人民的剥削和掠夺，更好地保证垄断资产阶级获得高额垄断利润，更有利于维护资本主义制度。无论采取国有经济的形式、国有和私人垄断资本结合的形式，还是国家在私人企业外部对国民经济进行调节，所有国家垄断资本主义的这些具体形式，其实质都是私人垄断资本利用国家机器来为其发展服务的手段，是私人垄断资本为了维护垄断统治和获取高额垄断利润而和国家政权相结合的一种垄断资本主义形式，是资产阶级国家在直接参与社会资本的再生产过程中，代表资产阶级总体利益并凌驾于个别垄断资本之上，对社会经济进行调节的一种形式。

（四）国家垄断资本主义是社会主义发展的前阶

列宁在考察垄断资本主义的历史地位时指出，“帝国主义是过渡的资本主义”①。这是对垄断资本主义历史地位正确概括的科学论断。垄断资本主义作为资本主义发展的最高、最后阶段，表明从资本主义向社会主义过渡的条件已日益成熟。由私人垄断发展到国家垄断资本主义，资本主义的生产力进一步发展，资本主义基本矛盾进一步深化，过渡到社会主义的物质条件也在逐步成熟，这主要表现为资本主义生产社会化、生产管理社会化、资本社会化的程度不断提高。

第一，垄断统治使资本主义生产日益社会化。垄断的形成使一个部门的生产和经营集中在少数大垄断资本家手中，这种生产和资本的高度集中，造成了规模巨大的生产和经营单位。生产社会化具体表现在：生产资料使用的社会化、生产过程的社会化和劳动产品的社会化等方面。垄断组织的生产和经营突破了地区甚至国家的界限，从而可以对本国甚至世界市场和原料来源等生产经营信息作出大致的估计与判断，并以此为依据来规划自己的生产经营活动。垄断形成后，科学技术的研究也同时日益社会化，而科研的社会化又反过来促进生产的进一步社会化。随着国际经济联系与世界市场的发展，经济全球化的趋势越来越明显，这又进一步使生产社会化程度达到了空前的高度。

第二，垄断统治使生产管理日益社会化。社会化大生产本身就要

① 《列宁选集》，3 版，第 2 卷，686 页。

求管理社会化，随着垄断组织的发展和垄断统治的加强，生产经营管理的社会化程度也必然越来越高。从产业组织形式上看，现代大垄断企业多是采取股份公司的形式，相关的公司治理结构也日益完备，这就大大加强了管理的社会化程度。垄断统治还使社会性的分配、计算、管理、监督等中介机构建立和发展起来，例如某些垄断大银行，不但成为现代经济生活中万能的垄断者，还起到了社会公共簿记、全国乃至世界性的产品生产和分配计算中心的作用。垄断统治特别是国家垄断资本主义的发展，还为整个社会范围内的经济管理与调节提供了可能与条件。随着经济全球化的发展，国际间的经济调节也出现和发展了起来。

第三，垄断统治使资本本身日益取得社会化的形式。垄断资本主义特别是国家垄断资本主义时期，金融资本势力日益强大，国家资本的作用越来越明显。从资本形式上看，这些现代资本主义经济中起决定作用的大资本，多是采取社会资本的形式出现，传统的由单个资本家支配的分散的私人资本或家族资本的势力则在相对缩小。国际垄断资本、跨国公司和经济全球化的发展，进一步加速了资本社会化的进程。

生产的社会化、管理的社会化和资本的社会化，是过渡到社会主义的物质条件和基础。资本主义过渡到社会主义除了要具备物质条件外，还必须具备一定的社会条件。这些条件表现为，随着基于资本主义基本矛盾而引起的各种社会矛盾的尖锐化，这主要表现在垄断资本主义国家内部各阶级阶层矛盾的深化、垄断资本主义国家与广大发展中国家矛盾的加剧、垄断资本主义国家之间矛盾的日益尖锐等方面。这些矛盾的深化和发展最终将导致从垄断资本主义过渡到更高社会形态的社会条件逐步成熟，因而客观上要求必须用新的社会制度代替旧的社会制度。所以说，国家垄断资本主义是社会主义发展的前阶。

三、国家垄断阶段的资本主义经济运行

（一）国家垄断资本和社会资本再生产

在国家垄断资本主义阶段，国家垄断资本日益深入地介入国民经济的各个领域，对社会资本再生产起到越来越重要的作用，主要表现

在以下三方面：

1. 国家垄断资本通过国家投资参与社会再生产过程

当代发达资本主义国家都或多或少地存在一些国有资本和国有经济，这是国家垄断资本直接介入经济生活和社会生产过程的一种方式。大体可分为两种情况：一是国家垄断资本投资于一些产品生产的部门，如制造业、采矿业、运输业等部门，二是国家垄断资本投资于一些公共工程，如通信、道路、港口、水坝、城市交通、生态保护、环境治理、尖端科技的研发等。国家垄断资本运动与私人资本运动相比，有两个特点，一是其运动的目的主要不是自身价值增值，而是为社会资本再生产创造必要的条件，为私人垄断资本的价值增值服务。二是国家垄断资本不仅以它的直接投资为私人垄断资本服务，而且还从资本积累、商品实现、宏观经济运行等方面，为私人垄断资本和整个社会资本运动创造各种有利条件，以利于私人垄断资本的增值。

2. 国家垄断资本为私人垄断扩大再生产创造条件

在国家垄断资本主义阶段，国家垄断资本运动的主要功能之一，是为社会资本再生产和私人垄断资本再生产积累资本。资本积累是社会资本扩大再生产的基础。在社会资本扩大再生产的过程中，国家垄断资本积累的作用日益重要。这是因为现代化大生产所需的资本量，与私人资本的积累能力有很大矛盾，特别是私人资本无力或不愿投资的基础设施等项目，必须由国家来筹措资金。现代资本主义国家的巨额财政资金，为国家垄断资本积累奠定了相应的物质基础，也为私人垄断资本的扩大再生产创造了有利条件。在国家垄断资本主义形成以前，资本主义国家财政支出中用于投资的资金很少，当时的国家财政统计甚至没有相关的项目。进入国家垄断资本主义阶段，政府的财政支出中国家垄断资本的积累越来越多。这些资本的积累和投入，对私人资本积累与发展有直接或间接的促进作用。此外，国家垄断资本还利用国有企业私有化、税收、信贷等手段，帮助和促进私人垄断进行资本积累。

3. 国家垄断资本为私人垄断资本的产品实现开拓市场

在国家垄断资本主义阶段，国家垄断资本运动的另一个主要功能，是为再生产过程中的产品实现创造条件，即开拓市场。这主要是通过国家采购和刺激消费实现的。国家采购即国家作为商品和劳务的购买者向私人企业加工订货和购买，这就为私人企业提供了稳定的需求、有保障的市场，有时还能得到高于一般市场水平的销售收入。国家采购为垄断资本开辟了一个新的市场，这是一个特殊的、有保障的市场，与一般的自由市场相比，这种国家市场一般不受经济周期的影响，比较稳定，可以缓解资本主义经济中的生产过剩现象，有时还可作为国家调控经济的一种手段，起到缓和社会经济矛盾的作用。

（二）国家垄断资本对经济的调节和管理

1. 国家调节和管理经济的理论基础

在自由竞争资本主义阶段，乃至在一般垄断或私人垄断资本主义发展的初期，国家在社会经济生活中的作用，都还是很有限的。早期的资本主义经济理论认为，国家或政府不应过多地干预经济，应该让资本主义私人企业自主地进行生产和经营决策，国家至多在企业的外部为其正常运行提供一个安全的环境就够了。但是，在现实的资本主义经济运行中，经济危机周期而至，并越演越烈，终于在 20 世纪 30 年代造成了空前的大危机、大萧条。资本主义国家不得不出面干预经济生活，在经济理论上也相应地出现主张国家干预的凯恩斯理论。几十年来，西方经济学中产生了很多种宏观经济理论和政策，发达市场经济国家的实践中，国家或政府的经济职能也日益发展，起着越来越重要的作用。从马克思主义政治经济学的观点看，资本主义国家对经济的干预，归根到底是社会生产力的发展，特别是社会化大生产存在和发展的内在要求，使得资本主义国家必须在一定程度上承担起管理调节社会经济生活的任务。同时，从市场经济运行条件的角度来看，一些私有制市场经济主体所不愿或不能承担的社会经济任务，也必须由国家来完成，而“市场失灵”则更凸现了国家干预经济的必要性。

2. 国家调节和管理经济的任务和目标

资本主义国家宏观经济管理与调节的总任务，是促进市场总供给和总需求的平衡。从马克思主义关于社会资本再生产的理论中我们已经了解到，社会再生产必须按客观决定的比例进行，而资本主义条件下，这种社会再生产的比例是在各个私人资本追逐剩余价值的无序竞争中，通过经济波动、破坏和危机的方式，强制地实现的。在社会生产力日益发展，生产社会化程度不断提高的情况下，如果没有一定的宏观调控，社会再生产比例将被严重地破坏，会造成社会资源的极大浪费，甚至威胁到整个社会的存在和发展。资本主义经济中长期存在的生产相对过剩的矛盾，在生产力越来越发展、市场问题也越来越严重的情况下，若没有国家的总量调节和控制，势必日益激化，从而威胁到资本主义社会的生存。从市场经济体制的角度看，维持和保证总供给和总需求大体平衡，也是市场经济正常运行的必要条件。如果市场上的供求总量经常不平衡，势必造成价格信号的扭曲，市场机制不能正常发挥作用，市场经济不能顺利运行。

资本主义国家宏观经济管理与调节的目标，往往不是单纯的一项内容。由于社会经济生活的复杂性，国家宏观经济调控的目的也是多重的。一般而论，宏观经济调控的主要目标，包括保持经济的稳定和一定程度的增长，保持币值和物价的稳定，实现充分就业，保持国际国内收支的大体平衡等。第一，一个社会能正常平稳的发展，必须有一定的经济增长速度，而资本主义经济的发展总是处在周期循环的波动中，私人资本在经济高涨的时期，往往拼命追逐利润，无限扩大生产，甚至造成某种程度经济虚幻增长的泡沫经济现象，而当萧条时又紧缩生产，造成生产增长的停滞和整个国民经济的不景气。针对这种情况，资本主义国家往往采取“反经济风向调节”的方式，随时出台宏观调节措施，试图保持国民经济的稳定，维持一定的经济增长。第二，市场经济中价格信号是最重要的经济信息，是正确评价微观经济主体效益的社会尺度，如果币值不稳定，物价不稳定，市场经济就不能顺利运转，社会就不会安定。因此，资本主义国家通常也总是把稳定物价作为宏观经济调控的一个重要目标。第三，从经济关系的角度说，资本主义社会中的失业问题，也即相对过剩人口的存在，是资本主义生产关系造成的，是不可避免的。正因为如此，失业一直是困扰各国资产阶级政府一个棘手的社会问题。严重的失业会造成社会的动荡，甚至会危及资产阶级的统治。因此，资本主义政府在其宏观经济政策中也一直把尽量创造就业机会、保持较高就业水平、力图实现充分就业作为调节社会经济活动的一个重要目标。第四，市场经济条件下，无论是国际国内收支，都应是基本平衡的，这样才能保持经济的平稳运行和健康发展。从国际收支方面看，无论贸易还是资本方面，长期的顺差或是逆差，对一国对外经济关系的顺利发展都是不利的，还会进而影响国内经济的稳定和发展；从国内方面看，无论财政、信贷哪个方面的收支不平衡，都会影响国民经济的顺利运行。所以，资本主义国家调控也总是把保持收支的基本平衡放到一个重要的位置。然而上述几个目标之间又存在着相互矛盾、相互制约的情况，比如，促进经济增长的措施可能就会带来通货膨胀，扩大就业的政策又会导致财政赤字的产生，等等。因此，在实际生活中资本主义的国家调控措施的出台和调控目标的实现，往往有顾此失彼的现象发生。

3. 资本主义国家对经济的调控方式和手段

资本主义国家对经济的调控方式主要有两种，一种是国家对国民经济的直接调节、控制和介入，如对国有企业和国有私人合营企业的经营、管理和调控，这在整个国家垄断资本主义的经济调控中所占比重不大。另一种是国家对国民经济的间接调节与控制，主要是运用经济手段，通过经济政策的制定、经济杠杆的运用，还可以通过计划的指导，间接地引导私人资本按照国家垄断资本主义所希望的方向发展。这是国家垄断资本主义对国民经济进行调控的主要方式。

资本主义国家对经济的调控手段，主要是经济手段和法律手段，个别时候、特定情况下，还可能出台某种行政手段对国民经济进行直接的干预，但一般情况下，国家对国民经济的管理、调节和控制主要是采取经济手段和法律手段。经济手段主要是通过经济政策措施来引导企业，使企业活动的方向符合国家调控的目标。法律手段则主要起规范经济秩序的作用，通过法律的制定和执行，使私人企业的活动纳入国家法制的轨道，整个国民经济可以有序地运行。

资本主义国家对经济的管理、调节和控制的对象，既包括各个微观经济主体，也包括作为整体的国民经济宏观全局。认为国家对经济的管理、调节和控制仅限于宏观经济调控的观点是不完全的。实际上，在发达资本主义市场经济国家中，国家垄断资本主义的经济管理和调控职能，既包括了对宏观经济总体的调控，也包括了对微观经济主体的规范和管制，后者在一些经济学文献中被称为经济规制。也就是说，资本主义国家不但要调节控制宏观经济总量，而且要规范微观经济主体的行为，利用经济和法律等手段促使企业按照国家的既定方针来行动和运作。只有这样从宏观和微观两方面进行管理和调控，才有可能实现国家调控经济的目标。

国家垄断资本主义宏观经济管理和调控目标的实现，主要是通过国家调节市场，市场引导企业这样一种经济调节机制实现的，这也是国家对经济的管理调控以经济手段为主的具体体现。因为，在发达市场经济条件下，市场是国家调节和企业行为的结合点。特别是在私有制为主体的资本主义经济中，国家不能直接要求私人企业干什么和不干什么，只能通过市场信号的变化去引导企业。这样国家制定一定的经济政策，并以之引导市场行为的走向，即通过对市场的调节来体现政策的导向。而企业则在这种引导下，采取对策，向相应的方向发展。发达市场经济中国家调节的主要是四大市场，即商品市场、资本市场、劳动力市场和外汇市场。国家主要通过这四大市场的总额供求和相关的经济指标，并主要运用财政政策、货币政策、收入政策和外汇政策进行干预，以求实现总供给和总需求的平衡，经济的稳定和适度增长。商品市场上最主要的指标是物价水平，它集中体现了商品市场的供求关系；资本市场上最主要的指标则是利率，它能反映出资本市场上的供求强度和均衡状况；劳动力市场的主要指标则是工资率；而汇率的波动可以清楚地反映出外汇市场的供求变化。国家可以通过对这些重要指标的监控、政策导向和调节来实现宏观调控。举例来说，假定市场上某种商品的价格上扬，并供不应求，而这种商品又是国家认为要大力发展的，国家就可出台有关经济政策，去促进这种商品的生产。再如，在资本市场比较疲软，信贷活动不活跃的情况下，国家想刺激经济发展、启动资本市场扩张，就可出台相应的利率政策，鼓励、促进资本市场的活跃与繁荣。

4. 国家垄断资本主义宏观经济调控的主要政策

当代国家垄断资本主义对宏观经济的调控，主要是通过财政政策、货币政策以及在一定程度上实行国民经济计划化实现的。

第一，财政政策。财政是国家进行国民收入再分配的工具，通过财政把一部分国民收入集中起来进行分配，从而对生产资源的使用、个人收入的分配以及整个宏观经济运行都有巨大的影响。当代资本主义国家的财政规模越来越大，财政支出占国内生产总值的比重，美国在 1/3 左右，英国、法国、德国等已超过 40%。因此，财政的作用和财政政策的运用越来越广泛，其地位越来越重要。财政政策主要包括财政收入和财政支出两方面。

从财政收入来看，主要的财政收入渠道是税收，国家可以通过税收政策，以不同的税种设置和有差别的税率，来鼓励某些产业的发展、制约与限制另一些产业的发展，乃至从总体上调节经济周期的变化。例如，当 20 世纪 80 年代美国出现一边是生产停滞一边又是通货膨胀率居高不下的滞胀局面时，为了促进国民经济走出停滞局面，当时的美国总统里根除了对货币市场进行调控外，还有针对性地出台了减税的财政政策，以此刺激私人企业发展生产，从而使国民经济走出停滞的困境。税收是国家向社会无偿收取贡赋，因此税率不能过高，整个社会的税负不能过重。但是，政府又要干许多事，需要大量的资金来实现其宏观经济目标。在税收不宜再增加的情况下，政府组织收入的另一途径即是举债，国家可以通过国债的方式筹措一定的收入，用于需要的地方。但是，国债是以国家信用作担保的债权债务关系，是要到期还本付息的，过高的国债必然会使国家背上沉重的债务包袱，在还债高峰期到来时，国家若无相应的财力还债，则会引发深重的债务危机。税收的另一主要作用，即对各社会阶级阶层的收入进行再分配，它是调节人们经济关系、稳定社会的一种手段。从总体上讲，国家垄断资本主义的税收政策是为垄断资本服务的，但为了垄断统治的长治久安，它们也会在税收政策上出台某些对低收入者有利的措施。

从财政支出来看，以往的政府财政支出主要是为了满足维持政府自身运转的需要。当代资本主义国家中，政府对社会经济生活的介入越来越多，财政支出除了维持政府运转的需要外，大量的财政支出是用于干预社会经济活动，为实现宏观调控目标服务。这些财政支出主要有：国家投资建设的重要企业、公共工程等，国家为干预社会经济进行的国家采购，国家为调节不同收入者所进行的补贴，后者也被称为转移支付，等等。

从原则上讲，政府每个财政年度的收支应该是大体平衡的，如果政府的财政支出大于财政收入，就会出现财政赤字。长期大量的财政赤字，是经济不稳定甚至崩溃的根源之一。因为政府没有组织起相应的财政收入，却把更多的钱用于财政支出，所造成的亏空，必然会导致国家财政经济的危机。因此，政府把财政收支的大体平衡作为宏观经济目标之一也就是必然的了。当然，在有些年份，有一定量的财政赤字，并不意味着马上就有可能发生经济危机。如果政府的这些支出是必需的，是发展国民经济所必要的，当时国民经济运行又比较平稳，在以后的财政年度中又可还上暂时的亏空，那么，有一定的财政赤字也并不可怕。其实，无论如何，较长时期较大数额的财政赤字总是很危险的。因为说到底，财政赤字是一种寅吃卯粮、政府借百姓的钱来花或者说用明天的收入办今天的事的方式，不应把财政赤字作为一个常用的有效工具来对待。

第二，货币政策。货币币值的稳定是市场经济正常发展运行的必要条件。金融信贷业务的发达，更能促进市场经济的加速发展。因此，货币政策一直是国家垄断资本主义宏观调控的一项重要政策。同无偿向社会收取贡赋的财政不同，货币金融借贷关系是有借有还，且要还本付息的。与财政政策相比，货币政策更具有经济手段、利益诱导的特征。在货币资本运动的过程中实现宏观经济调节，一是对利率的调节，二是对货币流通量的调节。

利率调节主要是通过利率高低和差别利率来实现某些宏观经济目标。例如，对国家支持的产业或企业给予优惠的信贷条件，鼓励其发展，相反，对国家要控制的经济活动则用较苛刻的信贷条件来制约。在经济过热时，适当提高利率，给经济降温；相反，在需要刺激经济发展、走出萧条与不景气阴影的时候，则适当降低利率来刺激投资与消费。这就是所谓的逆经济方向的货币政策调节。

从货币流通量的调控方面看，它对市场经济的正常运行更为重要。因为流通中所需的货币量是由客观规律决定的，在纸币流通的情况下，如果不顾客观规律的要求，过多增发货币，必然会引起通货膨胀和物价上涨。过高的通货膨胀率不仅会造成经济的不稳定，还会从根本上破坏市场经济的运行机制，导致整个国民经济的崩溃。20 世纪以来在一些国家和一些时期中曾发生过多次恶性通货膨胀，结果无一例外地导致了该国该时期生产水平大幅下降、人民生活极端困苦和国民经济的总体崩溃。因此，各国政府都把反通货膨胀作为一项重要的宏观管理和调控任务来对待，在这方面也积累了许多经验，有些还是现代发达市场经济体制中我们可以借鉴的有用经验。大体说来，发达市场经济国家在调控货币量方面，主要运用所谓三大手段或三个法宝来进行。一是公开市场业务，即由中央银行在货币资本市场上公开出售或收购有价证券，若是中央银行大量收购有价证券，则意味着一般商业银行手中的货币就有所增加，因而流通中的货币量就多了。二是最低准备金率政策，在发达市场经济国家有法律规定的准备金制度，即商业银行要把一定比例的资金存入中央银行，以保证金融秩序的稳定，这个法定准备金率若是提高了，商业银行须向中央银行上缴更多的货币资金，则流通中的货币就会减少。三是再贴现利率政策，商业银行可以把手中未到期有价证券拿到中央银行去再贴现，如果再贴现利率降低，商业银行就会拿出更多的有价证券去贴现，这样流通中的货币就会增加。应该说明的是，这三种货币政策的主要手段，要在现代银行体系发达的条件下才会有明显的作用。显然，三大手段对货币流通量的调节，在逆经济方向的调控中会发挥很大作用，也正因为如此，当代资本主义国家在有了国家宏观调控后，经济危机虽然不可避免，但经济周期的震荡却因有了一定的宏观调控而有所减弱。这种反风向的经济调节，能在一定程度上削平经济高涨时的尖峰，垫起一些经济萧条时的低谷。当然，这仅仅是治表的办法，并不能从根源上消除引起资本主义经济周期性危机的资本主义的基本矛盾。因此，国家垄断资本主义的这些调节措施只能是降低一些经济周期的震荡，并不能从根本上解决资本主义经济周期中种种内在的、深刻的矛盾。

第三，资本主义经济中的计划管理。邓小平深刻地指出，计划和市场都是经济手段，计划经济不等于社会主义，资本主义也有计划；市场经济不等于资本主义，社会主义也有市场。[①] 考察当代发达资本主义市场经济国家的现状就会发现，在某些资本主义国家中经济的计划管理确实存在，而且在国民经济中发挥了很大作用，如法国、日本和北欧一些国家，在计划管理上都有自己的特色。资本主义经济制度是以私有制为基础的，国家不能对私人资本直接进行计划管理。而市场经济本身又存在着某种自发性、盲目性，特别是资本主义无法克服的基本矛盾，更是不断造成经济的破坏与震荡。国家垄断资本主义阶段，为了在资本主义制度内解决这些矛盾，许多资本主义国家实行了一定程度的国民经济计划化。例如，利用国家的力量有计划地集中一定的社会资源进行某些关键部门企业事业的建设，对经济结构进行必要的调整，对资源配置进行一定的引导，对经济周期进行适当的调节，等等。资本主义国家的计划管理的主要内容是：制定一定时期的国民经济增长计划、财政收支计划、货币发行计划、国家重点投资计划、科技教育发展计划、主要产业发展计划等带有全局性、规划性、前瞻性、指导性的计划和规划。然后，再通过一定的方式，主要是经济手段引导私人企业向计划规划的方向发展。国家垄断资本主义的这些计划反映了国家的政策导向、大政方针，昭示未来的发展方向和前途，乃至指出经济社会发展中存在的需要解决的问题等。每个经济主体和当事人，可以通过这些计划了解政府政策方针，国民经济的发展方向，并在有关利益手段的诱导下向计划所希望的方向发展。

---

① 参见《邓小平文选》，1版，第3卷，373页，北京，人民出版社，1993。

四、垄断资本主义经济的国际扩张

（一）国际分工和生产国际化是垄断资本国际扩张的基础

资本主义生产是建立在生产社会化和经济商品化、市场化基础上的。它以国际分工为纽带，以商品生产和交换为媒介，把世界各国在经济上日益密切地结合起来。随着资本主义生产的国际分工的发展，各国经济的孤立性和闭关自守的状态逐渐被打破，资本主义生产日益向着国际化生产和交换的方向发展。

在资本主义生产的发展进程中，社会分工不断深化，生产社会化程度不断提高。当社会分工越出了国界，就进一步发展为国际分工。随着国际分工的深化，世界各国的经济联系也越来越紧密，各国经济的孤立性和闭关自守状态被打破，资本主义的生产日益向着国际化生产和交换的方向发展。从16世纪到19世纪，资本主义国家自身的生产不断发展，国际分工也同时出现和发展了起来。到资本主义经济制度确立和机器大工业发展起来以后，"一种和机器生产中心相适应的新的国际分工产生了，它使地球的一部分成为主要从事农业的生产地区，以服务于另一部分主要从事工业的生产地区"①。这种国际分工体系使先进的工业国和落后的农业国的生产成为国际性的，也是世界城市和世界农村分工体系的开始。19世纪后半期发生的第二次工业革命，对资本主义国际分工体系的最后形成起了十分的重要作用。促进这个时期国际分工体系和世界市场最终形成的原因，一方面是交通运输工具的飞跃发展，如环球铁路网的建设、海洋航线的开辟、电报电话的开通等，将各国的国内生产和市场真正转变为国际性的生产和市场。另一方面是资本输出成为资本主义国家对外经济关系中的重要手段，它有力地推动了生产和交换的国际化，加强了各国对国际分工的依赖性。这个时期世界生产和经济实力的格局是：世界的工业生产集中于少数欧洲、北美和日本等资本主义国家，它们成为世界性的工商业大国、富国和强国；而世界的农产品和原材料、初级产品则主要由多数亚非拉美国家生产，这些国家成为经济科技落后的穷国。同时，帝国主义列强从经济上和领土上

① 《马克思恩格斯全集》，中文1版，第23卷，494～495页。

瓜分世界，以宗主国和殖民地为主要内容的资本主义世界体系最终形成。第二次世界大战以来，发生了第三次工业和科技革命，国际分工进一步深化，生产日益具有国际化的趋势，资本主义的世界经济体系也有了新的发展。生产国际化的程度极大提高，现代科技革命所释放出来的巨大生产力进一步突破了国家的界限，使科技发展和生产进步日益成为国际性的；产业资本大规模国际化和跨国公司的兴起，则把企业内部和部门内部的分工发展为国际专业化分工；以自然资源为基础的传统的国际分工发展为产品专业化、零部件专业化和工艺专业化为基础的新的国际分工；同时旧的殖民体系的瓦解，也在一定程度上改变了国际分工的格局，发展中国家日益被卷入世界工业分工体系之中。通过以上对资本主义发展过程中国际分工和生产国际化发展过程的简要考察可以看到，随着社会生产力的发展，生产和流通过程日益社会化、国际化，国际分工和生产国际化是资本主义生产和市场经济发展的必然趋势。

（二）垄断资本国际扩张的形式和资本主义世界经济体系的形成

资本各种形态全面地国际化，使资本国际垄断的形式与手段也随之发生了变化。过去，国际垄断最主要的形式是国际卡特尔。在第一次世界大战前夕，国际卡特尔就已达 110 多个，到第二次世界大战前夕，更猛增到 1 200 个左右。当时采取这种国际垄断形式是与当时资本国际化的水平相适应的。那时，生产资本的国际化可以说还没有起步，垄断资本在国际范围争夺的主要是国际商品市场，以保证剩余价值的实现并攫取高额垄断利润。国际卡特尔通过各国垄断资本根据各自的实力达成瓜分世界市场的协议，确定垄断价格，控制生产数量和原料产地，是最适合这一要求的一种形式，所以能得到很大的发展。

第二次世界大战后，国际卡特尔在资本全面国际化的情况下已不再适应资本国际垄断的需要，从而逐渐削弱和减少，代之而起的是大量蓬勃发展的跨国公司。垄断资本主义国家的跨国公司是指通过对外直接投资，在国外设立子公司和分支机构，在世界范围内从事生产、销售和金融等各种经营活动，以获取高额垄断利润的大型垄断企业。跨国公司作为国际垄断的一种主要组织形式和实现形式，是社会生产力发展到国际化阶段的结果。国家垄断资本主义的发展则为跨国公司的巨大发展创造了必要的条件。跨国公司的发展适应了生产国际化和国际分工深化的需要，是垄断资本进行国际剥削的主要手段。跨国公司在第二次世界大战后迅速而巨大的发展，除了资本全面国际化的要求之外，国家垄断资本主义的支持与推动也起了重要作用。资本的全面国际化和国家垄断资本主义的高度发展，使跨国公司成了当代资本主义国家的主要经济支柱和重要象征。通过跨国公司，国际垄断已提高到一个新的高度。离开了跨国公司，也就没有当代资本主义国家如此高度发达的社会生产力发展水平和如此雄厚的政治、经济实力，也就没有当代垄断资本主义国家对世界经济的控制与国际垄断的发展。

随着国际分工的不断深化，生产国际化和资本国际化的不断发展，逐步形成了一个资本主义的世界经济体系。资本主义经济所以形成一个世界体系，是由资本主义生产方式的特点和本质决定的：

第一，资本主义经济是一种发达的商品经济和市场经济，它与前资本主义经济的自然经济和小商品经济不同，要以充分发展的商品流通和广阔的市场为前提。发达的商品生产和交换，必然趋向于突破地方市场和国内市场的束缚，走向全国、走向全世界。马克思指出："世界贸易和世界市场在十六世纪揭开了资本的近代生活史。"① 而世界市场的不断扩大和深化，又是资本主义商品经济发展的必然趋势。

第二，生产和科学技术的迅速发展，是资本主义商品经济不同于前资本主义自然经济和小商品经济的重要特征。在利润的刺激和竞争的推动下，资本主义生产具有无限扩大的趋势，并要求相应扩大商品的销售和原料的供应。"不断扩大产品销路的需要，驱使资产阶级奔走于全球各地。"② 不断增长的对原材料的需要也日益依靠国外市场来满足。与此同时，资本主义商品生产的日益丰富和多样化，推动着国际分工和国际专业化生产的不断发展，从而扩大和加深了各国之间的经济联系。

第三，追求最大利润是资本主义生产的本质，为了追求利润最大化，资本的信条是"在最便宜的地方生产，在最有利的地方销售"，所以，资本趋向于突破国家界限，开拓世界市场，跨国生产，从而使各国之间的经济联系日益紧密。

（三）产业资本国际化和资本主义世界经济体系的深化

与国际分工和生产国际化发展同步，资本的国际化也在不断发展。

① 《马克思恩格斯全集》，中文 1 版，第 23 卷，167 页。
② 《马克思恩格斯选集》，3 版，第 1 卷，404 页，北京，人民出版社，2012。

资本从其出现在世界上起，其进行榨取剩余价值的活动就不受国家或民族地域疆界的限制。它要开拓世界市场，要到遥远的异国去寻找原料，要不远万里地掠夺和榨取其剥削对象。正是资本的这种国际性的本质，形成了资本的国际化，促使资本主义世界体系的形成和发展。

资本国际化的程度是不断提高的。在资本主义发展的不同历史阶段，资本各种具体形态的国际化程度和所起的作用是不同的。最早表现出资本国际化趋向的是商品资本。资本主义国家生产出来的大量商品需要不断扩大市场，这就促使资本家奔波于世界各国，大力在国外市场上推销自己的商品，实现资本的增值，世界市场因之逐步形成。自由竞争资本主义时期是以大量的商品输出，从而以商品资本的国际化为其资本国际化的主要特征。

随着资本主义过渡到垄断阶段，垄断资本主义国家所出现的大量“过剩资本”输出到国外，在世界各地寻找有利的投资场所。这时，货币资本的国际化已不再仅仅是为了与商品资本的国际化相适应，而是走上了独立发展的道路，而且其重要性超过了商品资本的国际化，同时更超过了生产资本的国际化，因而货币资本的国际化成为垄断资本主义时期资本国际化的一个重要经济特征。

第二次世界大战后，在科学技术进步和国际分工发展的推动下，经济生活国际化要求资源在世界范围内进行合理的配置。再加上国家垄断资本主义的参与和推动，当代资本主义国家对国际市场和资源的争夺，已不能再简单地依靠国际贸易来进行。垄断资本开始在世界范围内来安排资本循环的整个过程，不仅把生产配置到国外，而且往往还把分工引进自己设置在世界不同地区和国家的企业之中，形成了国际生产的流水线。生产资本的国际化突出起来，占据了重要的位置。所以，第二次世界大战后与国家垄断资本主义相联系的资本国际化的特点是生产资本的国际化。

从商业资本、借贷资本到产业资本的国际化，表明资本国际化的发展促使国际经济关系逐步向深度和广度扩展，导致经济全球化的到来。经济全球化就是在生产不断发展，科技加速进步，社会分工和国际分工不断深化，生产的社会化、国际化程度不断提高的情况下，世界各国各地区的经济活动越来越超出一国和地区的范围而相互紧密地联系在一起的一种经济发展趋势。在经济全球化的过程中，资本主义世界经济体系得到了进一步的深化。

复习和练习

→内容提要

1. 资本主义经济发展经历了从自由竞争资本主义到私人垄断资本主义，再到国家垄断资本主义的发展阶段。这是在生产社会化和资本社会化基础上，通过资本主义基本矛盾的推动，是资本主义生产关系在其自身范围内发生局部调整和“部分质变”的结果。

2. 在垄断阶段，垄断的工业资本和垄断的银行资本相互渗透、彼此融合成为金融资本。金融寡头通过“参与制”控制整个国民经济。

3. 国家垄断资本主义是资本主义国家和垄断资本相结合而形成的一种垄断资本主义，第二次世界大战后，国家垄断资本主义获得了广泛深入的发展，在现代资本主义经济、政治和社会生活中的地位和作用日益重要。

4. 国家垄断资本主义的基本形式有三种：国有经济、国有企业、国有资本和私人资本在企业内部的结合，国有资本和私人资本在企业外部的结合，也即国家对国民经济的管理和调控。其实质是国家作为一个经济实体参与社会资本再生产过程，为私人垄断资本追逐高额利润而服务的垄断资本主义。

5. 国家垄断资本对国民经济的调控是生产社会化和市场经济发展的必然结果。第二次世界大战后，随着国家垄断资本主义和市场经济的高度发展，国家对经济的宏观调控不断扩大、深化和完善，逐步形成了比较完备的国家调控体系。

6. 垄断使生产、管理和资本走向全面的、高度的社会化，为向社会主义过渡准备着生产力和生产关系的基础。

→关键术语

自由竞争/垄断/私人垄断/国家垄断/宏观经济调控

→复习题

1. 为什么自由竞争必然要为垄断所代替？
2. 在垄断阶段，金融资本是怎样进行统治的？
3. 从私人垄断发展到国家垄断的原因是什么？
4. 国家垄断资本主义的基本形式有几种？其本质是什么？
5. 国家垄断资本主义宏观经济调节的理论基础是什么？有哪些主要经济政策？
6. 资本主义发展经历了几个阶段？为什么？
7. 垄断资本为什么要进行对外经济扩张？
8. 资本主义世界经济体系是怎样形成的？
9. 为什么说国家垄断资本主义是社会主义的前阶？

第六章

社会主义经济制度

一个社会的经济制度是由该社会的生产关系体系构成的，生产关系也称经济关系。社会主义经济制度就是指社会主义生产关系即经济关系的总和。社会主义生产关系，主要包括生产资料公有制，劳动者的主人公地位，按劳分配，消灭剥削，消除两极分化，实现共同富裕。在社会主义生产关系体系中，生产资料公有制是其基础。正是由于劳动者共同占有生产资料，消除了生产资料与劳动者相分离的状态，他们才能摆脱地主、资本家的剥削，获得主人公的地位。也只有在公有制的基础上，才能实行按劳分配，消除两极分化，并通过生产力的快速发展，逐步实现全体人民的共同富裕。

我国处于社会主义初级阶段，初级阶段的基本经济制度是公有制为主体、多种所有制经济共同发展，按劳分配为主体、多种分配方式并存，这种经济制度也称作中国特色社会主义经济制度。

重点问题

- 社会主义生产关系。
- 社会主义经济制度的基础。
- 社会主义按劳分配。
- 社会主义初级阶段的基本经济制度。
- 中国特色社会主义经济制度。
- 社会主义初级阶段的个人收入分配制度。
- 保护合法的劳动收入和合法的非劳动收入。

一、社会主义公有制与按劳分配

（一）建立和发展生产资料公有制经济

我国的社会主义经济制度是通过这样的途径建立的：在共产党的领导下，经过新民主主义革命，推翻了半殖民地半封建的旧社会制度，没收了官僚资本为国家所有，并通过“三大改造”即对资本主义工商业和农业、手工业的社会主义改造，建立起公有制经济。另外，新中国成立前，在革命根据地已经建立了一些公有制经济，包括政府经营的经济和合作社经济。新中国成立后，国家投资进行大规模经济建设，国有经济日益壮大与发展。“三大改造”完成后，1956 年，我国基本建立了社会主义经济制度。党的十七大报告指出：“新民主主义革命的胜利，社会主义基本制度的建立，为当代中国一切发展进步奠定了根本政治前提和制度基础。”

1. 社会主义公有制的含义

社会主义公有制，包括国家所有制即全民所有制和劳动群众集体所有制，也包括混合所有制经济中的公有经济成分。

社会主义公有制，既有别于原始氏族公社的公有制，也有别于奴隶社会和封建社会专为王室或皇室服务的官办经济，并有别于资本主义国家的国有经济。原始社会的公有制，是以极端低下的生产力水平为基础的，其公有的内容也极其简陋。与建立在社会化大生产基础上、规模宏大和结构复杂的社会主义公有制不可同日而语。专为王室和皇室服务的官办经济，不应叫做公有制经济。因为我们所讲的公有制经济，是指归劳动人民公共所有的经济。社会主义国有经济归全体劳动人民所有，国家代表全民实行所有权。因而，国家所有制也称作全民所有制。社会主义集体所有制经济，是归部分劳动群众公共所有的经济，国家所有制与劳动群众集体所有制，只是在所有制的范围和公有化的程度上存在差别，在生产关系的性质上都是社会主义公有制，都归劳动人民所有。

资本主义国家存在的国有经济并不属于劳动人民所有。在垄断资本主义阶段，国有经济实质上是国家垄断资本主义经济，与社会主义国家的国有经济具有不同的社会性质。

马克思主义创始人十分重视社会主义运动中的所有制问题。在《共产党宣言》中，他们特别强调所有制问题，把它作为社会主义运动的基本问题。他们认为，现代资产阶级私有制是建立在阶级对立上面，建立在一些人对另一些人剥削上面的生产和占有的最后又最完备的表现。社会主义运动就是要用生产资料公有制取代私有制。

社会主义公有制的具体形式是什么，马克思主义创始人并没有也不会为未来的社会主义实践提出具体方案。他们总的思路是生产资料归全社会所有。在他们的著作中，将社会主义公有制称作社会所有制。在存在国家的情况下，社会所有制可采取国有制的形式。在他们的著作中，“社会所有”“公共所有”“财产公有”“财产共有”是通用的概念，是公有制的不同提法。

2. 社会主义实行公有制的原因

第一，生产资料公有制是社会主义经济制度的基础。我们知道，一定的生产资料所有制是一定社会经济制度的基础。马克思指出，资本主义私有制，是资产阶级赖以生产和占有产品的基础。消灭私有制，将彻底消灭雇佣劳动和资本的对立关系，最终完全消灭工业和农业中的资本主义生产关系。到那时，阶级差别和各种特权才会随着它们赖以存在的经济基础一同消失。概括地说，只有实行公有制才能挖掉剥削制度和剥削阶级赖以存在的经济基础。

一定的经济制度是由一定的生产关系体系构成的。公有制是社会主义经济制度的基础，也就是说，是社会主义生产关系体系的基础。马克思指出：生产资料的全国性集中，将成为自由平等的生产者的联合体所构成的全国性基础。

马克思所设想的社会主义，是首先在一些发达的资本主义国家所建立的“合格的”社会主义制度。我国不但没有经历发达的资本主义制度，也没有经历过独立的资本主义社会阶段。半殖民地半封建的旧中国留给新中国的，是生产力十分落后、积贫积弱的经济遗产。因此，新中国的社会主义，不能教条主义地建立全国集中的、统一的全社会的公有制，而是从中国实际出发，建立了两种形式的公有制，即全民所有制和农村及城镇部分劳动群众的集体所有制。实践证明，公有制并不是越大越公越纯越先进。所有制的形式应适应生产力多层次的发展水平。我国曾经有过违反生产关系一定要适合生产力发展状况的规律，使公有制不断升级，即“小集体”升“大集体”、“大集体”升全民所有的教训。即使将来生产力有了更高的发展，保持公有制的多种形式也是必要的。除原有的全民所有制和劳动群众集体所有制外，还会有新的其他公有制形式。随着改革开放的推进，我国打破了公有制一统天下的局面，非公有制经济也发展起来。但是，公有制是社会主义经济制度的基础这一基本原理不会改变。我国宪法明确规定："中华人民共和国的社会主义经济制度的基础是生产资料的社会主义公有制，即全民所有制和劳动群众集体所有制。"也就是说，社会主义公有制是整个社会主义经济制度大厦的基石。动摇或损害公有制这一基础，就必然会动摇或损害社会主义经济制度。反过来说，要巩固、发展和完善社会主义经济制度，就必须首先巩固、发展和完善社会主义公有制。

社会主义公有制的基础地位具体表现在：只有实行生产资料公有制，劳动人民成为生产资料的主人，才能获得在社会生活和经济生活中的主人公地位；才能在公有制的范围内，消灭剥削与消除两极分化；公有制也是实行按劳分配的必要条件；公有制和按劳分配又是实现共同富裕的制度性基础。

第二，社会主义之所以强调实行公有制，是为了消除资本主义固有的内在矛盾，首先是生产社会化同资本主义私有制的矛盾，以解放生产力和发展生产力。旧中国不是资本主义社会制度，而是半殖民地半封建制度，存在着帝国主义、封建主义和官僚资本主义"三座大山"的压迫和剥削，生产力停滞不前，内忧外患，民不聊生。只有消灭半殖民地半封建的旧制度，推翻"三座大山"，建立新民主主义制度，进而建立社会主义制度，才能消除旧制度中生产关系和生产力的内在矛盾，解放和发展生产力。新中国成立 60 多年来特别是改革开放 30 多年来的经济发展和各方面的成就，超过了旧中国几百年的发展成就。改革开放以来的 30 多年中，我国经济以较快速度增长，居于世界各国经济增长的前列。

马克思主义强调实行社会主义公有制，并不是为公有制而公有制，也不是首先从道义原则出发，而是重在从生产力原则出发。马克思主义创始人不会也不赞同离开生产力发展的一定状况，抽象地、孤立地去评判或比较私有制和公有制的好坏。比如，原始氏族社会实行公有制，没有阶级剥削与压迫。当生产力发展到一定水平时，原始氏族制度被奴隶制度取代。奴隶制是人类历史上第一个也是最野蛮、最残酷的以私有制为基础的剥削制度。如果从道义原则看问题和进行评判，奴隶制的产生，私有制取代公有制，剥削制度取代无剥削的制度，似乎是人类历史的大倒退。然而，马克思主义是从历史唯物主义的观点评价某种经济制度的先进与落后的。在当时生产力发展的一定水平下，奴隶制取代原始氏族制度是一种自然的历史过程，是生产力发展的要求。因此，恩格斯指出，在当时的情况下，采用奴隶制是一个巨大的进步，它“使农业和工业之间的更大规模的分工成为可能，从而使古代世界的繁荣，使希腊文化成为可能”[①]。

私有制存在多种类型，封建制私有制取代奴隶制私有制，资本主义私有制取代封建主义私有制，都是生产力发展的要求，并促进了生产力的发展，因而都是人类历史的进步。

马克思主义创始人提出以社会主义公有制取代资本主义私有制，是以资本主义会经历产生、发展、成熟及其最后走向衰亡的历史必然过程为依据的。《共产党宣言》中充分肯定了资本主义在历史发展中的积极的和进步的作用，指出资产阶级在它不到100年的阶级统治中所创造的生产力，比过去一切世代所创造的全部生产力还要多，还要大。但是，当资本主义已高度发展时，其内在的基本矛盾即生产社会化与资本主义私人占有的矛盾日益突出，表现为周期性的生产过剩的经济危机对生产力的巨大破坏，也表现为反抗资产阶级统治与剥削的工人运动的蓬勃发展。这表明，资本主义生产关系已不适应生产力的发展。生产高度社会化，要求公有制与其相适应。消除资本主义基本矛盾的途径，就是以社会主义公有制取代资本主义私有制。1929—1933年的世界经济大危机时期，主要资本主义国家的经济严重倒退；而第一个社会主义国家苏联的社会经济则蓬勃发展，二者形成了鲜明而巨大的反差。根据统计，1934年，美国的工业产值只达到1929年的66%多，而苏联同期的工业产值则增长了140%多。这一事实充分表明了社会主义公有制与资本主义私有制相比的优越性。

当代资本主义国家在发展生产力和生产关系方面，进行了一些自我调节与调整，有利于缓和矛盾和发展生产力，但这并未根本消除其内在矛盾。资本主义私有制转向社会主义公有制，依然是社会历史发展的客观趋势。

社会主义的根本任务是解放和发展生产力，也可以说这是社会主义公有制的根本任务。《共产党宣言》指出，无产阶级将利用自己的政治统治，把生产资料集中在国家即组织成为统治阶级的无产阶级手里，并尽可能快地增加生产力的总量。我国是在生产力落后的基础上建立社会主义公有制度的，有效地发挥公有制度的优越性、大力发展

① 《马克思恩格斯选集》，2版，第3卷，524页，北京，人民出版社，1995。

生产力，更是迫切的任务。

第三，实行社会主义公有制，是消灭剥削、消除两极分化、实现共同富裕的条件与保证。公有制有利于将整体利益与局部利益、公共利益与个人利益、长远利益与目前利益结合起来，是实现共同富裕的制度性条件与保证。

在私有制度下，有的人占有生产资料，有的人没有占有；有的人占有得多，有的人占有得少。失去生产资料的人，不得不为生产资料的占有者去劳动。马克思说："一个除自己的劳动力以外没有任何其他财产的人，在任何社会的和文化的状态中，都不得不为另一些已经成了劳动的物质条件的所有者的人做奴隶。他只有得到他们的允许才能劳动，因而只有得到他们的允许才能生存。"① 在奴隶制度下，奴隶主占有生产资料，奴隶只能作为"会说话的工具"给奴隶主当牛做马。在封建制度下，地主占有土地和其他生产资料，失去生产资料的农民，不得不去做地主的农奴或佃农，受奴役和剥削。在资本主义制度下，工人不得不在资本家的工厂中从事雇佣劳动，提供剩余价值，忍受剥削。而且，在私有制度下，每个人都追求私人利益，弱肉强食，巧取豪夺，不可能形成全社会的统一的利益。私有制度必然产生剥削和两极分化。"朱门酒肉臭，路有冻死骨"正是旧中国社会现象的写照。

社会主义要消灭剥削，消除两极分化，实现共同富裕。而实现这一要求，一要靠生产力的发展，二要靠公有制的壮大。剥削的产生是生产力发展到一定程度的结果。在生产力极端低下的原始社会，没有剩余产品，不可能存在剥削，但也不可能有共同富裕。剥削的存在又是生产力发展不够的结果。只有在生产力高度发展的条件下，才能消灭剥削，但是，只有生产力的发展还不够。当代发达资本主义国家的生产力已有很高的发展，但由于依然是私有制，必然存在剥削和两极分化，不可能实现共同富裕。

社会主义公有制，要在大力发展生产力的基础上，通过把公共利益与个人利益、整体利益与局部利益统一起来，消灭剥削和消除两极分化，逐步实现共同富裕。马克思指出：在新的社会制度中，"社会生产力的发展将如此迅速"，"生产将以所有的人富裕为目的"②。邓小平也强调指出，社会主义的根本任务是发展生产力，根本目的是实现共

① 《马克思恩格斯选集》，2版，第3卷，298页。

② 《马克思恩格斯全集》，中文1版，第46卷，下册，222页，北京，人民出版社，1980。

同富裕。

（二）实行社会主义按劳分配

1. 生产方式决定分配方式

每一种社会制度都有与生产制度相适应的特定的分配制度。在生产与分配的关系上，马克思主义认为，生产决定分配，分配又反作用于生产。所谓生产决定分配，包括两个方面：一方面分配的对象是生产的成果，生产什么、分配什么，生产多少、分配多少；另一方面生产制度即生产方式决定分配制度即分配方式。比如，资本主义生产方式决定了资本主义的分配方式。资本主义生产方式的特点，是资本与雇佣劳动相结合，资本支配雇佣劳动，生产资料以资本的形式掌握在资本家手中，工人通过出卖劳动力商品以雇佣劳动的形式为资本家提供剩余价值。这就决定了资本主义分配方式的实质是以按资（本）分配为核心的按要素所有权分配。工人按劳动力价值或价格获得分配收入，是从属于资本获取剩余价值的需要的。

2. 社会主义实行按劳分配的客观依据

社会主义生产方式决定了社会主义的分配方式——按劳分配。

首先，社会主义公有制的确立，决定了每个社会成员不能再像私有制社会那样，凭借私人占有的生产资料参与分配。他们能向社会提供的只是自己的劳动，凭劳动获取收入。但是，仅仅确立公有制，并不能直接决定按劳分配。在原始社会的公有制条件下，实行的是平均分配；在共产主义高级阶段的公有制中，实行的是按需分配。生产资料公有制所直接决定的是：消除了个人凭借生产资料获取收入乃至剥削他人的分配关系。它为实行社会主义按劳分配提供了必要的前提条件，但并不是充分条件。

其次，社会主义实行按劳分配，还与劳动的特点有关。在社会主义社会，旧的社会分工还存在，劳动者长期乃至终身被束缚在一种职业上。而且，劳动还仅仅是或主要是个人谋生的手段，还没有同时成为生活的第一需要。不同劳动者的劳动，又存在智力和体力上的差别，存在先天与后天的差别。劳动的差别，要求实现为个人收入分配上的差别。

最后，社会主义之所以必然实行按劳分配，还与现阶段生产力水平相关。社会主义社会的生产力，一方面，远远高于原始氏族社会的水平，不能再实行生产力极端低下条件下不得不实行的平均分配；另一方面，在社会主义阶段，生产力还没有达到使社会财富充分涌流的很高的阶段，还不可能实行按需分配。因此，现有的生产力条件下，只能实行按劳分配。

社会主义实行按劳分配，可以把效率与公平统一起来。每个社会成员根据自己的能力为社会贡献劳动，实现了劳动平等。以劳动为尺度进行个人收入分配，多劳多得，少劳少得，不劳不得，消灭了剥削，实现了报酬平等。实行和完善按劳分配制度，有利于调动广大劳动者的劳动积极性与创造性，从而有利于提高生产效率和工作效率，促进生产力的发展。

在社会主义公有制中，依然存在必要劳动与剩余劳动、必要产品与剩余产品的划分。但与剥削制度下不同，剩余劳动与剩余产品不是为剥削阶级所占有，而是作为社会扣除，以满足劳动者的社会共同需要。其中一部分用作社会积累基金，以扩大和发展生产；一部分用作社会后备基金，以应付自然灾害和突发事件；一部分用作社会管理费用，如党政军警等部门的支出；一部分用作社会消费基金，如学校、医疗、图书馆等单位的需要；另一部分作为社会保障基金，用于养老、救济等事项。

马克思曾批判过作为德国工人阶级政党的纲领即“哥达纲领”中提出的一个要求：“不折不扣的劳动所得”。如果“不折不扣”地分光吃光，没有留下社会积累基金与社会消费基金，社会就不能进步与发展。所以不是“不折不扣”，而是有折有扣。社会扣除的部分，依然归劳动者共同占有和使用，并为社会的全面进步和人的全面发展提供物质条件。

社会主义经济制度建立后，有一个不断发展与成熟的过程。特别像我国这样一个在生产力落后的基础上建立的社会主义国家，更需要经历一个长远的发展过程。需要经历社会主义初级阶段、中级阶段与高级阶段。我国现在只处于初级阶段，这个阶段从新中国成立后的三大改造完成算起，需要一百年左右的时间。整个社会主义的发展需要经历几百年的时间。社会主义社会是共产主义社会的低级阶段，而中国又处在社会主义的初级阶段，在这个初级阶段的长时期中，要首先实现工业化，继而实现经济的社会化、市场化和现代化。

二、社会主义初级阶段基本经济制度与中国特色社会主义

“社会主义经济制度”同“社会主义初级阶段基本经济制度”，是既相互联系又不等同的两个概念。在我国宪法中是将其作为两种内涵不同的范畴加以分别论述的。社会主义经济制度存在于社会主义各个阶段，从初级阶段到高级阶段，是一个不断成熟与完善的过程。而社会主义初级阶段基本经济制度，是具有初级阶段特点的经济制度，显然与高级阶段的社会主义经济制度有所区别。

如前所述，社会主义经济制度不仅包括作为其基础的公有制，还包括劳动人民当家作主、实行按劳分配、消灭剥削和两极分化、走向共同富裕等。同样，社会主义初级阶段基本经济制度，既包括初级阶段的所有制结构，即公有制为主体、多种所有制经济共同发展，也包括初级阶段的个人收入分配制度，即按劳分配为主体、多种分配方式并存等。

社会主义初级阶段的理论与制度是与现阶段中国特色社会主义的理论与制度相联系的。中国特色社会主义包括中国特色社会主义理论、道路和制度。中国特色社会主义理论是马克思主义科学社会主义理论的继承与发展，两者之间是源和流的关系。不能把中国特色社会主义理论与科学社会主义理论隔离乃至对立起来。学界有人把科学社会主义称作传统社会主义，主张用中国特色社会主义摒弃传统社会主义，这是完全错误的。中国特色社会主义理论、道路和制度是不断发展的，要经历初级阶段、中级阶段和高级阶段，在社会主义中级阶段和高级阶段，中国特色社会主义的特点与初级阶段会有不同。

（一）实行公有制为主体、多种所有制经济共同发展的基本经济制度

实行多种所有制经济共同发展的基本经济制度，是与社会主义初级阶段的理论与实践相联系的。党的十三大报告对此进行了系统论述。一方面，建立了以生产资料公有制为基础的社会主义经济制度，与旧中国相比，我国发生了翻天覆地的变化。另一方面，我国人口多，底子薄，人均国民生产总值不高，生产力落后，经济发展不平衡。这就

决定了发展社会主义公有制所必需的生产社会化程度还很低，商品经济还不发达，社会主义经济制度还不成熟不完善。这种生产力和经济发展状况，决定了我国的社会主义还处于并将长期处于初级阶段。讲我国处于社会主义初级阶段，不是泛指任何国家进入社会主义都会经历这一起始阶段，而是特指我国生产力落后、商品经济不发达条件下建设社会主义必然要经历的特定阶段。这是我国的根本国情。我国发展社会主义事业，搞改革开放，进行理论研究和制定政策，都需要从这一根本国情出发。过去我国曾将马克思设想和论述的发达国家建立的成熟的社会主义模式作为社会主义起始模式，甚至曾急于向共产主义过渡，过早地消灭一切非公有制经济，追求越大越公越纯的社会主义，结果造成了不利于生产力发展和人民生活水平提高、不利于社会主义事业发展的消极后果。

在理论认识上明确我国处于社会主义初级阶段，我们就不能再办超越阶段的事情。为了更好地发展生产力，就需要在公有制为主体的条件下，鼓励、支持和引导非公有制经济的发展。

所谓公有制为主体，是指：第一，公有资产在社会总资产和新增加值中占优势；第二，国有经济控制国民经济命脉，对经济发展起主导作用。公有资产占优势，不是仅指量的优势，更重视质的提高。如果国有经济的资产庞大，但占相当比重的资产闲置不用，反而是浪费。公有资产占优势应是指有效发挥作用的资产占优势。此外，公有制的主体地位，还需按其在新增加值中的占有量的比加以衡量。

处于主体地位的公有制经济，不仅包括国有经济和集体经济，还包括混合所有制经济中的国有成分和集体成分，如中外合资企业及股份制企业中的国有和集体成分。

公有制经济为主体，国有经济为主导。应区别“主体”与“主导”的不同含义。“主体”需要有量与质的优势，而“主导”是指起引导、导向作用，不需要在量上占优势。作为社会主义性质的全民所有制经济，国有经济在整个国民经济的发展中具有举足轻重的地位。它在坚持经济与社会发展的社会主义方向上，在实现社会利益、整体利益和长远利益及其与个人利益、局部利益、目前利益的结合上，在消除两极分化、实现共同富裕的目标上，在国家加强和完善对国民经济发展的宏观调控上，在科技创新、增强经济实力和国防实力、应对国内外突发事件、增强国际竞争力和国家独立安全上都起着关键性的作用。总之，对社会主义经济制度的巩固与发展，起着保证作用。

总之，我国之所以实行公有制为主体、多种所有制经济共同发展的基本经济制度，是由我国的基本国情决定的。所谓基本国情，第一，我国是社会主义国家，必须坚持公有制作为社会主义经济制度的基础。第二，我国处在社会主义初级阶段，需要在公有制为主体的条件下发展多种所有制经济。第三，我国社会主义初级阶段的主要矛盾，是人民日益增长的物质文化需要同落后的社会生产之间的矛盾。解决矛盾的途径是大力发展生产力。因此，一切有利于社会主义社会生产力的发展、有利于社会主义国家综合国力的增强、有利于人民生活水平的提高的各种所有制形式，都可以而且应该用来为社会主义服务。

在社会主义初级阶段的所有制结构中，以国有经济为核心的公有制必须是主体。因为我国经济制度的社会主义性质，是由处于主体地位的公有制经济决定的。而且公有制只能是主体，不能是全体。在现阶段，我国需要在发展公有制经济的同时，发展多种非公有制经济，以充分利用各种资源，调动多方面的积极性，推动我国生产力的快速发展。

发展非公有制经济，并不是恢复与发展旧社会存在过的各种私有制经济。在旧中国存在了几千年的封建主义所有制经济，包括西藏存在过的农奴制经济，是不允许恢复和发展的。更不要说历史上存在过的奴隶制经济了。因为这种私有制经济在现代条件下已不能促进反而会阻碍生产力的发展，资本主义的发展就已经消灭了这种过时的经济。我国鼓励其发展的私有制经济，只是个体经济、私营经济和外资经济。个体经济和私营经济，在新中国成立前的“三座大山”即帝国主义、封建主义与官僚资本主义的压迫与束缚下，并没有获得充分发展。在社会主义现阶段还有较为广阔发展的余地。马克思在《〈政治经济学批判〉序言》中说：“无论哪一个社会形态，在它所能容纳的全部生产力发挥出来以前，是决不会灭亡的”①。也可以说，无论哪一种所有制经济，在它全部发挥出其发展生产力的潜力前，当它还有较大的发展生产力的空间时，是不会灭亡的。人为地、违反规律地去消灭它，必然会受到规律的惩罚。“野火烧不尽，春风吹又生”，在适当的时候，它又会发展起来。

（二）多种所有制经济的性质及其地位和作用

1. 国有经济

在劳动人民掌握国家政权的条件下，国有经济是社会主义性质的

① 《马克思恩格斯选集》，3版，第2卷，3页，北京，人民出版社，2012。

经济。在资产阶级掌握政权的条件下，国有经济依然是资本主义性质的经济。恩格斯指出：资本主义“现代国家，不管它的形式如何，本质上都是资本主义的机器，资本家的国家，理想的总资本家。它越是把更多的生产力据为己有，就越是成为真正的总资本家，越是剥削更多的公民。工人仍然是雇佣劳动者，无产者。资本关系并没有被消灭”[①]。连普鲁士镇压工人运动的“铁血宰相”俾斯麦，也曾致力于国有化。恩格斯曾批评说，出现一种“冒牌的社会主义”，无条件地把任何一种国有化，甚至俾斯麦的国有化，都说成是社会主义的。恩格斯嘲讽地说，按此见解，拿破仑和格特涅也应该算入社会主义的创始人之列了。

仅仅用国家政权是掌握在剥削阶级手中还是掌握在劳动人民手中不能完全说明国有经济的性质。因为经济成分的性质是由其内部关系而不是由作为上层建筑的国家政权决定的。资本主义国有经济之所以依然是资本主义性质，如恩格斯所说，是因为其中的资本主义关系没有变，工人依然是雇佣劳动者、无产者。

社会主义国家的国有经济的性质、地位和作用，与资本主义国家不同。社会主义国家政权不是由资产阶级而是由劳动人民所掌握，因而国有经济归劳动人民所有，消除了资本剥削雇佣劳动的关系，具有了社会主义性质。毛泽东在党的七届二中全会的报告中就指出，新中国的“国营经济是社会主义性质的”。我国宪法规定：“国有经济，即社会主义全民所有制经济，是国民经济中的主导力量。国家保障国有经济的巩固和发展。”

我国国有经济的社会主义性质应当体现劳动人民是社会和企业的主人，职工应具有话语权、知情权、监督权、选举权。如国企高管以权谋私，损害企业和职工的权益，就会失去社会主义性质。

社会主义国有经济包括矿藏、河流、森林、荒地、草原、地下文物和其他自然资源，包括国有的工厂、农场、银行、商店、铁路、航空航天、邮电、水利设施等。国有经济掌握着国民经济的命脉和有关国计民生的重要部门。它与社会化大生产相联系，拥有雄厚的经济实力和较先进的技术设备，是社会主义经济制度的主要基础；在国民经济中处于主导地位，是整个国民经济的领导力量。它为全国经济的技术改造和实现现代化提供强大的物质技术基础。党的十六大报告中强调说明：要“发展壮大国有经济，国有经济控制国民经济命脉，对于

① 《马克思恩格斯选集》，2版，第3卷，629页。

发挥社会主义制度的优越性，增强我国的经济实力、国防实力和民族凝聚力，具有关键性作用”。

2. 集体经济

集体经济是由城乡部分劳动者共同占有生产资料的公有制经济。它最初是通过对农业和手工业社会主义改造、走合作化的道路建立起来的，后来又通过集体经济自身的发展与新的集体经济的创建而不断壮大。它既包括农业中的集体经济，也包括乡镇集体企业和城市中的集体企业。

集体经济的生产社会化程度一般比国有经济低，它能够适应多层次的生产力水平。也有些乡镇和城市集体企业，具有现代化的技术装备和社会化的生产规模。不管集体经济生产社会化的程度高低和生产规模的大小，由于实行生产资料公有制和按劳分配，消除了剥削和两极分化，为实现共同富裕而发展生产，因此，集体经济也是完全社会主义性质的经济。有些集体经济已经迈上了共同富裕的道路，充分显示了公有制经济的优越性。如全国闻名的江苏的华西村、河南的刘庄等。

党的十一届三中全会以来，城镇集体经济得到了广泛发展。它包括手工业、工业、建筑业、运输业、商业、金融业和服务业等各个行业中的合作经济。集体经济是公有制经济的重要组成部分，集体经济可以广泛地吸收社会分散资金，对于发展社会主义生产、繁荣市场、扩大出口、增加积累、安排就业、满足人民需要、实现共同富裕等方面，都有着重要的作用。

3. 混合所有制经济中的公有成分

混合所有制经济是随着我国改革开放事业的发展而产生和发展起来的。在对资本主义工商业改造的过程中，作为国家资本主义形式的公私合营经济，虽然也属于混合所有制经济，但当时只是一种转向公有制经济的暂时存在的过渡形式，因而当时并没有出现过混合所有制经济的概念。

混合所有制经济，是由不同性质的所有制经济组合而成的一种经济形式。总的来说，它是不同形式的公有制经济与不同形式的私有制经济组合而成的。

中外合资经营企业和中外合作经营企业是混合所有制经济的重要形式。中外合资经营企业，是指中外双方共同投资入股，共同经营，共负盈亏，共担风险，并按照入股比例分配收益的企业。而中外合作经营企业，是指由中方提供土地、厂房、劳务等，由外商提供资金、设备、技术等，共同兴办企业，并根据共同商定的条件和合同规定分享收益。合作期满，其全部技术设备原则上归我方所有。实行与外商合作经营的中方企业多为集体企业。

中外合资经营企业和中外合作经营企业，凡属国有企业和集体企业与外商共同兴办的，其中的国有和集体成分，仍属社会主义公有制经济。上述两种混合所有制经济，是我国利用外资的一种重要形式，有利于增加建设资金，引进外国先进技术和管理经验，以加快我国社会主义现代化建设。

我国还存在和发展着国内的混合所有制经济。国内混合所有制经济又有不同的形式。如国有经济和集体经济同国内私营企业进行合资经营和合作经营，共同开发和兴办企业。党的十八届三中全会通过的《中共中央关于全面深化改革若干重大问题的决定》提出："积极发展混合所有制经济。""国有资本、集体资本、非公有资本等交叉持股、相互融合的混合所有制经济，是基本经济制度的重要实现形式，有利于国有资本放大功能、保值增值、提高竞争力，有利于各种所有制资本取长补短、相互促进、共同发展。允许更多国有经济和其他所有制经济发展成为混合所有制经济。"发展混合所有制经济是双向混合而不是单向混合，私人资本可以参股国企，国有资本也可以参股私企。混合所有制一般采取股份制形式。股份制究竟是什么性质的？是公有还是私有？不能笼统地说股份制就是公有或就是私有，关键看控股权掌握在谁手中。如果国家和集体控股，就具有明显的公有性，它有利于扩大公有资本的支配范围，增强公有制的主体作用。所谓明显的公有性，表明还不完全是公有制经济，因为私人股毕竟不是属于公有而是属于私人所有的。反之，如果由私人资本控股，则具有明显的私有性。因此，发展混合所有制经济，一定要处理好控股权问题，不能造成国有资本的大量流失。

4. 个体经济

劳动者个体所有制经济，简称个体经济。个体经济是指生产资料归劳动者个人所有，由劳动者及其家庭成员直接支配与使用，并直接从事劳动的经济成分，是一种私有制的形式——个体私有制。在我国现阶段，个体经济主要存在于手工业、农业、商业、交通运输业和服务行业中。

个体经济存在于许多社会形态中。在奴隶制社会、封建制社会、资本主义社会和社会主义社会都存在。个体经济并不具有特定的社会经济属性，不存在什么姓“资”姓“社”的问题。它在一定的社会制度中，从属于占统治地位的经济形式。在资本主义社会中，它从属于资本主义经济；在社会主义制度中，它则从属于社会主义公有制经济。

个体经济具有规模小、分散经营、工具比较简单、手工劳动占很大比重的特点。个体经济在发展社会生产、方便群众生活、安排就业、增加国家税收等方面，具有重要作用。

这里所讲的个体经济，主要是指城乡个体工商户。截至 2015 年 5 月，全国个体工商户总户数已突破 5 500 万户，个体经济是我国国民经济的一种重要力量。

5. 私营经济

私营经济是指企业资产属于私人所有、存在雇佣劳动关系的一种私有制经济。虽然它现阶段的地位和作用与新中国成立前的资本主义经济和三大改造前的民族工商业有所不同，但从本质上说，它依然是资本主义性质的经济。在三大改造中，私营企业曾被完全消灭。改革开放以来，它获得了长足的发展。在 20 世纪 70 年代末 80 年代初，它在中国大地上开始发展。不过，在 1987 年以前，党和国家对私营经济采取了慎重的态度。当时的政策是：不提倡、不宣传、不取缔，看一看再说。事实上，只要不禁止，不取缔，它就不断地发展起来。1987 年党的十三大报告，明确了私营经济的存在及其合法性质，它获得了较快的发展。在邓小平 1992 年南方谈话后，党和国家从理论与政策上进一步鼓励私营经济的发展，它在数量与规模上都有了迅猛的增长。根据国家工商总局提供的资料，到 2014 年 6 月，我国的私营企业发展到 1 253.86 万家。

私营经济在我国国民经济中所占的比重在不断提高。它与个体经济一起，是我国国民经济和社会主义市场经济的重要组成部分。

在我国公有制为主体的条件下，私营经济同公有制经济发生联系，在党和国家正确政策引导下，可以为社会主义建设事业服务。它在发展生产、活跃市场、繁荣经济、扩大就业、增加税收、满足人民需要等方面，发挥着积极作用。有些私营企业扶贫济困、兴办公益事业，积极为国家和社会多作贡献。

应改变将公有制与私有制、社会主义与资本主义绝对对立的观点。列宁在总结苏维埃政权前期的实践活动的经验教训时，提出应正确认识和处理公有制与私有制、社会主义与资本主义关系的意见。在实行新经济政策时期，他批评把一定经济成分的资本主义的性质同其作用相混淆的观点。他说，直到现在还常有这样的议论：“资本主义是祸害，社会主义是幸福”，他批评这种议论是不对的，认为有可能通过私人资本主义来促进社会主义。在我国社会主义现阶段，私营经济与外资经济虽然是资本主义性质的经济，个体经济是小私有制和小商品经济，但它们可以用来促进社会主义经济的发展，可以成为社会主义市场经济的重要组成部分，成为社会主义初级阶段基本经济制度的构成部分。但不应将此错解为非公有制经济是社会主义经济的组成部分，是社会主义经济制度的构成部分。社会主义经济与社会主义市场经济是内涵不同的概念。

6. “三资”企业中的外资经济

所谓“三资”企业，是指外商独资企业、中外合资经营企业和中外合作经营企业。

外商独资企业，是指外国的公司、企业、个人或其他经济组织，经我国政府批准，在我国境内兴建的企业。我国政府依法保护其权益。外商独资企业，是完全资本主义性质的经济。我国鼓励外商到国内投资，并为其创造必要的条件，但它必须遵守我国有关的法令、法规和政策。它也是我国利用外资的重要形式。

中外合资和合作经营企业中的外资部分，也是资本主义经济。如果是国有经济和集体经济与外商合资或合作经营，就是社会主义经济同资本主义经济的合资与合作关系。如果是国内私营企业利用外商投资，也有利于增加我国的建设资金，促进社会生产力的发展，有利于繁荣市场，扩大就业，多方面满足人们的需要。更为重要的是，引进外资，可以引进国外先进技术设备，有助于提高我国的生产技术水平；还可以引进先进的科学管理方法，有助于提高我国的企业管理水平；还有利于提高我国企业管理人员、技术人员的整体素质和水平。

（三）坚持和完善社会主义初级阶段的基本经济制度

对我国现阶段的基本经济制度，一要坚持，二要完善。这是解放和发展生产力的要求，也是发展和完善社会主义的要求。党的十六大报告对于坚持和完善基本经济制度，提出三方面的内容：第一，必须毫不动摇地巩固和发展公有制经济。要发展壮大国有经济，国有经济控制国民经济命脉，对于发挥社会主义制度的优越性，增强我国的经济实力、国防实力和民族凝聚力，具有关键性作用。要巩固与发展集体经济，集体经济是公有制经济的重要组成部分，对实现共同富裕具有重要作用。第二，必须毫不动摇地鼓励、支持和引导非公有制经济的发展。个体、私营等各种形式的非公有制经济都是社会主义市场经济的重要组成部分，对充分调动社会各方面的积极性、加快生产力的发展，具有重要作用。第三，坚持公有制为主体，促进非公有制经济的发展，统一于社会主义现代化建设的进程中，不能把两者对立起来。各种所有制经济完全可以在市场竞争中发挥各自优势，相互促进，共同发展。

为什么说非公有制经济是社会主义市场经济的重要组成部分？因为一个国家的市场和市场经济是统一的，不能按照不同的所有制经济分割为不同的市场和市场经济。多种所有制经济不是相互分离和割裂的，而是相互联系、相互交错、互为条件的。公有制经济的产品包括生产资料与消费资料，可以出售给各种非公有制经济；同样，非公有制经济的产品也可以出售给国有经济和集体经济。因此，不会也不可能按不同所有制经济将市场分割为独立和并列存在的公有制经济市场和非公有制经济市场两类，更不可能细分为相互割裂的国有经济市场、集体经济市场、个体经济市场、私营经济市场、外资经济市场等。市场经济也不能按照不同的所有制经济划分为相应的许多种。我国的市场经济是建立在公有制为主体基础上的，因而是社会主义市场经济。市场经济是指市场机制起资源配置作用的经济。多种所有制经济形成的统一的市场，对无论公有制或私有制经济都一样起资源配置作用。作为主体的公有制经济，构成社会主义市场经济的主体部分，而非公有制经济则成为社会主义市场经济的重要组成部分。

讲非公有制经济是社会主义市场经济的重要组成部分，不等于说非公有制经济是社会主义经济的重要组成部分。国有和集体经济是社会主义性质的经济，外资经济和私营经济是资本主义性质的经济，个体经济就是个体劳动性质的经济，不存在“资”或“社”的社会属性。这种认识，从马克思主义创始人到毛泽东、邓小平、江泽民和中央有关文献，都是一致的。毛泽东在党的七届二中全会的报告中说：“国营经济是社会主义性质的”，私营企业是“私人资本主义”。刘少奇在《宪法草案报告》中，按照毛泽东对宪法草案的修改，特别说明：国家所有制和劳动群众集体所有制，是“社会主义的经济成分”，而个体劳动者所有制和资本家所有制，是“非社会主义经济成分”。邓小平与中央有关文件，既讲公有制为主体，也讲“社会主义经济为主体”，两者的内涵是统一的。如果公有私有都是社会主义经济，就不存在“社会主义经济为主体”的提法和要求了。江泽民同志在庆祝中华人民共和国成立40周年大会上的讲话中说：“在我国现阶段，发展从属于社会主义经济的个体经济、私营经济”，这表明，个体经济、私营经济是“从属于社会主义经济”，但它本身并不是社会主义性质的经济。

应把不同经济成分的性质与其地位和作用区别开来。经济成分的性质是客观存在的。虽然外资和私营经济是资本主义经济，个体经济不具有特定社会经济属性，但它们可以从属于社会主义经济，为发展社会主义事业服务。讲明非公有制经济的性质，这丝毫不会影响和削弱它们作为“社会主义市场经济的重要组成部分”、是现阶段我国“基本经济制度”的构成部分的重要地位及其在社会经济中的重要作用。

既要坚持我国社会主义初级阶段的基本经济制度，又要不断完善这一基本制度。首先要完善国有企业的经济体制。通过深化国有企业改革，进一步探索公有制的多种有效实现形式，大力推进企业的体制创新、技术创新和管理创新。除必须由国家独资经营的企业外，积极推行股份制，发展混合所有制经济。实行投资主体多元化，重要的企业由国家控股。按照现代企业制度的要求，国有大中型企业继续实行规范的公司制改革，完善法人治理结构。垄断行业也要积极引进竞争机制。继续调整国有经济的布局和结构，改革国有资产管理体制。通过市场和政策引导，发展具有国际竞争力的大公司、大企业集团。进一步放开搞活小型企业。

改革的关键，是把国有企业塑造成市场的真正主体，形成自主经营、自负盈亏、自我发展、自我约束的经营机制，同时建立和加强必要的监督机制。需要加强和完善企业的内部管理，提高企业的质量和效益。

集体企业也要继续深化改革。要支持和帮助多种形式的集体经济的发展。

还要改进和完善非公有制经济的经营体制和市场行为。总体上说，发展非公有制经济有利于生产力的发展和经济繁荣，但非公有制经济的素质与发展状况参差不齐。有的企业遵规守法，文明管理，尊重职工权益，积极赞助社会公益事业；但也有些企业生产假冒伪劣产品，不讲信用，坑害国家和人民，严重侵犯职工权益。需要加强引导、监督与管理。另外，私营企业也需要进行管理与技术创新，提高加入世界贸易组织（简称世贸组织）条件下的竞争力。党的十六大报告中提出："放宽国内民间资本的市场准入领域，在投融资、税收、土地使用和对外贸易等方面采取措施，实现公平竞争。依法加强监督和管理，促进非公有制经济健康发展。完善保护私人财产的法律制度。"党和国家为非公有制经济的发展，从理论和政策上提供了有利的发展条件。

坚持和完善社会主义初级阶段的基本经济制度，要明确两点：一是不搞公有制一统天下的单一的公有制；二是不搞私有化。搞不搞私有化，就是看是否坚持了公有制为主体。党的十七届四中全会指出：要自觉划清"社会主义公有制为主体、多种所有制经济共同发展的基本经济制度同私有化和单一公有制的界限"。

三、社会主义初级阶段的个人收入分配制度

（一）社会主义初级阶段实行"按劳分配为主体、多种分配方式并存的分配制度"

社会主义初级阶段的个人收入分配制度，是按劳分配为主体、多种分配方式并存。之所以实行这种分配制度，主要是由现阶段的所有制结构决定的。社会主义公有制为主体，决定了按劳分配为主体。多种所有制经济的存在与发展，决定了多种分配制度的并存。另外，非劳动生产要素参与分配，还与我国实行社会主义市场经济有关。

在传统计划经济体制下，公有制一统天下。由于消灭了私有制，不再有个人占有土地、资本等生产要素的情况，因而，个人收入分配关系中，也就不再存在凭借非劳动生产要素获取收入的事情。那时，社会主义个人收入的分配原则，就是按劳分配。而且，按劳分配只能是个人消费品的分配。因为劳动收入只能用来购买消费品，不允许用于私人投资，或转变为生产资料、兴办私营经济或个体经济。在我国改革开放前的收入分配实践中，往往有平均主义倾向，特别在刮"左"风的时候，更易出现平均主义。平均主义不利于社会生产力的发展和社会主义生产关系的发展，改革开放以来逐渐消除了平均主义现象。

实行按劳分配为主体、多种分配方式并存，按劳分配与按生产要素所有权分配相结合，是改革开放以来，调整所有制结构、允许和鼓励多种所有制经济共同发展的结果。按劳分配与按生产要素所有权分配，是两种分配制度。不被占有的生产要素，不参与分配，如阳光雨

水，对农业生产是不可或缺的要素，但不会参与分配，因为没有被任何主体占有，不存在对自然要素的所有权。在公有制经济中，实行按劳分配；在私营企业和外资企业中，实行按生产要素所有权分配。

生产要素是生产过程中所需要的各种条件。马克思讲劳动过程的简单要素，是劳动、劳动对象和劳动资料。所谓简单要素，是指任何生产过程都需要的最一般的要素。从原始社会的生产到社会主义社会的生产，都离不开这三种简单要素。而“简单要素”的提法本身就意味着生产要素的内容会随着社会生产的发展而扩大，如管理、科学等要素在现代生产中已成为不可缺少的生产要素。马克思讲劳动过程的要素，没有专讲资本与土地，这是因为他讲生产要素是着眼于一切社会生产的。原始社会、奴隶制社会以及封建社会的生产资料还没有成为资本，而劳动资料的概念中已经包括了土地。到资本主义社会，生产资料才成为资本。西方经济学讲生产要素，主要是着眼于资本主义生产的。两百多年前的萨伊提出生产三要素，即劳动、资本、土地。后来西方经济学又在生产要素中依次加入管理和科学。萨伊等西方学者认为，各种生产要素包括劳动要素和非劳动要素，都创造财富和价值，因而提出了“生产要素价值论”，并把价值论与分配论统一起来，认为劳动创造了工资，资本创造了利息和利润，土地创造了地租。因此，在收入分配中，工人、资本家、地主各自获得了自己创造的部分。利益和谐，谁也不剥削谁。

马克思批判了萨伊的“庸俗经济学”的“三位一体的公式”，创建了劳动价值论，指出劳动是价值的唯一源泉，资本、土地等非劳动要素不创造价值。劳动价值论与价值分配论既相互联系又有区别。根据马克思在劳动价值理论基础上建立的剩余价值理论，可以认识到：在资本主义社会，资本家和地主凭借资本和土地所有权获得收入，无论利息、利润还是地租，都来源于雇佣劳动创造的剩余价值。

我国社会主义现阶段既然允许和鼓励私营企业和外资企业发展，就要承认和保护它的资本和一切生产资料的私有权。这种私有权就必然要求在经济上获得实现。投入资本，要求获得回报。利润就是资本要素的回报，是资本所有权在经济上的实现。

需要弄清价值创造与价值分配的关系。社会主义公有制经济中实行按劳分配，不是以劳动价值论为理论根据的。我们前面已说明了决定按劳分配的前提条件和主要根据，并没有涉及劳动价值论。马克思在《哥达纲领批判》中论述社会主义按劳分配问题时，恰恰认为，社会主义不再存在商品生产，劳动不再形成价值，因而根本不会用劳动价值论去说明按劳分配论。社会主义实践证明，商品经济需要保存和大力发展。在商品生产中，劳动依然形成价值。但实行按劳分配的原因和根据，依然不是劳动价值论。只是在按劳分配的操作过程中，要与劳动者创造价值的多少相联系。劳动价值论并不排斥非按劳分配方式的存在，也与按劳分配方式的贯彻实行没有必然联系。

同理，实行按生产要素所有权分配，并不表明一切生产要素包括土地、资本等都是价值的源泉。

无论实行按劳分配还是实行按生产要素所有权分配，都要处理好效率和公平的关系，在分配问题上，曾长期流行一个提法："效率优先，兼顾公平""初次分配重视效率再分配重视公平。"后来中央放弃了这一提法，在十七大报告中提出"把提高效率同促进社会公平结合起来"。初次分配既重视效率也重视公平，再分配更要重视公平。

（二）社会主义市场经济条件下按劳分配的特点

马克思所设想的按劳分配，是个人消费品的实物分配。由于他预计社会主义条件下商品生产消亡了，价值、价格、货币等范畴和关系不再存在，因而劳动者向社会提供劳动后，不再是获得货币工资，而是领得一种劳动证券，上面载明他提供了多少小时劳动（社会扣除的部分已除外），凭这种劳动证券向社会储备中领取含有相同劳动量的个人消费品。而且，根据马克思的设想，由于生产资料归全社会占有，按劳分配也按照全社会统一的标准实行。作为分配标准的劳动尺度，是根据平均的劳动技能、平均的劳动熟练程度和平均的劳动强度计量的。然而，在社会主义市场经济条件下，按劳分配的实现形式和特点，同马克思的设想有很大不同。第一，社会主义社会既然还存在商品经济，实行市场经济，因而价值、价格、货币、买卖、市场等范畴和关系会同时存在。每个社会成员向社会提供劳动后，根据多劳多得、少劳少得、等量劳动领取等量报酬的原则，获得货币工资，再用货币从市场上购买自己所需要的物品。第二，在实行市场经济条件下，货币工资不仅仅用于购买个人消费品，也可以进行投资，如购买股票、债券等，也可以用于购买生产资料或流通资料，组织生产或流通。第三，由于现实社会主义社会没有实现全社会占有一切生产资料，还存在不同的公有制形式，存在劳动群众集体所有制，并存在非公有制经济，因而不可能实行全社会统一的按劳分配标准。特别在实行市场经济条件下，连全行业统一的劳动报酬标准也被打破了。同一行业的不同国有企业，由于各自的经济效益不同，工资、奖金与各企业的效益挂钩，因而企业间的劳动报酬便有差别。等量劳动领取等量报酬的按劳分配原则，只能在各个企业内部实行。

（三）确立劳动、资本、技术和管理等生产要素按贡献参与分配的原则

党的十六大报告提出："理顺分配关系，事关广大群众的切身利益和积极性的发挥。调整和规范国家、企业和个人的分配关系。确立劳动、资本、技术和管理等生产要素按贡献参与分配的原则，完善按劳分配为主体、多种分配方式并存的分配制度。"

由于把劳动作为独立的生产要素提出，人们容易把技术和管理同资本放在一起，把它们看做非劳动要素。其实，管理也是劳动。马克思把管理称作指挥劳动、监督劳动。如同一个乐队需要指挥一样，社会化生产的共同劳动需要指挥和管理。管理劳动是一种高级复杂劳动。在现代生产中，管理的地位和作用更显得重要。厂长、经理、车间主任等的个人收入，是管理劳动收入，并不是非劳动收入。至于技术因素，应分三个层次：一是技术工作。工程师、技术人员的工作，属于科技劳动，而且是复杂劳动，他们的收入也是劳动收入。二是科技发明与创新。这种发明与创新的成果，凝结着科技人员的复杂劳动，其成果转让的收入，也是科技劳动收入。三是技术入股。技术是劳动成果，但技术自身不等于劳动，因而是非劳动生产要素。技术入股可能获得高额收入，其中除去技术发明成果的劳动收入外，其余的高额收入属于非劳动收入。在现代生产中，科技劳动、科技发明与创新，具有日益重要的地位和作用。因此，应重视现代生产中的技术工作要素，并使其获得与贡献相应的收入。

劳动有狭义与广义之分。与技术、管理并列作为生产要素之一的劳动，是狭义的劳动，即一般工人的劳动。而广义的劳动，还包括科技劳动和管理劳动以及其他脑力劳动。马克思的"总体劳动"概念中，就既包括了体力劳动、简单劳动，也包括了脑力劳动、复杂劳动；既包括了一般工人的劳动，也包括科技劳动和管理劳动。

为什么要将劳动与技术、管理等并列，作为不同的生产要素呢？其一，这是按照生产要素内容在发展中逐步扩大和分别提出的历史事实而将其并列的；其二，在现代生产和社会经济发展中，技术与管理的地位与作用越来越重要，将其作为独立的要素提出，具有现实意义。

从上面的说明可以看出，在劳动、资本、技术、管理等诸生产要素中，资本是非劳动要素，技术本身也是非劳动要素。但技术工作或技术工作者的劳动，也属于劳动要素。技术劳动与管理劳动，与处于生产第一线的工人劳动一起，都属于马克思所说的生产商品和价值的生产劳动。

党的十六大报告中提出劳动、资本、技术管理等生产要素按贡献参与分配。这里所说的“贡献”是指什么？是指创造价值的贡献，还是生产财富即使用价值的贡献？不言而喻，工人的劳动、科技劳动和管理劳动，在商品生产中既创造财富，也创造新价值。但资本作为非劳动要素，无论是货币资本还是生产资本，虽然也是生产价值与财富的必要条件，但不是价值的源泉。根据马克思主义的劳动价值论，价值的唯一源泉是劳动，但劳动不是财富的唯一源泉。马克思和恩格斯一再批评“劳动是财富的唯一源泉”或“劳动是一切财富的源泉”的说法，赞同配第所讲的“劳动是财富之父、土地是财富之母”的观点。这里所讲的“土地”，泛指自然界，既包括耕种用地，也包括自然森林、矿藏等。构成财富实体的是劳动与劳动对象。比如，裁缝将布料做成衣服，衣服作为财富，是由裁缝的劳动和布料构成的。而布料是由织布劳动和棉纱构成的，棉纱是由纺纱劳动和棉花构成的，而棉花是由棉农劳动和棉籽自然生长（棉田、阳光、雨水等）形成的。归根到底，多种劳动和自然物成为棉衣这一财富的源泉。如果理解为劳动和生产资料是财富的源泉，就不准确了，因为机器设备等构不成财富的实体。棉衣只由棉布和裁缝劳动构成，不包括剪、尺、缝纫机等实体。衣服的价值中包括布料和其他生产资料转移过来的价值，但布料和其他生产资料本身不会创造新价值，创造衣服的新价值的是裁缝的劳动。因此，资本（生产资料）作为生产要素的贡献，不能理解为与劳动一样，也是价值的源泉，而是指它是生产财富和价值的必要条件，特别是在生产财富中的贡献。

（四）保护合法的劳动收入和合法的非劳动收入

个人收入，可分为劳动收入与非劳动收入两大类。劳动收入又可分为合法的劳动收入与非法的劳动收入两类。非劳动收入也可分为合法的非劳动收入与非法的非劳动收入两类。非劳动收入，又可区分为无剥削性质的非劳动收入与有剥削性质的非劳动收入两类。有剥削性质的非劳动收入又有合法与非法的区别。

一切有益于社会的劳动，无论体力劳动还是脑力劳动，也无论是简单劳动还是复杂劳动，其劳动与劳动收入都是合法的，会受到保护。凡是有害于社会的“劳动”，如生产假冒伪劣商品、搞盗版、生产与贩运毒品、走私贩私之类的“劳动”及其收入，都是非法的，要受到惩处。凡有益于社会或国家允许与认同的非劳动行为及其收入，是合法的。如居民储蓄获得利息，购买债券和股票等获得收入，困难居民获得救济，参加保险获得赔偿，学生读书获得奖学金或助学金等，都是受到保护的合法的非劳动收入，这种非劳动收入并不具有剥削性质。此外，还存在有害于社会的非法的非劳动收入，如贪污受贿、抢劫盗窃、偷税漏税、欺诈行骗等犯法行为的收入。这种非劳动收入同样要受到严厉处置，受到法律的制裁。

具有剥削性质的非劳动收入，也有合法非法之别。新中国成立前，地主剥削农民是合法的，在社会主义的新中国则是非法的，不允许存在。但在我国社会主义现阶段，只能消灭封建制一类的剥削，还没有条件消灭一切剥削。马克思主义认为，剥削的存在，既是生产力发展到一定程度的产物，又是生产力发展不够的结果。比如，我国存在的外资企业等资本主义经济，只要遵规守法，正当经营，即使其中存在一定的对剩余价值的剥削，也是政策上允许的、合法的。我国还存在私营企业。在新民主主义时期，我国既鼓励民族资本主义的私营企业的经营与发展，又确认其存在剥削。但只允许合法剥削，不允许非法剥削。我国现阶段的私营企业，与三大改造前的资本主义工商业不完全相同，它的地位与作用有新的规定。私营企业主管理企业的劳动，从事科技工作的劳动，也是创造财富与价值的劳动。但其高额利润中也包含一定部分的剥削收入。1989 年 8 月 28 日颁发的《中共中央关于加强党的建设的通知》中明确指出：“私营企业主同工人之间实际上存在着剥削与被剥削的关系”①。不要把剥削与不道德、罪过和罪恶等同起来，一讲剥削就要消灭之、剥夺之。只要对发展生产和繁荣经济有利，只要符合“三个有利于”的标准，私营和外资企业的合法经营与发展，即使存在一定的剥削，哪怕凭借资本所有权获得收入成为百万富翁、亿万富翁，也是合法的，也会受到保护。马克思主义创始人从来没有孤立地仅从道义原则去评判剥削的是非功过。他们认为，剥削方式也有进步落后之分。马克思还特别指出：“资本的文明面之一是，它榨取剩余劳动的方式和条件，同以前的奴隶制、农奴制等形式相比，

---

① 《十三大以来重要文献选编》，中册，598 页，北京，人民出版社，1992。

都更有利于生产力的发展，有利于社会关系的发展，有利于更高级的新形态的各种要素的创造。”①

具有剥削性质的非劳动收入，也有不合法的情况。如有的企业违反劳动法，野蛮管理，严重损害职工权益，侵犯其人身自由，任意延长劳动时间，加班不付加班费，克扣工人工资等。这种行为是不允许的和非法的，因而不会受到保护。十六大报告中讲的“依法加强监督和管理，促进非公有制经济健康发展”，应包括这方面的情况。

在处理个人收入分配关系上，应着眼于有利于生产力的发展和共同富裕的实现。为此，既要重视效率，又要重视公平；既要反对平均主义，又要防止收入悬殊；既要发挥市场的作用，鼓励一部分人通过诚实劳动和合法经营先富起来，又要加强政府对收入分配的调节职能。要规范分配秩序，合理调节少数垄断性行业的过高收入，取缔非法收入，扩大中等收入者的比重，提高低收入者的收入水平，缩小过大的收入差距，防止两极分化。

复习和练习

→内容提要

1. 社会主义经济制度是由社会主义生产关系体系构成的，主要包括生产资料公有制，劳动者的主人公地位，按劳分配，消灭剥削，消除两极分化，实现共同富裕。公有制是社会主义生产关系体系的基础。

2. 社会主义公有制包括国家所有制即全民所有制和劳动群众集体所有制，也包括混合所有制经济中的公有经济成分。

3. 社会主义之所以强调实行公有制，是由于：(1) 在公有制的基础上才能建立社会主义生产关系体系；(2) 为了消除旧制度中生产关系不适应生产力发展的矛盾，解放生产力和发展生产力；(3) 公有制是消灭剥削和两极分化、实行共同富裕的必要条件与保证。

4. 生产决定分配的两个方面：(1) 分配的对象是生产的成果，生产什么、分配什么，生产多少、分配多少；(2) 生产方式或生产制度决定分配方式或分配制度。

5. 实行社会主义按劳分配的客观依据是：社会主义公有制的建立；社会主义阶段劳动的特点；社会主义现阶段的生产力水平。

6. 社会主义初级阶段基本经济制度的所有制结构是：公有制为主体、多种

① 《马克思恩格斯全集》，中文1版，第25卷，925～926页，北京，人民出版社，1974。

所有制经济共同发展。

7. 公有制经济是社会主义性质的经济，非公有制经济是社会主义市场经济的重要组成部分，但不是社会主义经济的组成部分。应分清不同所有制的性质及其在社会主义初级阶段的地位与作用。

8. 坚持和完善社会主义初级阶段的基本经济制度。要探索公有制特别是国有制的多种有效实现形式，也要完善非公有制经济的经营体制。

9. 社会主义初级阶段的个人收入分配制度是：按劳分配为主体，多种分配方式并存，按劳分配与按生产要素所有权分配相结合。

10. 要弄清价值创造与价值分配的关系。按劳分配不是以劳动价值论为依据。按生产要素分配，也不意味着非劳动要素也创造价值，也是价值的源泉。

11. 保护一切合法的劳动收入和合法的非劳动收入。

→关键术语

社会主义经济制度/生产资料公有制/社会主义初级阶段基本经济制度/共同富裕/国有经济/集体经济/私营经济/外资企业/个体经济/按劳分配/按生产要素所有权分配/合法的劳动收入/合法的非劳动收入

→复习题

1. 社会主义生产关系体系包括什么内容？

2. 社会主义为什么要实行公有制？

3. 我国为什么要实行国有经济为主导、公有制经济为主体、多种所有制经济共同发展的基本经济制度？

4. 怎样认识多种所有制经济各自的性质、地位和作用？

5. 社会主义实行按劳分配的客观依据是什么？

6. 为什么要实行按劳分配为主体、多种分配方式并存、按劳分配与按生产要素所有权分配相结合的分配制度？

7. 什么是合法的劳动收入与合法的非劳动收入？

8. 为什么初次分配和再分配都要处理好效率和公平的关系？

第七章

中国社会主义市场经济体制

社会主义市场经济是市场经济与社会主义基本经济制度相结合的经济体制。在社会主义条件下发展市场经济，是前无古人的伟大创举，是中国共产党人对马克思主义发展作出的历史性贡献，也是中国特色社会主义的重要内容和中国经济改革的一个根本特征。

重点问题

- 社会主义市场经济形成的历史过程。
- 社会主义市场经济的实质。
- 社会主义市场经济体制的基本特征。
- 社会主义市场经济体制的基本框架。
- 中国渐进式改革道路。

一、社会主义市场经济体制的形成

新中国成立初期，我国实行的经济体制是高度集中的计划经济体制。集中的计划经济体制，在工业化初期大规模的经济建设特别是集中资源进行重点建设方面，曾经表现出了巨大的优越性，为推动国家的工业化、发展和巩固社会主义制度作出了巨大贡献。但是，随着经济社会的进一步发展，这一体制存在的弊端日益显露出来，如动力不足、经济结构僵化等，对于计划经济的改革是经济发展的必然要求。

改革初期，中国的经济改革是在“计划经济为主，市场调节为辅”的指导下展开的。这一原则明确提出社会主义经济必须利用市场机制，把利用市场调节作为经济改革的一个重要方面，这对于当时的经济改革具有重要指导意义。1984年10月，党的十二届三中全会通过的《中共中央关于经济体制改革的决定》中明确提出了在公有制基础上有计划商品经济理论，这是对社会主义经济中市场机制认识上的一次重大突破。党的十三大报告在有计划商品经济理论基础上对社会主义市场机制问题进行了新的概括和说明，提出了“国家调节市场，市场引导企业”的经济运行模式。1992年春，邓小平在南方谈话中指出，计划经济不等于社会主义；市场经济不等于资本主义；计划和市场都是经济手段，计划多一点还是市场多一点，不是社会主义与资本主义的本质区别。这一论断从根本上突破了把计划经济和市场经济等同于社会主义和资本主义的传统观点。在此基础上，党的十四大报告中明确提出，我国经济体制改革的目标是建立社会主义市场经济体制，以利于进一步解放和发展生产力。1993年12月，党的十四届三中全会作出了《中共中央关于建立社会主义市场经济体制若干问题的决定》，全面系统地阐明了建立社会主义市场经济的基本框架和战略部署。2003年10月，党的十六届三中全会通过的《中共中央关于完善社会主义市场经济体制若干问题的决定》提出了进一步完善社会主义市场经济体制的目标和任务。党的十七大报告指出：“实现未来经济发展目标，关键要在加快转变经济发展方式、完善社会主义市场经济体制方面取得重大进展。”报告还提出，要着力构建充满活力、富有效率、更加开放、有利于科学发展的体制机制，为发展中国特色社会主义提供强大动力和体制保障。党的十八届三中全会根据我国社会主义市场经济理论和实践发展的新的形势和新的要求，提出了使市场在资源配置中起决定性作用和更好发挥政府作用的重大理论观点，在完善社会主义市场经济体制上迈出新的步伐。

经过30多年的深入改革，中国的社会主义市场经济初步形成，经济持续高速增长，国家的综合国力和人民的生活水平大幅提高，整个经济充满了活力。由计划经济体制向社会主义市场经济体制的转变，实现了改革开放的历史性突破，打开了我国经济、政治、文化和社会全面发展的崭新局面。

同时，我们还要看到，我国的社会主义市场经济体制模式虽然业已形成并取得了举世瞩目的光辉成就，但是这一体制还不完善，还存在不少矛盾和问题，如失业压力增强，贫富差距扩大，自主创新水平低，社会事业发展滞后，社会保障体系不健全等。因此，必须进一步深化改革，不断完善社会主义市场经济体制，在充分发挥市场机制的决定性作用的同时，更加关注科学发展，更加关注社会公平，更加关注民生建设，更加关注自主创新，努力解决和克服现实经济中存在的各种矛盾和问题，实现社会主义与市场经济的更好结合，使中国特色社会主义道路越走越宽广。

二、社会主义市场经济的实质

市场经济是通过市场调节，让市场在资源配置中起决定性作用的经济体制。由计划配置资源是计划经济，由市场配置资源是市场经济。所谓市场配置资源，就是通过市场机制如供求机制、竞争机制和价格机制，来调节企业生产什么、生产多少，实现资源的有效配置。那么，什么是社会主义市场经济呢？十四大在提出“我国经济体制改革的目标是建立社会主义市场经济体制”的同时，特别强调：“社会主义市场经济体制是同社会主义基本制度结合在一起的”，具有明确的制度属性，它包括了两个方面的内容：一是发挥市场机制在资源配置中的有效调节作用，二是完善社会主义基本制度，这两方面的内容相辅相成，缺一不可。对于这一点，十四大以来党中央的许多重要文献都有过明确的论述。江泽民同志多次强调，我们搞的市场经济，是同社会主义基本制度紧密结合在一起的。如果离开了社会主义基本制度，就会走向资本主义，因此“社会主义”这几个字是不能没有的，这并非多余，并非画蛇添足，而恰恰相反，这是画龙点睛。所谓“点睛”，就是点明我们的市场经济的性质。建立社会主义市场经济体制要取得成功，必须把社会主义市场经济体制同社会主义基本制度有机地结合起来。这就要努力把社会主义基本制度的优势同市场的优势结合起来，充分利用市场对各种经济信号反映比较灵敏等优点，发挥市场在资源配置中的决定性作用，同时通过宏观调控克服市场经济的盲目性、自发性等弱点和消极方面，使我国社会主义制度的优越性更加充分地发挥出来。[①] 十六届三中全会通过的《中共中央关于完善社会主义市场经济体制若干问题的决定》指出，“坚持社会主义市场经济的改革方向”，“继续探索社会主义制度和市场经济有机结合的途径和方式”。十六届四中全会通过的《中共中央关于加强党的执政能力建设的决定》提出，“不断提高驾驭社会主义市场经济的能力”，“把握社会主义市场经济的内在要求和运行特点，自觉遵循客观规律，充分发挥社会主义制度的优

① 参见江泽民：《论社会主义市场经济》，202页，北京，中央文献出版社，2006。

越性和市场机制的作用”。十七大报告在总结我国改革开放的历史经验时，把“把坚持社会主义基本制度同发展市场经济结合起来”当作了重要的经验之一。习近平总书记指出，坚持社会主义市场经济改革方向，坚持辩证法、两点论，继续在社会主义基本制度与市场经济的结合上下功夫，把两方面优势都发挥好。①

社会主义市场经济是与社会主义基本制度相结合的新型市场经济，具有资本主义市场经济所不具有的特殊优势。它一方面发挥了市场机制信息灵敏、效率较高、激励有效、调节灵活等优点，增强了经济发展的活力；另一方面发挥了社会主义经济具有的党政有为、政府有效、统筹兼顾、共同富裕、独立自主、团结互助等制度优势，把市场经济的长处和社会主义制度的优越性有机结合起来了，这就从理论和实践上超越了以私有制为基础的资本主义市场经济的流俗教条，重视克服市场经济的盲目性、自发性和滞后性等弱点和消极方面，极大地促进了社会生产力的发展，创造了经济发展的奇迹。

三、社会主义市场经济体制的基本特征

经过 30 多年的深入改革，我国初步形成了符合国情的经济体制模式，这一经济体制模式集中体现了社会主义市场经济的基本特征和内在要求，其主要特点如下所述。

（一）公有制为主体、多种所有制经济共同发展的基本经济制度

所有制结构改革是建立和发展市场经济的基础。改革开放以来，中国逐步确立了以公有制为主体、多种所有制经济共同发展的社会主义初级阶段基本经济制度，为社会主义市场经济的形成和发展奠定了坚实的制度基础。公有制的主体地位和国有经济的主导作用保证了市场经济的社会主义方向，有利于经济的稳定协调发展，有利于发挥国家的主导作用，有利于维护社会长远和共同的利益。多种所有制经济的共同发展塑造了平等交换的市场主体，有利于增强市场经济的活力

① 参见《习近平：立足我国国情和我国发展实践　发展当代中国马克思主义政治经济学》，见新华网，2015-11-24。

和效率，有利于调动各个经济主体的积极性和创造性，发挥各种生产要素的作用。根据社会主义初级阶段基本经济制度的要求，中国逐步确立了把结构调整与体制创新相结合的国有企业改革思路：一方面，要发挥国有经济在国民经济中的主导作用，坚持有进有退，有所为有所不为，通过调整国有经济的布局，把国有经济的重点放到关系国民经济命脉的重要行业和关键领域，提高国有资产的整体质量，增强国有经济活力、控制力和影响力。另一方面，按照市场经济的要求进行体制和机制的创新，建立适应市场经济要求和产权清晰、权责明确、政企分开、管理科学的现代企业制度，完善企业的产权制度和经营管理体制，使国有经济在市场竞争中发展壮大。

（二）有效的市场作用同有为的政府作用相结合

所谓的市场经济，就是通过市场机制即供求、价格和竞争的作用来调节资源配置的经济体系，从这个意义上讲，市场的决定作用是市场经济的一般规律和本质特征。但是，在不同的社会制度下，市场的决定作用所发生的范围和条件是不完全相同的。在社会主义市场经济条件下，从微观经济的角度看，无论是私有企业还是公有企业，都要追求利润最大化，都要接受市场机制的调节，也就是说，市场在资源配置中起着决定性作用。但是，从整个社会来说，生产发展或资源配置的目的已经不是利润的最大化，而是最大限度地满足人民群众的物质文化需要，实现人的全面发展和社会的共同富裕。实现这一目的，单纯依靠市场调节显然是不够的，因为，市场所能实现的需求只能是短期的和有货币支付能力的需求，满足人民群众共同和长远的利益，离不开社会的计划和政府的作用。因此，在社会主义市场经济中，市场的决定作用主要体现在微观经济领域，体现为市场机制对资源配置的调节方面。从社会发展和宏观经济的层面看，则需要强调党的领导和政府的积极作用。政府的职责和作用主要是保持宏观经济稳定，加强和优化公共服务，保障公平竞争，加强市场监管，维护市场秩序，推动可持续发展，促进共同富裕，弥补市场失灵。因此，使市场在资源配置中起决定性作用和更好发挥政府作用，二者是有机统一的，“看不见的手”和“看得见的手”都要用好，努力形成市场作用和政府作用有机统一、相互补充、相互协调、相互促进的格局。[①]

① 参见《习近平：“看不见的手”和“看得见的手”都要用好》，见新华网，2014-05-27。

（三）提高效率同促进公平相结合

改革开放以来，我国逐步确立了以按劳分配为主体、多种分配方式并存的收入分配制度，提出允许一部分人先富起来，最终实现共同富裕。十六大以来，针对我国经济生活中出现的收入差距不断扩大的问题，党中央提出了更加关注社会公平的方针，十七大报告“把提高效率同促进社会公平结合起来”作为中国改革开放的一个重要的经验，同时指出：“要通过发展增加社会物质财富、不断改善人民生活，又要通过发展保障社会公平正义、不断促进社会和谐。”十八大报告提出：“公平正义是中国特色社会主义的内在要求”。根据我国的实践经验，在社会主义市场经济中，效率与公平的统一包括了以下基本原则：

（1）完善收入分配体制，努力缓解城乡、区域和社会成员之间收入分配差距扩大的趋势，在经济发展的基础上逐步实现全体人民共同富裕。

（2）加强制度建设，保障社会公平正义，依法逐步建立以权利公平、机会公平、规则公平、分配公平为主要内容的社会公平保障体系，通过制度建设实现效率与公平的统一。

（3）把效率与公平的统一作为促进社会和谐的重要保障，全面建设惠及十多亿人口的更高水平的小康社会，努力形成全体人民各尽其能、各得其所而又和谐相处的社会局面。

（4）初次分配和再分配都要处理好效率和公平的关系，再分配更加注重公平，把效率与公平的统一贯穿于社会生产和分配的全过程，使发展成果更多更公平惠及全体人民，朝着共同富裕方向稳步前进。

（四）坚持独立自主同参与经济全球化相结合

十一届三中全会以后，中国确立了对外开放的基本国策，日益融入了全球化的进程之中，逐步形成了开放、改革与发展相互促进的良性互动。但是，我们也要清醒地看到，全球化是一把双刃剑：一方面，它是生产力发展的客观要求和必然趋势，有利于生产要素在全球范围内的优化配置，给我国的经济发展带来了新的机遇。另一方面，当今世界的经济全球化是西方发达资本主义主导的资本主义生产关系的全球化，不可避免地产生一系列新的矛盾和问题，如世界范围内的两极分化、对于全球生态系统的过度开发与破坏、全球性的经济混乱和金融危机的频繁爆发、发展中国家对发达国家依附的加深等。因此，建立和发展社会主义市场经济，要正确处理对外开放与独立自主的关系。在对外开放的同时，坚持独立自主、自力更生的方针，把立足点放在依靠自身力量的基础上，把引进与自主创新、利用外资与自己积累、增加出口与扩大内需结合起来，在对外开放中注意维护国家的主权和经济安全，防范和化解国际风险的冲击，始终保持对关键行业和领域的控制力。同时要不断提高自主创新的能力，努力建设创新型国家，形成经济全球化条件下参与国际经济合作和竞争的新优势。

（五）中央集权同地方分权相结合

改革开放以来，我国逐步形成了与社会主义市场经济要求相适应的有中国特色的中央与地方关系模式，这一模式的主要特点可以概括为：坚持中央政府的主导作用，发挥中央与地方两个积极性。中央政府在社会经济、政治和文化的方面，代表着国家全局的和长远的利益，是推动国家经济发展、经济改革和对外开放的主导性力量。地方政府一方面要服从中央的领导，努力实现国家全局的和长远的利益；另一方面它在改革中获得了相对独立的经济自主权和明确的经济利益，在推动地方的经济发展、经济改革和对外开放中发挥着关键性作用。中央集权与地方分权相互补充、相互配合、相互制约，共同推动了经济和社会的发展，是中国成功实现改革与发展的一个重要经验。

现阶段中国的经济体制模式是处在发展与转型中的社会主义市场经济体制模式，它将随着社会主义市场经济的发展而不断完善。

四、社会主义市场经济体制的基本框架

从中国的实践经验看，社会主义市场经济体制的主要内容和基本框架包括以下几方面：

第一，实行以公有制为主体、多种所有制经济共同发展的基本经济制度。毫不动摇地巩固和发展公有制经济，毫不动摇地鼓励、支持、引导非公有制经济发展，坚持平等保护物权，形成各种所有制经济平等竞争、相互促进新格局。国有资本、集体资本、非公有资本等交叉持股、相互融合的混合所有制经济，是基本经济制度的重要实现形式，有利于国有资本放大功能、保值增值、提高竞争力，是新形势下坚持

公有制主体地位，增强国有经济活力、控制力、影响力的一个有效途径和必然选择。深化国有企业改革，形成适应市场经济要求的现代企业制度和企业经营机制。优化国有经济布局和结构，增强国有经济活力、控制力、影响力。长期稳定并不断完善以家庭承包经营为基础、统分结合的农村双层经营机制。建立归属清晰、权责明确、保护严格、流转顺畅的现代产权制度。以现代产权制度为基础，发展混合所有制经济。

第二，形成以按劳分配为主体、多种分配方式并存的收入分配制度。健全劳动、资本、技术、管理等生产要素参与分配的制度。初次分配和再分配都要处理好效率和公平的关系，再分配更加注重公平。通过一部分先富带动后富，最终实现全体人民的共同富裕。整顿和规范分配秩序，加大收入分配调节力度，重视解决社会成员收入差距过分扩大问题。以共同富裕为目标，扩大中等收入者比重，提高低收入者收入水平，调节过高收入，取缔非法收入。

第三，形成统一开放竞争有序的现代市场体系。实现城乡市场紧密结合，国内市场和国际市场相互衔接。形成包括一般的商品市场、劳动力市场、资本市场、房地产市场和技术信息市场等在内的比较完备的市场体系，促进商品和各种要素在全国范围内自由流动和充分竞争。完善反映市场供求关系、资源稀缺程度、环境损害成本的资源价格形成机制。规范发展行业协会和市场中介组织，健全社会信用体系。完善行政执法、行业自律、舆论监督、群众参与相结合的市场监管体系，维护和健全市场秩序。

第四，建立与市场经济相适应的健全的宏观调控体系。发挥计划与市场两种手段，把人民的当前利益与长远利益、局部利益与整体利益结合起来，在社会主义国家的宏观调控下发挥市场机制的基础性调节作用。宏观调控的主要任务是：保持经济总量的基本平衡，促进经济结构的优化，引导国民经济持续、快速、健康发展，推动社会全面进步。建立包括计划统筹、经济调节、市场监管、社会管理、公共服务和国有资产管理在内的完善的政府管理国民经济的体系。发挥国家发展规划、计划、产业政策在宏观调控中的导向作用，综合运用财政、货币政策，提高宏观调控水平。

第五，建立与市场经济相适应的完善的社会保障体系。这是建立社会主义市场经济体制的重要内容，关系到维护人民群众的切身利益，关系到改革发展稳定的大局。建立以社会保险、社会救助、社会福利为基础，以基本养老、基本医疗、最低生活保障制度为重点，以慈善事业、商业保险为补充，覆盖城乡居民的社会保障体系。维护人民群众的切身利益，保持社会的稳定，为社会主义市场经济的发展提供良好的社会保障。

第六，建立与市场经济相适应的完善的法制体系。按照依法治国的基本方略，着眼于确立制度、规范权责、保障权益，加强经济立法。完善市场主体和中介组织法律制度，使各类市场主体真正具有完全的行为能力和责任能力。完善产权法律制度，规范和理顺产权关系，保护各类产权权益。完善市场交易法律制度，保障合同自由和交易安全，维护公平竞争。完善预算、税收、金融和投资等法律法规，规范经济调节和市场监管。完善劳动、就业和社会保障等方面的法律法规，切实保护劳动者和公民的合法权益。完善社会领域和可持续发展等方面的法律法规，促进经济发展和社会全面进步。

第七，建立与市场经济相适应的新型社会管理体制。深化劳动就业体制改革，实施积极的就业政策，努力改善创业和就业环境。建立和完善人才市场体系，进一步促进人才流动。改革科技管理体制，加快国家创新体系建设，促进全社会科技资源高效配置，实现科技和经济社会发展紧密结合。强化政府公共卫生管理职能，建立与社会主义市场经济体制相适应的卫生医疗体系。深化文化体制改革，健全文化市场体系，建立富有活力的文化产品生产经营体制。加快形成行为规范、运转协调、公正透明、廉洁高效的行政管理体制。

第八，构建开放型经济新体制。要坚定不移实施对外开放的基本国策、实行更加积极主动的开放战略，坚定不移提高开放型经济水平，形成有利于培育新的比较优势和竞争优势的制度安排。要从制度和规则层面进行改革，推进包括放宽市场投资准入、加快自由贸易区建设、扩大内陆沿边开放等在内的体制机制改革，完善市场准入和监管、产权保护、信用体系等方面的法律制度，着力营造法治化、国际化的营商环境。坚持统筹国内国际两个大局，既立足国内，充分运用我国资源、市场、制度等优势，又重视国内国际经济联动效应，积极应对外部环境变化，更好利用两个市场、两种资源，推动互利共赢、共同发展，不断探索实践，提高把握国内国际两个大局的自觉性和能力，提高对外开放质量和水平。[①]

第九，提高党驾驭社会主义市场经济的能力。中国共产党是建设

① 参见《习近平主持召开中央全面深化改革领导小组第十六次会议强调　坚持以扩大开放促进深化改革　坚定不移提高开放型经济水平》，载《人民日报》，2015-09-16。

中国特色社会主义事业的领导核心，也是发展社会主义市场经济的领导核心。坚持党的领导，发挥党总揽全局、协调各方的领导核心作用，是我国社会主义市场经济体制的一个重要特征。要坚持把发展作为党执政兴国的第一要务，不断提高驾驭社会主义市场经济的能力。要适应世界经济和科技发展趋势、我国改革发展的新形势，把握社会主义市场经济的内在要求和运行特点，自觉遵循客观规律，充分发挥社会主义制度的优越性和市场机制的调节作用，不断提高领导经济工作的水平。

上述几个方面的内容是相互联系和相互制约的有机整体，构成社会主义市场经济体制的基本框架，必须配套改革，整体推进。因此，社会主义市场经济的建立与完善是一个涉及经济、社会乃至政治各个领域、各个方面和社会各阶层利益的系统工程，是一项长期、复杂、艰巨的任务。

五、中国渐进式改革道路

20 世纪 80 年代末 90 年代初，从传统计划经济向市场经济的过渡形成了两条明显不同的道路，即苏联东欧社会主义国家的激进式改革和中国的渐进式改革。苏联东欧社会主义国家的激进式改革采取了所谓的“休克疗法”和“大爆炸”的方法，彻底否定社会主义经济制度，在短期内推出大规模的私有化、自由化、开放化的改革措施，全面向西方式的经济政治制度过渡，导致了经济的持续大衰退，社会的巨大动荡，人民生活水平的大幅下降。中国经济改革的成功不仅在于它向世人昭示了社会主义与市场经济是可以结合的，而且还在于它在实践中探索出了一条有中国特色的渐进式改革道路或改革方式，概括来讲，这种改革方式主要有以下几方面的特点：

一是自上而下与自下而上相结合，在坚持统一领导的前提下，充分发挥基层单位在制度创新中的积极性和创造性。

二是双轨过渡，增量先行，在保留计划协调的前提下，通过在新增资源中逐步扩大市场调节的比重的办法来稳步向市场经济过渡。

三是整体协调，重点突破，在坚持全国一盘棋的前提下，分部门、分企业、分地区各个突破，由点到面，实现经济体制的整体转换。

四是兼顾改革、发展与稳定，把改革的力度、发展的速度和社会可承受的程度统一起来，在社会稳定中推进改革和发展，通过改革和发展促进社会稳定。

五是分步推进，循序渐进，先试验后推广，并根据实践的需要不断调整目标与思路。

六是坚持问题导向，坚持实践标准，总结国内成功做法，借鉴国外有益经验，勇于推进理论和实践创新。

目标决定方法，方法内生于目标，不能脱离开改革的性质和目标来抽象讨论改革的方式问题。中国的经济改革之所以采取了渐进式的改革方式，从根本上来说是由社会主义市场经济这一改革目标的特殊性质决定的，这是因为：

第一，社会主义市场经济是市场经济与社会主义基本制度相结合的经济体制，改革的目标并不是要否定社会主义基本制度，而是要通过不断的制度创新克服传统计划经济体制的弊端，赋予社会主义基本制度新的活力，中国经济改革的这一根本性质，决定了其改革的方式和过程必然具有温和渐进的特点。在这里，新旧体制之间一开始就不是泾渭分明、截然对立的，而是具有明显的连续性和继承性，它们之间的转换要经历许多不同阶段，经过许多中间环节，采取许多中间形式。

第二，中国目前处在社会主义初级阶段，市场发育和市场机制的作用不仅受社会制度的制约，而且受经济发展阶段的制约。在改革的一定时期内，面临着分工粗疏、结构简单、信息不畅、基础设施薄弱、城乡差距大、对外开放程度不高等因素的制约，中国的市场化与工业化、体制模式的转型与发展模式的转型是结合在一起的，因此，市场经济的形成和发展必然要经历一个比较长的历史过程，中国的改革只能是渐进式改革。

第三，社会主义市场经济是一种新的市场经济形式，它的具体特点和实现形式并不是先验的、固定不变的，而是不断变化发展的。实际上，把改革目标确立为社会主义市场经济，并不是一开始就明确了的，而是经历了从计划经济，到计划经济为主、市场调节为辅，到有计划的商品经济，到计划经济与市场调节相结合，到社会主义市场经济的长期的探索过程。直到1992年以后，改革的目标才被明确定义为建立社会主义市场经济体制，目前，社会主义市场经济体制已基本建立，但仍需逐步加以完善。

显然，中国的渐进式改革与苏联东欧社会主义国家的激进式改革的根本差别不是方式和方法的差别，而是改革的目标和性质的差别。中国的改革目标是建立社会主义市场经济体制，是在社会主义基本制度基础上进行的市场化改革，而苏联东欧社会主义国家的激进式改革则是对社会主义基本制度的彻底否定，这就是 20 世纪 80 年代末 90 年代初社会主义计划经济向市场经济转型的过程中出现两种不同的改革道路，导致不同的经济社会后果的根本原因。

复习和练习

→内容提要

1. 社会主义市场经济的形成经历了一个从计划经济到计划经济为主、市场调节为辅，到有计划的商品经济，到计划经济与市场调节相结合，再到社会主义市场经济的发展过程。

2. 市场经济与社会主义基本经济制度相结合，是社会主义市场经济的实质所在。

3. 社会主义市场经济体制的基本特征有：公有制为主体、多种所有制经济共同发展的基本经济制度；有效的市场作用同有为的政府作用相结合，提高效率同促进公平相结合；坚持独立自主同参与经济全球化相结合；中央集权同地方分权相结合。

4. 社会主义市场经济体制的基本框架是多方面的内容组成的相互联系和相互制约的有机整体。

5. 中国的渐进式改革与苏联东欧社会主义国家的激进式改革的根本差别不是方式和方法的差别，而是改革的目标和性质的差别。

→关键术语

计划经济/市场经济/社会主义市场经济/市场调节/市场体系/宏观调控/社会主义基本制度/激进式改革/渐进式改革/经济全球化/自力更生

→复习题

1. 社会主义市场经济的形成经历了哪些主要阶段？

2. 社会主义市场经济的特殊性体现在什么方面？

3. 社会主义市场经济的基本框架是什么？

4. 中国的渐进式改革道路与苏联东欧社会主义国家的激进式改革的根本差别是什么？

第八章

经济全球化与国际经济关系

20世纪80年代特别是进入21世纪以来，经济全球化迅速发展。经济全球化具体表现为生产、贸易和金融的全球化，有其产生和发展的客观必然性。经济全球化对世界经济的影响是一把双刃剑，对其作用要全面地认识和把握。经济全球化的背景下，国际经济协调不断发展，出现了世界经济一体化的趋势。资本主义发达国家及其与发展中国家之间的经济关系，构成当代世界经济关系的主要内容。在这种形势下，中国必须实行对外开放政策，加强与世界经济的联系，积极应对经济全球化的机遇和挑战。

重点问题

- 经济全球化的兴起。
- 经济全球化的表现和原因。
- 经济全球化对世界经济的影响。
- 经济全球化条件下国际经济关系发展的趋势和特点。
- 国际经济协调与世界经济一体化。
- 发达资本主义国家之间的经济关系。
- 发达资本主义国家与发展中国家之间的经济关系。
- 中国对外开放、发展对外经济关系的必然性。
- 中国对外开放的格局、成果和面临的挑战。

一、经济全球化的客观必然性

国家垄断资本主义的发展大大推动了资本主义国家科学技术的进步和社会经济发展水平的提高。科学技术的巨大进步使国际分工在广度和深度上都迅速地向前跨进了一大步。世界上各个地区和国家都深深地卷入了国际分工的体系之中。正是在这一基础上，资本全面地国际化了，资本国际化使国际经济关系的飞跃发展变成了现实，推动了经济全球化的发展。

经济全球化是指随着生产力的巨大发展、生产社会化程度的提高和世界范围内市场经济的发展，必然要求资源配置从一国范围扩展到世界范围，各国经济通过跨国生产、国际贸易、资本国际运动以及国际技术交流等经济纽带而日益密切联系在一起的趋势。这一概念包含三层含义：第一，它是经济国际化发展到高级阶段的产物，是一个长期渐进的客观历史进程，属于历史范畴。第二，经济全球化发展的最根本的动因是新科技革命推动下生产力的巨大发展，而其最重要的现象与特征，是生产要素在全球范围内流动并进行配置。第三，经济全球化发展的基础在于国际分工，在于世界各国经济的相互依赖。

（一）经济全球化的表现

作为一个客观历史进程，经济全球化发端于 19 世纪 60—70 年代世界市场和世界经济的形成，蓬勃发展于 20 世纪 50 年代之后，尤其是 20 世纪 90 年代。一般来说，经济全球化主要表现为以下几个方面。

1. 生产全球化

经济全球化最为核心的内容在于生产全球化，即物质生产跨越国界，在全球范围内安排和进行。生产全球化的基础是生产国际化，而生产国际化主要由跨国公司推动。19 世纪末 20 世纪初，科学进步和工业生产的发展，使许多同行业和跨行业的垄断集团出现。这些垄断资本集团将“过剩资本”输出到原料丰富、地价便宜、工资低而资金少的国家和地区，以谋求更低的生产成本和更丰厚的利润。它们在这些国家和地区设立分支机构，由此形成了跨国公司的雏形。第二次世界大战后，跨国公司获得了巨大发展。原有垂直型为主的国际分工，逐渐向水平型乃至“混合型”国际分工转变。以美国为首，发达资本主义国家的垄断资本组织将其直接生产过程和经营活动迅速扩大到世界各地，其经营规模、组织体系和经营方式，都得到了极大的拓展。跨国公司通过在国外建立子公司、成立合资企业与合作企业、签订合作协议等方式，大规模、大范围地进行对外直接投资，使世界上处在不同分工层次的国家，被有机地组成为一个国际生产体系，各民族国家的国内生产也不可避免地成为了世界生产的一部分。跨国公司通过大量直接投资，在世界各地建立生产企业和其他分支机构，就地雇用工人，就地生产，就地销售，同时向世界各地出口，从而使生产的全球化程度日益提高。据统计，跨国公司对外直接投资的存量，目前已经占到了全球国内生产总值（GDP）的1/5强；跨国公司分支机构的出口，已占全球出口的1/3。

2. 贸易全球化

贸易全球化是经济全球化的一个重要方面。它以贸易自由化为先导，主要指商品和服务在全球的自由流通。第二次世界大战后，1948年1月1日，由23个成员签署的《关税及贸易总协定》（GATT）正式生效。《关税及贸易总协定》为战后消除国际贸易障碍、解决国际贸易争端从而推动贸易自由化，提供了有效的制度保障。在该协定的推动下，各国平均关税降低，许多贸易限制被取消，各种补贴也受到约束，大大促进了全球贸易的发展。据统计，1950—1990年的40年间，世界货物出口总额增长了11倍。1995年成立的世界贸易组织，取代了关税及贸易总协定有力地推了贸易全球化的发展。世界贸易高速增长，其年均增长率远远超过了世界产品生产的增长。伴随着货物贸易的发展，服务贸易的增长速度也十分令人瞩目。与此同时，世界各国的贸易依存度（进出口贸易额占国内生产总值的比重）不断提高。不仅世界各国的生产成为了世界性的，世界各国的消费也已成为了世界性的。世界贸易高速增长以及各国贸易依存度的普遍提高，标志着贸易全球化程度日渐加深。进入21世纪以来，国际贸易的产品种类不断扩大，服务贸易在国际贸易中的比重不断提高，国际贸易的地区结构也发生了一些变化，表现在：一是发达国家之间的贸易额不断提高，二是新兴经济体国家间的贸易量也迅速增加。

3. 金融全球化

作为经济全球化的一项重要内容，金融全球化是指金融资本在全球的大规模扩张和自由流动。金融全球化的前提是金融自由化，而金融自由化之所以能够兴起，主要得益于20世纪80年代以来信息技术的高度发展和各国金融市场的开放。相对于生产全球化和贸易全球化，金融全球化趋势兴起较晚，但其发展速度却是最快，规模和影响也非常之大。

20世纪80年代以来，金融全球化主要体现为：一是金融业的跨国并购盛况空前。从20世纪80年代后半期开始，金融业的并购起初主要在各国国内进行，随后由于信息技术不断发展，电子交易手段得到广泛应用，跨国并购日益高涨。金融业跨国并购，使大型跨国金融机构的规模和实力迅速向全球扩张，由此，金融全球化特点日益凸显。二是国际金融市场发展迅猛。国际金融市场主要包括国际信贷市场、国际债券市场、国际股票市场、国际外汇市场和国际金融衍生工具市场。20世纪80—90年代，作为金融全球化重要表现的国际金融市场蓬勃发展，规模急剧扩大。金融全球化趋势的形成，对世界经济的发展产生了深远的影响，它既提高了金融市场的效率，带动了国际投融资活动的发展，改善了生产要素在世界范围内的配置效率，又给世界各国的经济发展带来了诸多新的风险。

（二）经济全球化的兴起及其原因

1. 经济全球化的兴起

自由竞争资本主义阶段，随着机器大工业和商品经济的发展，世界市场的逐步形成，国际分工开始出现并有一定程度的发展，经济国际化现象也产生和发展起来。马克思和恩格斯曾论述道，在资本主义机器大工业时期，不断扩大产品销路的需要，驱使资产阶级奔走于全球各地。资产阶级由于开拓了世界市场，使一切国家的生产和消费都成为世界性的了。但是，这种以世界市场和国际贸易为纽带表现出来的各国生产和消费所具有的世界性或全球性，只局限在国际流通领域，还没有直接涉及各国的生产过程和国际的生产过程。这可以说是经济全球化发展的初始阶段或初级阶段，还不是完全意义上的经济全球化，这个阶段大体延续到20世纪80年代以前。

20世纪80年代特别是90年代以来，完全意义上的经济全球化，即涵盖国际流通过程和国际生产过程（亦即世界经济再生产全过程）的全球化日益兴起。上述生产全球化、贸易全球化、金融全球化等，包含了国际流通过程和国际生产过程的全球化，在20世纪80年代特别是90年代以来迅速发展，成为当代世界经济中最重要的经济现象。

2. 经济全球化兴起的原因

经济全球化的基础在于国际分工和经济国际化，其根本动力是社会生产力的发展，其具体原因是：

第一，科技进步与生产力发展。科技进步与相应的生产力大发展，为经济全球化奠定了必要的物质技术基础。每一次科技革命，都会使社会生产力跃上一个新台阶，而伴随着社会生产力的每一步跃升，经济国际化程度都会不断提高，生产要素的流动范围与规模都会不断扩大。18世纪下半叶，第一次科技革命引起了工业革命的发展，机器大工业代替了工场手工业，资本主义生产方式得以在世界范围内确立起来。这一时期，社会生产能力成百倍地提高，原材料的来源与产品的销售不再仅限于本地，而是大量扩展到海外，真正意义上的国际分工开始产生。19世纪下半叶，第二次科技革命促进了重工业和交通运输业的发展，先进资本主义国家的工业生产大幅增长，资产阶级往来奔走于世界各地，世界上多数国家和地区的生产都已成为世界性的。这时，世界城市与世界农村既相互对立又相互依存的垂直型国际分工体系进一步扩大和深化，国际贸易迅速增长，国际信贷也有所发展，世界市场和世界经济最终形成。以此为基础，经济国际化发展到高级阶段，经济全球化初露端倪。第二次世界大战后，新的科技革命使社会生产力发生了革命性的变化，人类进入知识经济和信息经济时代。电子计算机、卫星定位通信系统、互联网等高新技术的发展，使人类日益突破自然资源和空间的局限，在全球范围内实现了全方位的沟通、联系、融合与互动。这一阶段，跨国公司迅猛发展，其全球性的扩张活动，使国际分工由原来的垂直型分工为主转变为水平型分工为主；世界市场的内涵更加丰富而全面，产品、资本、劳动力、技术、信息等各类生产要素，以空前的速度和规模在全球各个角落、各个领域流动并进行资源配置；世界各国的经济，也因此而更加紧密地联系到了一起。与此相适应，经济全球化进程加速，并继续向前发展。

第二，世界市场的发展与扩张。世界性的市场化改革，为经济全球化提供了体制保障。经济全球化最重要的现象与特征，是生产要素以空前的速度和规模在全球范围内流动并进行资源配置。这一点，必须依靠市场来实现。因此，市场化既是各民族国家参与经济全球化进程的起点，也是经济全球化发展的客观要求。可以说，没有市场化，就没有经济全球化。19世纪后半期，统一的资本主义世界市场和世界经济体系形成，经济全球化得以萌芽。随后几十年，资本主义世界市场不断扩大、加深。20世纪50—80年代，由于美、苏两个超级大国相互争夺世界霸权，形成冷战的对峙局面，加之苏联实行高度集中的计划经济体制，因而全球市场被人为地分割成两个平行的世界市场。在此过程中，经济全球化虽然有所发展，但并不突出。20 世纪 90 年代，随着冷战的结束和苏联解体，俄罗斯、东欧和中亚一些国家，以及曾受苏联影响的诸多发展中国家纷纷放弃原来那套高度集中的计划经济模式，转而进行市场化经济改革，大力发展市场经济。这样，在世界性的市场化洪流中，全球市场又重新合二为一，经济全球化进程在经济体制基本统一的条件下，出现了发展的新高潮。

第三，相关经济政策的推动。经济自由化的政策导向，推动了经济全球化的发展。经济自由化包括贸易自由化、金融自由化、投资自由化等各个方面，它是资本主义国家发展经济所奉行的一种指导思想和方针政策，重点强调放松管制、对外开放本国市场，一般是与国家对经济的管制、保护相对应。经济自由化有利于生产要素在国际间无障碍地自由流动，因而是经济全球化进程的一个重要推动力。从 19 世纪至今的 100 多年间，经济自由化曾三度获得较大发展：一是 19 世纪 20 年代到 20 世纪初，以英国为首的资本主义国家为了开拓世界市场，积极倡导实行自由贸易政策，当时，由于经济发展水平的差异，美、德等国先是实行保护政策，后来随着工业实力的壮大，也纷纷要求到世界市场上“自由地竞争”。二是 20 世纪 50 年代至 70 年代初，经济实力最为强大的美国极力倡导贸易自由化和货币自由兑换，在《关税及贸易总协定》和布雷顿森林体系等国际经济协调机制的保障下，世界贸易、金融、投资都有了很大的发展。三是 20 世纪 80—90 年代，以美国为主导的发达资本主义国家向全球大力推行新自由主义经济政策，极力鼓吹贸易、金融、投资自由化，致使世界上多数发展中国家都积极进行经济改革，大幅开放本国市场。显然，这三次经济自由化浪潮，正是通过不断消除生产要素的流动障碍，为经济全球化开辟了道路。

（三）经济全球化对世界经济的影响

经济全球化的发展以及在此基础上形成的世界经济体系，一方面是生产的社会化和资源配置的全球化过程；另一方面是社会经济关系在全球范围内的一体化过程。

1. 经济全球化促进生产力发展和生产关系的变化

从生产力发展和资源配置的角度看，经济的全球化是生产社会化发展的必然趋势和更高阶段。在全球化的经济中，社会总资源的配置是通过世界市场在全球范围内来实现的，商品、资本和劳动力的流动跨越了国家的界限，市场经济日益具有国际性，国际贸易不断扩大，跨国投资不断增加，包括银行贷款、票据融资和债券发行在内的国际金融市场不断发展，劳动力的跨国流动不断增加，促使市场机制调节着全球生产过程。同时，经济全球化对生产力的发展有着巨大的推动作用。全球化促进了国际分工在广度和深度上的发展，加速了商品、资金、信息和劳动力在全球范围内的流动，加快了知识和技术传播与扩散的速度，密切了各国和各民族之间的相互联系和相互依赖，提高了全世界资源配置的效率，导致了社会财富的日益增长。对经济全球化的进程如能加以正确引导和驾驭，可以促进各国的经济和社会发展，也有利于世界经济的发展和国际社会的稳定。因此，尽管当今世界的经济全球化在本质上是资本的全球化，但是，资产阶级创造全球市场的这种冲动，却成为了推动全球经济发展的不自觉的工具。

从生产关系的角度看，迄今为止的经济全球化，实际上是资本主义生产方式在世界范围内的扩张过程。在资本原始积累时期，资本主义制度的扩张是通过对殖民地的征服来实现的。在自由竞争时期，资本主义制度的扩张是在武力征服和自由贸易的共同推动下完成的。进入垄断阶段后，资本的输出成为了资本主义制度全球扩张的主要工具，通过对外投资，资本主义生产关系直接输出到广大发展中国家，资本主义生产方式在全球得到扩张。在当代，贸易的全球化、资本的全球化、跨国公司的迅猛发展，使得资本主义生产关系在全世界得到广泛扩展，广大发展中国家仍受到垄断资本主义国家的剥削和压榨。

2. 经济全球化的双重作用

经济全球化是一把双刃剑，经济全球化在推动生产的社会化和世界经济发展的同时，又给世界经济的发展带来了许多新矛盾。资本主义的基本矛盾也随着经济的全球化而在全世界范围内得到了更为广泛的发展。对发展中国家来说，经济全球化既是机遇，更是挑战。

第一，当今世界的经济全球化是西方发达资本主义国家主导的全球化。在经济全球化过程中，发达资本主义国家处于“中心”地位，垄断着资金、技术、生产力等资源，并在制定国际经济的“游戏规则”中发挥着主导作用，因而成了支配的一方，它们在全球化中获益最大，而广大的发展中国家的利益受到严重损害。

第二，资本的全球流动和市场的全球扩展推动了经济的自由化，减少了国家对经济生活的干预，跨国公司建立的全球性经济网络也日益突破国界的限制，把资源和财富集中在自己手里，并力图左右发展中国家的国内政策以满足资本增殖的需要，从而对发展中国家的经济发展形成了严重冲击。

第三，随着资本主义全球化的不断发展，世界性经济危机也在不断深化。经济的全球化把生产与消费、个别企业生产的有组织性同整个社会生产的无组织性的矛盾推向了一个更高的阶段和更广的范围，这样就产生了越来越大的失调的可能性，从而导致了爆发世界性经济危机的可能性。自20世纪90年代以来，世界经济就连续发生了1994年的墨西哥金融危机、1997年的亚洲金融危机，1998年的巴西金融危机与2008年爆发的金融危机和经济危机等。这些金融危机严重影响了发展中国家宏观经济的稳定。

第四，全球市场的发展还使得人类生态环境问题更加尖锐。以利润为导向的经济增长方式在创造巨大的物质财富的同时，也引发了地球变暖，臭氧层变薄，森林过度砍伐和土地沙漠化，许多种类植物群和动物群的灭绝或濒临灭绝，空气、水和土壤被严重污染等一系列危及人类生存的全球性问题。

第五，当今世界的经济全球化是一种不对称的全球化，在全球化的滚滚浪潮中，发达国家只是一味推动商品和资本的自由流动，对来自发展中国家的移民却设置了重重障碍，劳动力市场的全球化远远落后于商品和资本的全球化，这样就形成了一种不对称的全球化，即货物和资本市场倾向于被全球化，而劳动力市场却被分割成许多板块；一方面是越来越全球化的经济，另一方面是南北差距的不断扩大和民族国家之间利益冲突的持续存在。

总的来说，经济全球化作为一种客观历史进程，对当代世界经济产生了空前广泛而深刻的影响，它既促进了当代世界经济的繁荣，又使当今世界矛盾丛生，具有明显的两重性。

概括地说，经济全球化的积极作用主要体现在：

第一，有利于全球资源实现有效配置与整合。经济全球化的一大特征，是生产要素在全球范围内大规模流动并进行资源配置。因此，在全球化条件下，资本、劳动力、技术、信息等资源可以突破民族国家的局限，在全球范围内寻找最有效的配置与组合方式。与此同时，世界上各个民族国家，也可以根据本国的具体条件，参与到涵盖了不同水平层次的全球分工体系之中。这样，不仅全球资源得到了充分利用，而且世界各国经济也能实现相互融合与优势互补。在此基础上，国际分工不断深化，国际贸易和国际金融不断发展，从而推动世界经济也不断向前迈进。

第二，为世界各国的经济发展提供了良好机遇。在经济全球化条件下，世界各国经济都面向世界市场，因而摆脱了国家和地区市场的限制，为世界各国的经济发展提供了广阔的空间。各个国家可以依据世界市场的需求，结合本国情况，充分发展优势产业，生产特色产品，行销全世界。另一方面，在跨国公司进行全球性生产经营活动的过程中，资金、知识、信息以及先进的技术和管理经验在世界各地传播，各国可以因势利导，充分利用这些有利条件，调整本国产业结构，在提高经济效益的同时，提升本国的经济发展水平。

第三，在促进全球竞争的同时，推动了全球合作。经济全球化使市场竞争扩展到了世界范围。各个国家、各个企业在参与经济全球化的过程中，都不可避免地要面临广泛而激烈的世界竞争。这种强大的竞争压力，有助于推动世界各国和各企业不断开发新技术、推出新产品、降低生产成本、提高生产效率、改善企业经营管理。这些微观基础，是促进世界经济发展与变革不可或缺的动力。与此同时，由于全球化消除了要素流动限制，因而世界各国和各企业有可能在全球范围内加强合作。特别是在跨国生产以及科学技术的研究与开发方面，全球可以互通有无，实现资源共享。

然而必须看到，经济全球化并没有为全世界带来普遍繁荣，它在发挥积极作用的同时，也产生了一些负面效应：

第一，南北差距日益扩大。当今世界的经济全球化是西方发达资本主义国家主导的，这就决定了在分享经济全球化利益方面，这些国家占据绝对优势。20 世纪 80—90 年代，随着经济全球化进程的加快，发达国家与不发达国家之间形成的南北差距日益扩大。据世界银行统计，1980 年，经济合作与发展组织（OECD，由主要的资本主义市场经济国家组成，1980 年时有 24 个成员国，现已发展到 34 个成员国）成员国的人均国民生产总值为 10 900 美元，最不发达国家的人均国民生产总值仅 290 美元，二者相差 36.6 倍；1998 年，这两个数字分别增加为 26 060 美元和 520 美元，也即在 18 年的时间里，二者的差距扩大到了 49.1 倍；又过了 18 年，2016 年初的数字则是，主要发达国家的人均国内生产总值在 3.7 万美元以上，而最低收入的十个国家，其人均国内生产总值都在 765 美元以下，也即二者仍相差 47 倍以上。仅从这一点就可看出，虽然近十多年来南北差距没有继续大幅扩大，但已造成的巨大差距依然存在，全球化并没有加快穷国赶上富国的步伐。富国越富、穷国越穷的局面依然存在。世界银行发表的《世界发展指数》报告指出，在这个“越来越不平等”的世界中，集中于工业化国家、占世界人口 1/6

的人，却占有全球近80%的财富；而居住在60多个发展中国家、占世界人口60%的人，只得到全球财富的6%。南北差距不仅表现在物质财富上，而且表现在技术发展方面。20世纪90年代以来，信息化使发达资本主义国家突飞猛进，却使众多发展中国家和不发达国家出现了“信息贫困”现象。据统计，48个最不发达国家的固定电话总数，只相当于美国固定电话数量的1%，至于电脑和互联网的差距，就更加不堪比较了。

第二，世界性的经济风险不断增加。经济全球化将世界各国的经济空前紧密地联系在了一起。世界各国你中有我、我中有你，互动性明显增强。当一切运转良好时，这种互动有利于世界经济实现增长，可是当某一个或某几个国家出现问题时，这种互动就很有可能产生负面影响。也就是说，在全球化条件下，世界性经济风险的发生概率大为增加。20世纪90年代以来，伴随着金融全球化，全球性金融危机频频爆发，就是一个最明显的例证。如1992年，英镑受到金融投机家的冲击，发生急剧贬值，英国被迫退出欧洲汇率机制，引发了一场全球性的金融动荡；1997年，以泰国发生金融危机、泰铢贬值为起点，亚洲普遍爆发金融危机，韩国、新加坡、印度尼西亚、马来西亚、菲律宾等诸多亚洲国家，货币纷纷贬值，致使亚洲经济乃至世界经济都大受拖累。金融如此，世界经济整体亦是如此。2001年，美国经济在经历了10年超常繁荣之后陷入衰退，导致世界经济几乎同步衰退，这无疑从另一个角度再次说明了世界各国经济在全球化浪潮中的互动，以及经济全球化具有两重性。2008年从美国开始遍及整个世界的金融和经济危机，更是使经济全球化时代的世界经济雪上加霜。正因为经济全球化既有积极作用，又有负面效应，从而为世界各国经济的发展，既带来前所未有的机遇，又带来严峻的挑战。世界各国必须趋利避害，抓住机遇，应对挑战。

二、经济全球化与资本主义国际经济关系

（一）经济全球化条件下国际经济关系发展的总趋势和特点

1. 世界经济展开全球竞争的趋势

20世纪80年代以后，特别是进入21世纪以来，世界经济的发展

正处于两大潮流之中。一是现代高科技的蓬勃发展，成为推动现代生产和现代经济发展的强大动力，充分显示了当代世界经济竞争本质上是科学技术的竞争。二是世界各国，包括不同社会制度、不同经济体制、不同经济发展阶段的国家，都在进行经济结构的调整、经济体制的改革和经济增长发展方式的转变，以适应现代高科技和生产力发展的要求。20 世纪 90 年代冷战结束后，国际社会和各国政府都把注意力集中到谋求高新技术的发展，特别是在发达国家之间，展开了新一轮高科技发明权、领导权和控制权的争夺战。进入 21 世纪以后，除了上述领域，人才、能源、原材料、市场等领域的国际竞争，也越来越激烈，这种全面的国际经济竞争的总趋势更加发展、深化和激烈。

2. 世界各国在竞争中求合作的趋势

在当代国际竞争日益激烈的同时，各国在经济上的相互依赖性和相互合作的关系也日趋增强。其原因在于现代高科技发展条件下的国际分工、生产国际化、产业国际转移的迅速发展。在当代国际分工日益发展和深化的基础上，各国的国民经济发展和社会再生产过程日益向着经济全球化和国际再生产过程发展。同时，在现代科技发展日新月异的形势下，任何一国都不可能拥有发展本国现代经济所需要的全部资源，不可能掌握所有的先进技术，也越来越难于垄断技术。一国的科技进步、经济发展、生产要素配置越来越需要通过国际合作和国际交流才能实现。这就要求世界各国积极参与国际合作和竞争，按照比较优势和比较利益原则来决定取舍，充分利用国际分工和各国技术、经济的互补性所产生的国际经济效益。因此，在现代科技和国际分工深入发展的基础上，各国之间的相互依赖性不断加强。同时矛盾与利益同在，竞争与合作并存，而国际经济协调的成败则制约着世界经济的冲突和合作、停滞和发展。这可以说是当代和今后较长一段时期内国际经济关系发展的基本趋势和基本特征。

3. 南北经济合作加强的趋势

发达国家和发展中国家之间的经济关系，是当代国际经济关系中的一个重要的方面。由于发达国家大多都地处北半球，因此被称为“北方国家”，而大多数发展中国家地处南半球，因此被称为“南方国家”。也因此发达国家和发展中国家间的经济关系被简称为“南北经济关系”。第二次世界大战后，广大南方国家实现了民族解放和国家独立，它们在主要依靠自己力量发展国民经济的同时，也在同发达国家进行对话与合作。20世纪70年代以后，南北对话由于发达国家作梗，没有多少实质性进展。在南北对话与合作中，本来就贫穷落后的广大发展中国家，一直处于十分不利的地位，在经济发展过程中，南北之间的经济和社会发展水平差距，不仅没有缩小，反而有所扩大。这是当代国际经济关系中南北关系的基本态势。20世纪90年代冷战结束以后，世界格局发生重大变化，东西方对抗结束，世界经济区域集团化、多极化格局和一体化趋势的形成和发展，对南北关系产生了重大影响。一些区域集团的出现，使得区域内发达国家和发展中国家的合作大大增强；由于一系列有关南北关系的国际会议的召开，促进了更大范围内的南北合作；国际经济协调的发展、世界经济一体化的进程，都在一定程度上推进了南北合作；发展中国家的内部发展和体制改革也在加快，使它们更多更快地与国际接轨、融入经济全球化的进程中。同时世界各国的相互联系、相互依赖也在不断增强，这都促进了南北合作加强的趋势。

4. 当代国际经济关系中相互依赖性的特点

由于各国之间经济发展水平、经济发展阶段、经济制度和体制、市场化程度等方面的不同，国际经济关系中的相互依赖性表现出如下两个特点：第一是相互依赖的全球性。在经济全球化的条件下，国际分工不断发展和深化，全球性的国际经济活动空前发展，同时，现代国际通信、交通运输、信息技术和国际互联网的发展，使各国在贸易、金融、资本、技术、能源、生态、环境等方面的合作和协调与日俱增。各种国际组织、协调机构也不断发展，在国际经济活动中发挥越来越大的作用。这样，在生产、贸易、投资、金融等诸多领域，经济活动日益全球化，各国间的相互依赖关系也越来越具有全球性的特点。第二是各种不同的相互依赖关系交叉并存。这大体可分为，发达国家之间的相互依赖关系、发展中国家之间的相互依赖关系、发达国家和发展中国家之间的相互依赖关系。这三方面关系在当代世界经济关系中错综复杂地交织在一起，对任何一个国家来说，都要在维护好本国经济利益的同时，兼顾各方关系，在相互依赖、互利互惠的基础上，达到互利共赢的最好结果。

（二）国际经济协调与世界经济一体化

1. 国际经济协调的发展及原因

所谓国际经济协调，是指在多边或者双边体制范围内，以各国政府为主体，对一些共同关心的问题进行广泛讨论和协商，并在一定程度上达成妥协协议，以便实现对国家间经济关系和经济活动的联合干预与调节，从而使世界经济得以正常运行。

第二次世界大战爆发前，发达资本主义国家之间就存在过一些国际经济协调活动。如20世纪20—30年代，资本主义世界经济产生危机，几个大国间出现了货币战、贸易战、汇率战，使各方利益受到损害，为避免局势进一步恶化，有关国家就由政府出面进行国际斡旋，通过协商并采取某些共同政策，达到解决问题、缓解危机的目的。但在当时，这类国际经济协调一般都是临时应急性质的，其协调范围和作用都很有限，因此还不是完备意义上的国际经济协调。

第二次世界大战后，国际经济协调进入新的阶段。第二次世界大战后初期至20世纪70年代，西方各国陆续建立起一系列超国家的国际经济组织，如国际货币基金组织、关税及贸易总协定、世界银行等等。这些国际经济组织的建立，为战后国际经济协调奠定了体制基础。这一时期，国际经济秩序实际上是以布雷顿森林体系为框架，辅之以关税及贸易总协定，其本质就是以美国为核心。当时，国际经济协调侧重于解决一些全球性的经济问题，协调范围主要是国际贸易和国际货币金融关系。从发展水平看，这一时期的国际经济协调，尚处于初级阶段。

20世纪70年代初，由于美元贬值，美元停止兑换黄金，因而以美元为核心的布雷顿森林体系崩溃，一时间，浮动汇率盛行，股市、物价动荡不定，贸易保护主义抬头，各国之间的经济争端此起彼伏。与此同时，美国实力地位下降，而西欧、日本逐渐崛起。在这种情况下，原有的国际经济协调方式已不能满足实际需要。因此，20世纪70年代以后，西方大国之间开始通过举行各种多层次、多方面的国际会议，来对宏观经济进行协调。于是，七国首脑会议（七国包括美国、日本、德国、法国、英国、意大利和加拿大）、七国财长会议等新的国际经济协调形式产生。这时，欧共体、美加自由贸易区等区域经济集团化组织也纷纷发展起来，国际经济协调出现了多元化、多极化特点。概括而言，20世纪70—80年代，国际经济协调的总体特征是机构协调与随机协调并重，多边协调与双边协调并存，全球性的松散型协调与区域经济集团化等紧密型协调同步发展。

20世纪90年代以来，国际经济协调在保持前一阶段特点的基础上，又继续深化。首先，区域经济集团化组织规模不断扩大，一体化程度不断提高，主要表现为：北美自由贸易区成立；亚太经济合作组织产生并顺利运转；欧共体发展成为欧盟，欧洲经济与货币联盟不断取得阶段性成果。其次，国际经济组织的影响和作用日益加强，如1995年，世界贸易组织正式成立，取代关税及贸易总协定，成为协调多边贸易的重要国际机构。此外，八国首脑会议（即上述七国加俄罗斯）、八国财长会议等国际经济协调方式的内容也不断扩展。

国际经济协调之所以在第二次世界大战后迅速发展起来，主要是基于以下原因。

第一，世界经济相互依存程度加深，需要进行国际范围内的经济协调。第二次世界大战后，经济全球化趋势不断增强，在跨国公司的作用下，各个国家的生产、交换、消费都带上了世界性特点，其贸易、金融乃至整个经济生活，都已国际化。在资本、技术、信息、劳动力等生产要素于全球范围内大规模流动并进行资源配置的过程中，世界各国的经济被空前紧密地联系在了一起。各个国家经济状况和宏观经济政策的变动，不再只是作用于国内，而是对世界上的其他国家和地区都产生影响，从而客观上对在国际范围内开展经济协调提出了现实要求。

第二，世界经济发展失衡所产生的危机和矛盾，需要进行国际经济协调。资本主义生产力和生产关系的基本矛盾，决定了当代资本主义世界经济发展必然要经历周期变化，出现失衡状态。这种失衡在国际范围内的突出表现，就是世界经济发生普遍或局部的危机。20世纪50年代以来，由于世界各国之间的经济联系日益密切，世界经济危机频繁爆发，危机的波及面更广、影响范围更大、破坏性也更强。如20世纪70年代初，美国、英国、法国、联邦德国、意大利等发达资本主义国家几乎同时爆发经济危机，随后，西方各国普遍陷入“滞胀”泥潭，失业增加，企业破产，国际贸易萎缩，金融剧烈动荡。所有这些问题和矛盾，都不可能依靠一国自己的力量去解决，因此，迫切需要通过加强国际经济协调来缓和矛盾，进而缓解危机。

第三，世界经济发展不平衡，需要国际经济协调。发展不平衡是当代世界经济的一个重要特点。总体而言，世界经济发展不平衡大致有三类：发达国家之间的不平衡、发展中国家之间的不平衡、发达国家与发展中国家之间的不平衡。第二次世界大战结束以来，发达国家之间的不平衡主要表现为，随着美国经济的衰落，西欧、日本、美国三大经济体形成“三足鼎立”的局面，相互争夺世界经济主导权。发展中国家之间的不平衡主要表现为，全球一百多个发展中国家，分成了经济水平显著不同的各种类型。发达国家与发展中国家之间的不平衡主要表现为南北差距扩大，二者之间的鸿沟日渐加深。在经济全球化进程日益加快的情况下，世界各国经济相互影响、彼此渗透，导致各种不平衡所带来的冲突和矛盾与日俱增，并且错综复杂地交织在一起，世界经济表现出多元化和多极化特点。为平衡各方利益，调整各国之间的经济关系，保障世界经济顺利发展，国际经济协调应运而生。

2. 国际经济协调的主要内容

国际经济协调的主要内容包括以下四方面。

第一，国际贸易协调。国际贸易协调侧重于协调各国的贸易政策。其目的主要在于消除贸易障碍、贸易失衡和贸易摩擦，促进国际贸易的发展，以推动各国及世界经济的增长。

第二，国际收支与汇率协调。国际收支与汇率协调，主要是针对国际收支严重失衡、汇率剧烈波动等有损国际经济顺利进行的情况，通过采取各种国际金融协调措施，使各国恢复并保持国际收支平衡，维持汇率稳定，从而促进经济增长。

第三，宏观经济政策协调。随着经济全球化程度日益加深，世界各国之间的经济联系越来越密切。一国的国内政策，尤其是宏观经济政策，往往也会对世界其他国家或地区产生影响。因此，仅仅对各国的对外经济政策进行协调，并不能完全解决它们之间的经济问题，在很多时候，还必须对各国所实行的宏观经济政策进行协调。这种协调主要采取三种形式：

（1）国际经济机构在调整各国对外经济贸易关系的同时，作为辅助性手段，对各国的宏观经济政策进行协调。如关税及贸易总协定规定，实行市场经济是各国加入该组织的先决条件，各国制定经济政策必须遵循某些基本原则；国际货币基金组织对各成员国的经济发展和政策措施进行了解、督促，等等。

（2）以经济一体化为基础，在一体化组织成员国之间进行政策协调。如欧盟内部有关农业政策、货币政策、财政政策、科技政策，以及宏观经济政策的协调等。

（3）在没有机构约束的情况下，以国际协商为基础，进行双边或多边政策协调，如七国首脑会议和七国财长会议所进行的协调活动。

第四，突发事件协调。在种种常规性的国际经济协调之外，国际社会有时还针对某些意外冲击，对突发事件进行应急性国际经济协调。20 世纪 90 年代以来，世界经济特别是国际金融领域的突发事件逐渐增多，致使以应对突出事件为目的而进行的国际经济协调日益频繁，并日显重要。如1997年亚洲金融危机突然爆发，货币贬值迅速蔓延到除中国以外的整个东南亚国家和地区以及部分南美国家，为防止局势进一步恶化，包括国际货币基金组织、亚洲各国政府等在内的国际社会积极行动，通过协商、合作、提供经济援助等方式，使危机得到了一定程度的缓解和遏制。2008年始自美国的金融危机和经济危机波及欧洲后，触发了希腊等国的债务危机，欧盟等地区和国际组织对其进行了一些疏困和解救。

3. 国际经济协调和世界经济一体化的组织形式

经济全球化和国际经济生活的协调，要求在世界经济领域中有一定的制度安排和建立相对统一的国际经济秩序，实现世界经济一体化。世界经济一体化就是经济全球化和国际经济协调在制度上和组织形式上的体现与反映。各种国际经济组织、国际经济条约与协定、区域经济组织，乃至重要的国际经济会议，都是在不同领域、不同范围、不同程度上的世界经济一体化和实现国际经济协调的组织形式和方式。

第二次世界大战后，适应上述国际经济协调和世界经济一体化的要求，建立了一批重要的国际经济组织，其中影响最大的有国际货币基金组织、国际复兴开发银行（世界银行）、世界贸易组织。

国际货币基金组织（IMF）正式成立于1946年3月，是联合国经济方面的一个专门机构。其宗旨集中体现为：通过设立常设机构，便利各国开展国际货币问题的商讨与协作，促进国际货币合作；稳定汇率，维持成员国间有秩序的外汇安排，避免竞争性的外汇贬值；协助成员国建立自由的多边支付制度，消除妨碍世界贸易发展的外汇管制；向成员国提供贷款，帮助其调整国际收支的不平衡；缩短成员国国际收支失衡的时间，并减轻其程度。

国际货币基金组织的协调活动具体包括：第一，实施汇率监督，即对成员国汇率制度进行监督。汇率监督有两种形式，一是多边监督，即分析主要工业国家国际收支和汇率政策的相互作用，并估计这些政策对世界经济的影响；二是个别监督，即检查各成员国的汇率政策，要求各成员国将其汇率安排通知国际货币基金组织。第二，开展磋商与协调，即国际货币基金组织通过磋商，了解各成员国的经济发展和政策措施，迅速处理成员国的贷款申请，并同主要工业国家进行特别协商，促进这些国家在国际货币金融领域的合作。第三，提供短期信贷，即国际货币基金组织在成员国发生国际收支暂时不平衡时，以卖给外汇的方式，向成员国提供短期贷款。第四，重新安排国际债务，即当严重的国际债务危机发生时，国际货币基金组织积极参与债权国和债务国之间的债务重议。

此外，国际货币基金组织为协助各成员国解决货币金融问题，还根据需要向有关国家派遣技术专家，帮助它们改革财政体制，建立财政机构，培训相关部门和机构的工作人员，协助改进各国财政统计资料的搜集和报道工作，并在这些国家制定对国际收、支、有重要影响的货币和金融政策时，提供咨询服务。

国际复兴开发银行（WB，又称世界银行）是联合国的一个专门机构，成立于1945年，其宗旨是向成员国提供用作生产性投资的长期贷款，以促进经济的复兴与发展。该银行在第二次世界大战后初期是为成员国筹措恢复和发展经济所需要的资金，目前主要向成员国兴建基础设施、发展工农业和文教卫生事业等方面进行资金援助，其贷款期限和利率均较优惠。该银行的资金主要来源于国际资本市场的借款，主要以发行债券方式筹资，此外有成员国缴纳的股金与历年纯利的积累。该行现有一百八十多个成员国。

世界贸易组织（WTO），它在国际贸易协调中占有核心地位。世界贸易组织的前身为关税及贸易总协定，关税及贸易总协定形成于1947年，是第二次世界大战结束后，由23个成员签署的一个临时性多边贸易协定。1948年1月1日，该协定正式生效，成为第二次世界大战后管理多边贸易、商定国际贸易政策共同准则、调整各国贸易关系的一个重要工具。关税及贸易总协定在减少关税方面起了很大作用，推动了全球贸易自由化的进程。1995年1月1日，世界贸易组织成立，取代了关税及贸易总协定。世界贸易组织所有成员的贸易额占全球总贸易额的95%以上，因而它协调着全世界绝大部分贸易活动。在国际贸易协调方面，世界贸易组织具有五大职能：一是多边贸易规则的管理组织；二是各成员的“谈判场”；三是各成员的争端解决机构；四是各成员的贸易政策审议机构；五是同其他国际经济组织进行合作与协调的机构。自成立以来，世界贸易组织在发挥其职能，特别是解决国际贸易争端等方面，已取得了一定的成效。

七国首脑会议是第二次世界大战后出现的国际经济协调的一种形式，它产生于1975年，最初参加者为美、英、法、日、德、意六国的首脑，次年加拿大政府首脑加入。2003年俄罗斯政府首脑参加该会议，遂演变为八国首脑会议，但2014年因乌克兰和克里米亚问题，俄罗斯又退出了这个会议，现仍是七国首脑会议。该组织每年举行一次首脑会晤，对世界经济出现的一些重大问题进行磋商，协调彼此的经济关系和经济政策，内容大多涉及贸易、金融、汇率、能源等世界普遍关注的问题。近年来，会议仍以讨论经济问题为主，但对环境保护、恐怖活动、南北关系等社会政治问题逐渐关注。由于参加该会议的是西方主要工业发达国家的政府首脑，使得它所提出的各项协调措施更具有权威性，并能直接影响有关国家的经济政策，乃至影响国际经济的发展，但它主要是维护发达国家的经济利益，故有“富人俱乐部”之称。

21 世纪以来，特别是 2008 年爆发的全球金融危机和经济危机以后，为了应对复杂严峻的世界经济局势，又出现了世界上主要的 20 个发达国家和发展中大国不定期举行的 20 国集团首脑会议（即所谓“G20 峰会”）及其财政部长和中央银行行长会议，几个发展中大国（先是中国、俄罗斯、印度、巴西四国，后南非加入）进行协调和磋商的“金砖国家会议”等。

4. 国际经济协调的作用

第二次世界大战结束至今，国际经济协调在维护世界经济秩序、推动世界经济稳定发展等方面，发挥了非常重要的作用。其积极影响表现在：

第一，促进了世界经济增长。国际经济协调对世界经济增长的促进作用，主要是通过消除生产要素流动障碍、减少经济干扰因素来实现的。如在国际贸易领域，推动贸易自由化、降低关税、减少贸易壁垒，促进世界贸易迅速发展。在国际金融领域，通过国际货币基金组织的协调，西欧各国于第二次世界大战后初期逐步取消了外汇管制，实行货币自由兑换，使国际资本流动更加便利；20 世纪 70 年代以来，该组织继续监督各成员国的汇率政策，推动各成员国之间的货币合作，并积极参加国际债务的重新安排，这些协调活动，为国际金融的发展和稳定提供了十分重要的保障，使全球生产、贸易、金融等领域的各种生产要素得以在世界范围内自由流动，并进行有效的资源配置；与此同时，影响世界经济波动的因素逐渐减少，促进了世界经济的增长。

第二，改善了世界经济运行机制。国际经济协调的形成和发展，弥补了自发市场调节的盲目性、滞后性等缺陷与不足。作为国际范围内的宏观经济调控，国际经济协调具有经常性、预见性、规范性和统一性，因而能大大改善世界经济运行机制，避免并缓和世界经济危机。第二次世界大战以来，资本主义世界一直没有出现如同 1929—1933 年那样大的经济危机。这不能不说，是国际经济协调起到了一定的作用。

第三，缓解了世界经济冲突与矛盾。第二次世界大战以来，国际社会针对世界各国之间的冲突与矛盾，展开斡旋和进行国际经济协调，以保证世界经济的顺利运行，取得了一定实际效果。例如，美国同欧盟之间多次发生的农产品贸易摩擦，最后之所以没有酿成大规模的贸易战，很大程度上就归功于关税及贸易总协定和世界贸易组织所进行的多边经济协调。

应该说，国际经济协调是当代世界经济顺利发展不可或缺的保障。但也必须看到，目前的国际经济协调还存在某些局限性：第一，缺乏约束力，现有的国际经济协调形式通常不具备充分的强制力来约束各成员国的行为，因而其协调效果与目标往往不一致；第二，机制本身存在缺陷，目前的国际经济协调反应能力不强，决策机制不健全，并且时常掺杂政治等非经济因素，因而显得较不完善；第三，不够公正和平等，许多在国际经济协调活动中发挥重要作用的国际经济组织，由于受某些经济实力强大的国家主导或操纵，在制定国际经济规则时，往往有失公允。

（三）发达资本主义国家间的经济关系

第二次世界大战后到 20 世纪 70 年代初期，在科技革命的推动下，美国全面实现了国民经济的工业化和现代化，综合国力大大增强，经济实力远远超过其他资本主义国家，形成了美国独霸资本主义世界的格局。但是，在资本主义经济政治发展不平衡规律的作用下，20 世纪 70 年代以后，美国经济相对衰落，以美元为中心的布雷顿森林体系瓦解，日本和西欧逐渐崛起，美国独霸资本主义世界经济的局面，逐渐演变为美、日、西欧“三足鼎立”的格局。美、日、西欧等发达资本主义国家之间，在经济上既有利益一致之处，又有矛盾和争夺。它们之间经济关系的实质，是按照资本和实力在经济上分割世界和维护垄断资本的利益，获取尽可能多的垄断利润。它们之间的矛盾和斗争，主要体现在贸易、投资和金融三个方面。

1. 贸易领域的矛盾

国际贸易是资本主义国家生存发展的生命线。当代资本主义各国的市场问题都很尖锐，对世界市场的争夺更为激烈。谁能占领更多的国外市场，谁就可以缓解国内生产过剩的压力，获取更多的利润，增加国内就业，减少社会矛盾。而国外市场被挤掉就意味着利润减少，债务增加，失业扩大，社会矛盾激化。因此，资本主义各国间不断爆发“贸易战”。在贸易方面的矛盾斗争，主要表现在三个方面：一是各国贸易发展的不平衡。有的国家贸易顺差，有的国家贸易逆差，从而在美、日、西欧之间由于贸易不平衡发展，经常发生矛盾和摩擦。二是各国在主要商品上的贸易冲突。第二次世界大战后，美、日、西欧之间的纺织品出口大战、钢铁出口大战、汽车出口大战、农产品出口大战，已是屡见不鲜。三是各国市场开放程度的不平衡。由于各国经济实力、经济结构以及国际经济环境的变化，有的国家市场开放程度高，有的国家采取贸易保护政策，市场开放程度低，从而形成两者之间的矛盾和斗争。发达资本主义国家之间，为缓解贸易领域的矛盾，避免摩擦所造成的损失，经常进行磋商和协调，采取各种促进贸易发展的措施。但是，由于世界市场的有限和资本主义经济政治发展的不平衡，发达资本主义国家之间的贸易冲突是不可避免的。

2. 投资领域的矛盾

资本输出是垄断资本主义阶段的一大经济特征，是资本主义国家获取海外高额利润，控制其他国家和人民的一大工具。然而，世界市场又是有限的，特别是有利的投资场所、投资项目总不能满足资本主义国家大量输出资本的要求，争夺自然也就不可避免。第二次世界大战后资本主义国家的投资方向有了很大改变，由原来主要向不发达国家投资，发展为主要是在发达资本主义国家相互间投资。这是因为广大发展中国家纷纷独立，在吸收国外投资方面有所选择，而这些国家的经济发展水平又较低，投资环境不一定有利，而发达资本主义国家的基础条件较好，科技水平和劳动力素质较高，有许多新兴产业，法制也比较健全，可以保证投资的安全性。因此，发达资本主义国家间的相互投资越来越多，形成了我中有你、你中有我的局面，在投资开放度、清除歧视性待遇等投资领域的矛盾、冲突和争夺以及控制和反控制的斗争也就不可避免。

3. 金融领域的矛盾

资本输出中的矛盾不仅引起投资场所的争夺，同时带来货币金融方面的问题和矛盾。首先，各国都要为巩固和加强各自货币在国际货币资本市场和金融事务中的地位而斗争。第二次世界大战后初期形成的美元的霸主地位，在 20 世纪 70 年代后已不复存在，但美元仍然处于比较有优势的地位，这就引起日本、欧洲及其他资本主义国家同美国在货币领域的斗争。其次，各国货币的汇率是不断变化的，这又是由其经济实力变化及其他相关因素所引起的，因而在世界市场上就有所谓硬通货和软通货的区别，购买力高且币值稳定的货币是硬通货或者说是坚挺的货币，而购买力低且币值不稳定的货币就是软通货或者说是疲软的货币，往往硬通货币值上升而软通货币值下降。但在对外贸易中，货币贬值的国家可因商品价格便宜而增加出口，而货币升值的国家却会因商品价格上升而影响出口。这样一些复杂的国际经济关系，在发达资本主义国家间就往往演化成为经济领域的矛盾和冲突。

当然，在国家垄断资本主义阶段，在资本国际化和经济全球化的当代，已有很多协调与缓和这些矛盾的国际经济组织和有关的调节措施。但资本主义国家间的关系是建立在实力基础上的，是以垄断资本获取高额利润为目的的，只要有利益冲突，就无法从根本上使这些矛盾得到化解。

还应看到，经济全球化是一把双刃剑，虽然它由发达资本主义国家主导，总体上有利于这些国家，但也有其不利、矛盾的方面。就资本主义国家之间的经济关系来说，经济全球化和地区经济一体化也带来一些新的问题、矛盾和争夺，比如国际分工的发展、制造业向发展中国家的转移，造成了一些发达国家的产业空心化和就业困难；贸易自由化使得一些发达国家在国际贸易中原有的优势地位有所下降乃至丧失；地区一体化对某些国家自身发展有一定的不利影响等。因而 21 世纪以后，特别是 2008 年世界金融危机和经济危机以后，在一些资本主义国家出现了保护主义抬头等“逆全球化”的动向。2016 年 6 月，英国因对欧盟的某些不利于已的做法不满，举行公民投票决定是否继续留在欧盟，结果超过半数的英国民众投票赞成脱离欧盟，虽然具体的脱欧进程从启动到完全脱离尚需一段时间，但它的影响是深远的。这说明资本主义国家间的经济关系出现了与经济全球化突飞猛进发展时期不同的新特点、新动向，这是需要认真观察、研究的新课题。

（四）发达国家与发展中国家间的经济关系

第二次世界大战后，随着民族解放运动的发展，帝国主义的旧殖民体系逐步瓦解了。绝大部分殖民地都获得了政治独立，并陆续走上了发展资本主义的道路。政治上独立的发展中国家与原来的宗主国和其他发达资本主义国家的政治经济关系因之发生了很大的变化。它们已不再是发达资本主义国家政治与经济上的直接附庸，但却未能从根本上改变仍在经济上不同程度地受到剥削的地位。当代世界 100 多个国家中，只有20多个发达国家或市场经济工业国，其他绝大多数国家属于发展中国家。这种一边是少数发达富国，另一边是广大不发达或处于发展中的穷国的世界格局，是资本主义经济在世界上发展起来以后逐渐形成的。

1. 发展中国家与发达资本主义国家之间存在着不对等的相互依赖关系

随着资本的全面国际化和经济全球化，当代发达资本主义国家的国际经济交往虽然主要是在它们相互之间进行，但它们与发展中国家的经济关系并不是无足轻重的。这不仅表现在发达国家的出口仍有1/3左右要依赖发展中国家的市场，而且作为原料产地，发展中国家的地位就更加突出。发达国家所需的主要能源和工业原料——石油，有75％是来自发展中国家；各种稀有金属，如锰、铬、钴、铝、锶、铂、锡、镍等等，少则70％～80％，多则90％以上需要依赖发展中国家供应。从发展中国家来说，它们的对外经济关系更主要是与发达国家展开的。发展中国家的进口和出口贸易都有2/3左右是与发达国家进行的。它们所需的资金、技术和生产设备更主要是来自发达国家。因此，发展中国家与发达资本主义国家作为同一世界经济体系中的两个不同的组成部分，它们相互依赖和依存。但这种相互依赖并不是对等的，经济上落后的发展中国家对发达国家的依赖性相对要大一些。发达国家正是在此基础上，凭借其在国际经济中的垄断地位对发展中国家进行着各种形式的经济剥削。

当然，现在的国际剥削已与过去侧重于殖民占领和超经济剥削有很大的不同，是更符合于资本主义剥削制度本质的经济剥削。发达资本主义国家通过国家资本输出进行的“援助”，通过私人垄断资本设立的跨国公司进行资本输出、技术转让、就地生产等等，用各种不同的方式，从发展中国家攫取了大量的利润。这是在市场经济的活动范围内进行的剥削，表面上，双方是平等的交易伙伴，但发达国家的垄断资本却凭借它掌握的资本和技术以及对国际市场的控制和垄断，掠走了发展中国家的大量财富。

对于当代资本主义国家与发展中国家的这种相互关系，应当看到不同的两个方面：一方面，这里仍然存在着严重的国际剥削，尽管这种剥削已与以前的殖民剥削的形式有所不同，但剥削的实质并没有改变；另一方面，这种资本关系的发展，打破了发展中国家存在的某些前资本主义社会生产方式，是一种历史的进步，从而对推动发展中国家更快地向工业化的现代社会发展有一定的积极意义。正是发展中国家与当代资本主义国家之间经济关系的这种两重性，决定了第二次世界大战后这两类国家在经济关系上既有发展又有矛盾的现实状况。

2. 发展中国家与发达国家在经济上的矛盾与斗争

发展中国家获得了政治独立，但仍处在当代资本主义的世界体系之中，并且大多刚刚走上发展资本主义的道路。过去遭受的掠夺和现在所受的剥削，使它们缺乏自身经济发展所必需的许多条件。它们的社会经济发展遇到了严重的困难。在这种情况下，发展中国家虽然经过第二次世界大战后几十年的努力，但在经济上与发达国家的差距并没有明显地缩小，在一些国家，某些方面的差距甚至还有所扩大。这不能不使发展中国家与发达国家在经济上存在着日益增长的矛盾。

发展中国家为了改善所处的国际环境，曾与发达国家展开了一系列的斗争，例如著名的“石油斗争”、争取改善初级产品国际贸易条件的斗争，以及建立国际经济新秩序的斗争等，有的虽取胜于一时，但多数成效不大。近年来，虽然国际经济秩序有一定的调整，但发展中国家在国际经济关系中的不利地位并没有发生大的变化，它们与发达资本主义国家的经济矛盾仍在进一步增长。

发展中国家从整体来说遇到的经济困难主要表现在：（1）许多国家经济增长速度不快，有时还有所减慢。发展中国家经济本来就落后，一些发展中国家经济增长速度若比发达国家还要慢，就更谈不上在经济上赶超发达国家了。（2）不少国家的人口增长快于经济的增长。这使一些发展中国家的人均国民生产总值不是增长，而是下降。在 20 世纪 80 年代，除东亚和东南亚地区之外，其余地区的发展中国家都出现了人均国民生产总值的负增长。进入 90 年代后，人均国民生产总值最低的发展中国家还不到 100 美元，而许多发达资本主义国家早已超过 2 万美元，有的甚至已达 4 万美元左右，差距非常惊人。（3）一些国家不仅资金严重短缺，而且背负了沉重的国际债务。发展中国家积欠的国际债务总额已经超过 13 000 亿美元。每年因此而需支付的债务本息已在 1 000 亿美元以上。再加上其他形式的资金流出，从发展中国家流出的资金往往要多于流入的资金。对于本来就缺乏建设资金的发展中国家来说，这无疑是雪上加霜，更进一步增加了它们的经济困难。许多发展中国家的经济困难虽然是自身的诸多原因所造成的，但与国际垄断资本所进行的剥削也有很大的关系。它们为改善经济发展的各种条件，正继续展开着艰巨的斗争。这一斗争的主要内容是：要求打破发达国家对国际市场的垄断，以改善发展中国家的贸易条件；要求为发展中国家提供必要的发展资金和科学技术，放宽贷款条件，并减轻发展中国家的债务负担；要求对国际经济机构和国际经济组织进行调整和改革，以提高发展中国家的地位和扩大它们的发言权。这些要求是合理的，但却涉及国际垄断资本的剥削利益，因此不是轻易就能争取到的。在这一方面，发展中国家与发达国家之间的矛盾与斗争将是长期的。

总之，第二次世界大战后，发达资本主义国家与发展中国家经济关系的基本特征是既相互依赖，又相互斗争，它们之间经济关系的实质是一种控制与反控制、剥削与反剥削的关系。

（五）建立公正合理的国际经济新秩序

发达资本主义国家与发展中国家不合理的国际经济关系的形成，根源在于发达资本主义国家对发展中国家的剥削与控制。不公正不合理的国际经济旧秩序并没有根本改变。发展中国家要摆脱被剥削被控制的命运，完全走上独立、平等、自主发展经济的道路，必须打破这种旧的国际经济秩序。但是，发达资本主义国家竭力推行新殖民主义，力图扩大对发展中国家的剥削与控制，全力维护旧的国际经济秩序，因为这种旧秩序是垄断资本主义国家赖以生存的基础，而发展中国家的经济实力又远远落后于发达资本主义国家，在反对旧的国际经济秩序的实力对比中处于弱势，这就决定了建立公正合理国际新秩序斗争的长期性和艰巨性。

中国作为发展中的社会主义大国，历来主张建立公正合理的国际经济新秩序，强调国家不分大小强弱，在政治上应相互尊重，共同协商，而不应把自己的意志强加于人；经济上应相互促进，全面合作，共同发展，而不应该造成南北贫富悬殊。和平与发展是当今时代的主题，但实现人类社会的持久和平与普遍发展任重道远。当前发达国家与发展中国家要加强多边合作，开展协调和磋商，采取有力措施促进经济增长；要改革和完善国际金融体制，稳定国际金融市场；要健全开放和公平的多边贸易体制，维护正常贸易秩序；要共同稳定国际能源市场，为世界经济增长营造充足、安全、经济、清洁的能源环境。要帮助发展中国家加快发展，逐步建立长期、全面的新型南北合作伙伴关系，在互利互惠、取长补短中实现共赢。要加强危机预防和应对能力。总之，要建立起适应经济全球化发展趋势、公正合理的国际经济新秩序，为世界各国经济增长和共同发展创造良好的环境。

三、经济全球化与中国经济

（一）中国的对外经济关系

中国在发展经济、进行现代化建设的过程中，必然发生与其他国家和地区之间的经济关系，对外经济关系是社会主义市场经济运行总过程中不可缺少的一个方面。特别是在经济全球化的条件下，要不断扩展对外开放的深度和广度，努力发展对外经济关系。对外经济关系是一个国家同其他国家和地区间各种经济联系的总称，包括国际商品交换、资金和技术交流、劳务的输出与输入等。国家之间经济关系的产生和发展，是社会生产力发展，特别是生产社会化和国际化以及商品经济和市场经济发展的结果。对外开放，是指一种积极开展国际交流的对外政策，开展国际交流，包括经济、文化、体育、卫生许多方面，最主要的是对外经济技术交流。

社会主义国家实行对外开放有着客观必然性。一是这是社会化大生产本身发展的要求。社会主义国家经济的发展，必须遵循社会化大生产内在规律的要求，积极参与国际分工和国际交换，不断开展和扩大对外经济联系。二是实行对外开放，发展对外经济关系，是发展社会主义市场经济的需要。具体说来，第一，发展对外经济联系，可以促进社会主义国民经济的协调发展。在社会主义市场经济的运行过程中，会出现某些商品短缺、另一些商品过剩的市场失衡现象，除了依靠国内调节外，可以利用国际分工和世界市场来调剂余缺，减少失衡，从而保证国民经济协调发展。第二，发展对外经济关系，可以节约社会劳动，提高经济效益。世界各国由于各种主客观原因，生产不同商品的成本和劳动耗费有很大差异。要善于利用自己的优势，参与国际分工，出口自己有优势的产品、技术或劳务，换回本国需要、在本国生产效率又低的短缺商品、技术或劳务，这样就能在国际经济交往中获得利益、节约社会劳动。三是发展对外经济关系，是加速社会主义现代化建设的必由之路。一方面，在科技发展迅猛的当代，一个国家要不甘落后，就要善于利用对外经济技术交流，取外国之长补自己之短，以加速经济的发展和现代化的进程。另一方面，要积极利用国外资金，弥补本国发展经济所需资金的不足。这两方面对我国这样一个生产力水平较低、科技水平不高、资金不足的社会主义发展中国家来说尤其重要。

（二）经济全球化和中国经济国际化

30 多年来，我国实行了对外开放的方针，对外经济关系得到极大发展。我们必须坚定不移地坚持对外开放的基本国策，扩大对外开放程度，积极参与国际分工和国际竞争，发挥我国经济的比较优势，利用国外的市场和资源，促进国内的现代化进程，使我国在世界经济舞台上取得应有的地位，发挥日益增大的作用。

就在我国实行对外开放的这 30 多年中，世界经济的全球化进程也在不断加速。中国必须不断扩大开放程度，融入世界经济发展的大潮，使本国经济的国际化程度不断提高。否则，就会在世界经济急剧变化的形势下，失去发展的大好时机，面临更加严峻的困难。当前，进一步拓展对外开放的重要性和紧迫性，可从国际国内两方面来认识。从国际形势来看，当今世界发展的主题依然是和平与发展。经济全球化的日益发展，促使世界范围内生产社会化、国际化程度不断提高，国际分工、国际竞争和国际经济联系不断加强。在这种形势下，闭关锁国不可能，只保持一定的开放度而不扩大开放程度也不行。近年来世界经济的一体化、多元化、区域化、集团化发展，也要求我们扩大开放程度。而且新的科学技术的发展以及世界经济结构和格局的调整，对我国的对外开放和现代化建设，也是一个难得的、稍纵即逝的机遇，必须抓住机遇，进一步扩大对外开放。从国内形势来看，扩大对外开放是加快现代化建设的需要，也是建立社会主义市场经济体制的要求。建立和完善社会主义市场经济体制，必须不断扩大开放程度，向发达市场经济国家学习和借鉴，使改革和开放相互促进，从而建立起中国特色的社会主义的市场经济新体制。

当前我国经济社会发展进入新的阶段，必须坚持对外开放的基本国策，在更大范围、更广领域、更高层次上参与国际经济技术合作和竞争。我国要实施互利共赢开放战略，就是要利用有利的国际环境，通过积极参与经济全球化和区域合作实现自身发展，并以我国自身的发展更好地维护世界和平，加强世界各国的经济合作及促进共同发展。实施互利共赢的开放战略，有利于维护和扩大我国在国际经济贸易中的权益，缓和国际经贸摩擦，促进各国经贸共同发展，推动经济全球化进程，营造一个公平、和谐、开放的国际经贸环境，因而是我国必须长期坚持的对外开放战略。适应我国对外开放由出口和吸引外资为主转向进口和出口、吸收外资和对外投资并重的新形势，必须实行更加积极主动的开放战略，不断拓展新的开放领域和空间，扩大和深化同各方利益的汇合点，完善更加适应发展开放型经济要求的体制机制，有效防范风险，以开放促发展、促改革、促创新。

发展对外经济关系，还必须处理好对外开放和独立自主、自力更生的关系。自力更生就是在政治独立和经济自主的前提下，主要依靠本国力量发展民族经济。社会主义国家不能靠对外剥削和掠夺来发展自己的经济，不能完全依赖外国的力量实现现代化，只有从本国国情出发，主要依靠自己的力量，勤俭建国、艰苦奋斗，才能建设起一个社会主义现代化强国。特别是中国这样拥有13亿多人口和广大幅员的发展中国家，更是如此。因此，对外开放必须以自力更生为基础和前提，在发展对外经济联系时，要维护国家的主权和独立，要充分考虑我国的国情和国力，并且通过发展对外经济关系，进一步增强我国自力更生发展经济的能力。强调自力更生绝不意味着闭关锁国，或者降低对外开放的重要地位。自力更生与对外开放是相辅相成、相互依赖、相互促进的。片面强调自力更生，排斥对外开放，不利于本国经济的发展，从而会降低自力更生能力。而充分利用对外经济联系，会促进国内经济的发展，增强自力更生的能力。在自力更生的基础上，扩大对外开放，还必须贯彻平等互利的原则，使各国在平等的基础上通过发展经济联系，各得其所、互相促进。

（三）中国对外经济关系发展的成果和面临的挑战

改革开放以来，我国已基本形成了一个由沿海到内地，由南向北全方位、多层次、宽领域的对外开放格局，建立了经济特区、沿海开放城市、沿海开发区和各种类型的经济技术开发区、保税区等，沿边、沿江开放不断发展，内陆中心城市的开发开放、中西部的开发开放，沿主要交通干线的开发开放都已全面展开。当前，应把扩大开放与区域发展相结合，协同推动沿海、内陆、沿边开放，形成优势互补、分工协作、均衡协调的区域开发格局。

改革开放以来，我国对外贸易大幅增长，2014年我国的进出口总额已达4.16万亿美元，跃居世界第一，较1978年增长了200倍，年平均递增幅度大大高于经济增长速度。1978年我国进出口总额在世界各国中仅居第29位，到2007年已攀升至第3位，2010年又升至第2位，

2014年升至世界第1位。但是，也要看到，我国虽然已是一个对外贸易大国，但还不是对外贸易强国。出口贸易主要依靠数量和低成本扩张，自主品牌出口商品短缺，出口商品价格未充分体现劳动、土地等要素成本和资源环境的代价。进口贸易中对原材料和关键技术的依存度较高，大宗商品进口价格上涨较快。对外贸易基本上仍沿袭数量增长型外贸模式。面对日趋激烈的国际竞争及有限的世界市场容量和资源供给，我国必须加快转变外贸增长方式，提高对外贸易的经济社会效益，加快从贸易大国向贸易强国转变。

改革开放以来，随着我国投资环境的改善，利用外资大幅增长。1978—2010年中国累计吸收外资已超过1万亿美元，2010年利用外资首破千亿美元，达1 057.4亿美元，近几年，利用外资的增速虽然有所放缓，但总额仍在增加，2014年为1 195.6亿美元。从1993年起，我国一直是吸引外资最多的发展中国家。随着我国经济的快速发展和经济发展方式的转变，我国利用外资的条件正在发生变化，迫切需要创新利用外资方式，优化利用外资结构，大力提高利用外资的质量，这是全面提高我国开放型经济水平的必然要求。《中共中央关于制定国民经济和社会发展第十三个五年规划的建议》指出，要完善投资布局，扩大开放领域，放宽准入限制，积极有效引进境外资金和先进技术。改革开放30多年来，我国的海外中资或合资、合作公司不断发展，进入20世纪90年代后，海外投资增长势头更猛，截至2014年底，我国累计非金融类对外直接投资3.97万亿元人民币（折合6 463亿美元）。境外企业数量达到1.6万家，分布在177个国家和地区，境外企业资产总额已经超过1万亿美元。目前，我国海外投资仍在稳定增长，并在这些资金的运营中，学习了国外的先进技术和管理经验，了解了世界经济的动态和信息。对外投资已成为我国对外开放事业的重要组成部分。今后应特别鼓励发展那些我国有比较优势的海外投资项目。

改革开放以来，随着我国对外开放度的提高和综合国力的增强，其他经济活动和生产要素的国际交流，也有了很大发展。包括引进国外先进技术、向外输出中国的技术、国际援助、国际劳务合作、承包国外工程、国际旅游等方面，都取得了令世人瞩目的进展。例如，截至2015年10月底，我国对外劳务合作业务累计派出各类人员791万人，对外承包工程业务累计签订合同额16 481.3亿美元，完成营业额11 508.2亿美元。

经济全球化是当代世界经济发展不可逆转的潮流，面对世界经济的这种发展趋势，必须进一步扩大对外开放，才能在激烈的国际竞争中生存和发展。当今世界，任何国家都难以在封闭的状态下取得较快的发展，特别是经济科技还较为落后的发展中国家，要想能够获得快速发展，并实现对发达国家的赶超，就必须积极和善于参与国际经济的竞争，在经济全球化的进程中找到自己的位置，利用其有利于自己的一面来促进国内经济社会的发展。我国是人口众多的发展中大国，扩大内需，开拓国内市场是我国经济发展的基本立足点和长期战略方针。但也要看到，我国加入世贸组织以后，国际市场的竞争将更加深入地与国内市场的竞争结合在一起，国际市场竞争的一些主要因素将成为国内市场竞争的组成部分。为了适应这种新形势，就要在更大范围、更广领域、更高层次上参与国际竞争与合作，也就是必须进一步扩大对外开放的深度和广度。只有如此才能充分利用国际国内两个市场、两种资源，才能弥补国内市场与资源的不足，进一步拓宽发展空间。只有积极参与经济全球化，努力实现国内经济与国际经济的相互接轨，才能在世界范围内实现优势互补，共同发展。

经济全球化是世界经济发展的客观趋势，我们必须融入这个大潮流中。但另一方面，有的西方发达国家实行利用经济全球化来谋取经济霸权乃至全面霸权的战略。就经济全球化的发展趋势而言，对世界各国的发展都应该是有利的。但从西方国家的战略来说，由其主导的经济全球化的发展，对广大发展中国家必将带来严峻的挑战。经济全球化是无法阻挡、无法回避的大趋势，关键是要找到促使其健康发展、造福各方的途径。因此我国一贯主张，必须积极促进经济全球化向着有利于实现世界各国共同繁荣的方向发展，趋利避害，使世界各国特别是发展中国家从经济全球化中受益和真正得到实惠。

在经济全球化的条件下，要想在激烈的世界经济竞争中生存和发展，就要不断提高本国的国际竞争力，形成参与国际经济合作和竞争新优势。当今世界上国与国之间的经济关系，说到底要靠经济实力为后盾，提高国际经济竞争力首先要提高和增强本国的经济实力。在科学技术成为第一生产力的当代，提高经济实力最主要的途径就是提高科技水平，增强创新能力，改造传统产业，从而大幅提高劳动生产率。我国在参加国际经济合作和竞争中，要在人力素质提升、科学技术创新、打造知名品牌、提高商品质量、完善市场体系等方面，形成新的优势，构建更加成熟的开放型经济体系。

学习、引进先进的经营机制、经济组织形式和经营管理方式，也是提高国际竞争力的重要方面。在当代生产力的发展中，不但资金、技术、资源等实体性因素起着重要的作用，而且制度创新、组织创新、经营管理等经济运行机制和制度性、运筹性的经济增长因素也在起着越来越重要的作用。因而对现代市场经济的运行机制、组织形式、经营管理方式的学习和引进，对社会主义市场经济体制还处于发展完善阶段的我国来说，尤为重要。

在国际竞争中要求得生存和发展，还要做到知己知彼，了解世界经济的走势与行情，了解国际通行的规则与做法，了解竞争对手的各方面情况，从而在激烈的国际竞争中使我国处于有利地位。

最后，还要善于抓住世界经济格局变迁调整中的机遇，利用发达国家产品升级、技术更新转移等机会，积极引进适用技术，开拓市场，增强国际经济竞争力。

我国改革开放30多年来，尤其是对外开放的起始阶段，“引进来”的比较多，例如引进国外先进技术、资金、人才和管理经验等。这些对外开放的措施，使我们加快了发展，了解了世界，弥补了国内资源的不足，对社会经济发展起到了有力的促进作用。在我们的改革开放取得了一定成效，经济实力有了一定提高后，就要进一步把“引进来”同“走出去”相结合，不单要继续引进各种有利于我国发展的生产要素，更要能走出去，对外输出相关要素，增强国际双向交往，提高开放水平，增强国际竞争力和综合国力。可以说，近年来我国已由主要是单向的引进技术、资金、人才和管理经验，逐步向国际间各生产要素相互交流转变，初步实现了“引进来”和“走出去”的结合。这不仅体现在技术资金等要素的交流大大增加上，还体现在国际劳务合作和国际旅游等方面的长足发展上。

在经济全球化不断发展的国际形势下，在我国已加入世界贸易组织的条件下，进一步把“引进来”和“走出去”结合起来，在更大范围、更广领域和更高层次上参与国际经济技术合作与竞争，充分利用国际国内两个市场，优化资源配置，拓宽发展空间，以开放促改革发展，主要应从以下一些方面着手：第一，在对外贸易方面，要进一步扩大商品和服务贸易，实施市场多元化战略、以质取胜战略等行之有效的外贸发展战略，把进口替代和出口导向合理结合起来，并不断改革外贸体制、关税制度和贸易融资体制以适应国际经济发展的要求。第二，在利用外资方面，要创新利用外资方式，优化利用外资结构，进一步吸引外商直接投资，提高利用外资的质量和水平。要按照世界贸易组织的要求逐步开放国内市场，包括服务贸易领域，如金融、电信、旅游等领域的开放。通过多种方式利用国外中长期投资，通过收购、兼并、投资基金、证券投资等形式利用国外资金。要把利用外资同国内经济结构调整、国有企业改组改造结合起来，鼓励跨国公司投资国内的农业、制造业和高新技术企业。同时，要进一步健全法制，改善投资环境，给外商以国民待遇。第三，注重人才与智力的引进，吸引国内需要的各种人才来华，鼓励海外留学人员归国创业。第四，实施"走出去"战略，这是我国在加入世界贸易组织后的对外开放新阶段的重大举措。在"走出去"方面要充分发挥我国的比较优势，加强与国际间的交流。鼓励和支持有比较优势的各种所有制企业对外投资，带动商品和劳务出口。要创新对外投资与合作方式，积极发展我国自己的跨国公司和跨国经营，要积极参与国际特别是区域经济合作，要创出中国的世界著名企业和世界知名产品与品牌，要参与对我国有利的国际投资项目，等等。总之，在国际贸易、资金、技术、劳务与人才交流以及国际旅游等方面，有许多可以"走出去"的领域。第五，无论是"引进来"还是"走出去"，都要有利于我国的经济安全和社会稳定，都要坚持主权独立、平等互利的原则。

中共十八届三中全会通过的《中共中央关于全面深化改革若干重大问题的决定》指出，要构建开放型经济新体制，适应经济全球化新形势，必须推动对内对外开放相互促进、引进来和走出去更好结合，促进国际国内要素有序自由流动、资源高效配置、市场深度融合，加快培育参与和引领国际经济合作竞争新优势，以开放促改革。

《中共中央关于制定国民经济和社会发展第十三个五年规划的建议》进一步提出，开放是国家繁荣发展的必由之路，必须顺应我国经济深度融入世界经济的趋势，奉行互利共赢的开放战略，坚持内外需协调、进出口平衡、"引进来"和"走出去"并重、引资和引技引智并举，发展更高层次的开放型经济，积极参与全球经济治理和公共产品供给，提高我国在全球经济治理中的制度性话语权，构建广泛的利益共同体。

复习和练习

→内容提要

1. 当代经济全球化，主要表现在生产、贸易、金融的全球化，它们体现了世界经济再生产过程的全面全球化。

2. 经济全球化的根本原因是以社会分工和生产社会化为基础的商品经济，发展到资本主义生产方式的一定阶段上，出现的国际分工和生产国际化发展的必然趋势，是由资本向全球扩张来推动的。

3. 20 世纪 90 年代以来经济全球化的兴起与发展，是由高科技的突飞猛进，国际分工的深入发展，生产力的快速发展，跨国公司的全球扩张，市场化改革席卷全球，以及一些相关政策等因素促进的。

4. 经济全球化条件下，需要越来越多越有效的国际经济协调，包括成立相关组织机构，建立国际规范，召开国际会议等，这是世界经济一体化发展的必然趋势。

5. 经济全球化条件下，发达国家之间的矛盾和争夺主要集中在经济领域，具体表现在贸易、投资、金融等方面。这种情况下，相互协调成为解决摩擦的主要手段，既争夺又合作，既竞争又协调，是现代发达国家间经济关系的主要特征。

6. 经济全球化条件下，发达国家和发展中国家间经济关系的基本特征是，既存在两类国家间双向的依赖性，又存在发展中国家对发达国家的单方面依赖性，这使得发展中国家在国际经济关系中处于弱势地位。

7. 经济全球化条件下，中国经济国际化水平不断提高，主要表现在对外贸易迅速发展，贸易地位不断提升，资金往来逐步扩大，其他对外经济关系不断发展。

8. 中国经济面临重大机遇和挑战，在对外关系方面，要抓住机遇，规避风险，坚持“引进来”和“走出去”相结合，利用好国内外两个市场、两种资源，全面提升中国经济国际化水平。

→关键术语

国际分工/生产国际化/经济全球化/ 国际经济协调/国际合作/对外开放/南北经济关系/对外贸易/利用外资/“引进来”与“走出去”

→复习题

1. 经济全球化的原因是什么？它是如何兴起的？
2. 经济全球化有哪些具体表现？
3. 经济全球化对世界经济的发展有哪些影响？起何种作用？
4. 经济全球化条件下，国际经济关系的发展趋势是怎样的？
5. 当代世界经济是如何进行国际经济协调的？它对世界经济发展起何种作用？
6. 当代发达资本主义国家之间的经济关系是怎样的？
7. 当代发达国家和发展中国家之间的经济关系是怎样的？
8. 在经济全球化条件下，中国的经济发展应如何应对？
9. 我国的对外开放格局是怎样形成的？取得了哪些成果？应如何进一步发展？

图书在版编目（CIP）数据

马克思主义政治经济学原理/卫兴华，林岗主编. —4版. —北京：中国人民大学出版社，2016.8

高校思想政治理论课重点教材

ISBN 978-7-300-23086-3

Ⅰ.①马… Ⅱ.①卫… ②林… Ⅲ.①马克思主义政治经济学-高等学校-教材 Ⅳ.①F0-0

中国版本图书馆CIP数据核字（2016）第153387号

全国优秀教材一等奖

高校思想政治理论课重点教材

马克思主义政治经济学原理（第4版）

主编　卫兴华　林　岗

Makesi Zhuyi Zhengzhi Jingjixue Yuanli

出版发行	中国人民大学出版社		
社　　址	北京中关村大街31号	**邮政编码**	100080
电　　话	010－62511242（总编室）		010－62511770（质管部）
	010－82501766（邮购部）		010－62514148（门市部）
	010－62515195（发行公司）		010－62515275（盗版举报）
网　　址	http://www.crup.com.cn		
经　　销	新华书店		
印　　刷	北京捷迅佳彩印刷有限公司	**版　　次**	1999年1月第1版
开　　本	720 mm×1000 mm　1/16		2016年8月第4版
印　　张	14.5插页1	**印　　次**	2025年6月第10次印刷
字　　数	240 000	**定　　价**	36.00元